集人文社科之思　刊专业学术之声

集 刊 名：社会治理与传播研究
主　编：杨立平　黄　敏
主办单位：浙江传媒学院
　　　　　浙江省社会治理与传播创新研究院

RESEARCH ON SOCIAL GOVERNANCE AND COMMUNICATION (2023) Vol.1

编辑委员会

编委会主任：杨立平　黄　敏
编　　　委：陈　龙　陈　虹　陈永斌　戴冰洁　何　方　李文冰
　　　　　　李良荣　李明德　林　甦　郎友兴　唐润华　王国勤
　　　　　　张　雷　张志安　周　亭　曾润喜

编辑部主任：戴冰洁
编辑部成员：陈东进　施蕾蕾　谢薇娜　袁　琳

2023年卷（总第1期）
集刊序列号：PIJ-2023-478
集刊主页：www.jikan.com.cn/ 社会治理与传播研究
集刊投约稿平台：www.iedol.cn

浙江传媒学院浙江省社会治理与传播创新研究院成果

集刊全文数据库（www.jikan.com.cn）收录

社会治理与传播研究

2023 年卷（总第 1 期）

RESEARCH ON
SOCIAL GOVERNANCE AND COMMUNICATION

(2023) Vol.1

浙江传媒学院
浙江省社会治理与传播创新研究院　主　办

杨立平　黄　敏　主　编

社会科学文献出版社
SOCIAL SCIENCES ACADEMIC PRESS (CHINA)

卷首语

　　自党的十九届四中全会以来，推进国家治理体系和治理能力现代化一直是全党工作的中心，社会治理观念在我国日渐深入人心。社会治理是一个多元主体相互协作、规范和管理社会事务的过程，无论是协调社会关系、规范社会行为、解决社会问题、化解社会矛盾、促进社会公正、应对社会风险，还是维持社会和谐，传播沟通都是其中的重要一环。尤其是在当今传播工具和手段日新月异的媒体环境里，社会治理中的传播现象与问题越发复杂多样，除了网络平台治理等传播领域本身的治理问题，新媒体技术如何影响基层民主协商、城市治理、社区治理、公共卫生治理、谣言治理等，都是关系到社会稳定、国家发展的重要课题，可以说传播沟通对社会治理的影响越发深远。另外，随着"治理"与"善治"的观念在国家发展和全球发展中居于越来越重要的地位，具体治理理念的提炼与（跨国）传播也日益频繁。这些都要求社会治理研究与传播研究有效结合，但在目前学界，"社会治理"与"传播"分处两个不同领域，虽然已有学者关注到以上问题，产出了一些成果，但较为零散，在不同的学科阵地自说自话，不利于相关研究的发展。

　　浙江省社会治理与传播创新研究院自2019年以来就以"社会治理传播"为主要研究方向，每两年举办一次"社会治理传播研究钱江论坛"，试图为来自不同学科的学者和不同行业的工作者提供一个对话与交流平台，获得了较好的反响。浙江省社会治理与传播创新研究院于2022年12月入选浙江省新型重点培育智库，团结全省乃至全国相关领域的同人共同推动社会治理传播研究的发展，是研究院作为共享型科研平台不容推辞的使命。在研究院的主要依托单位中共浙江省委宣传部和浙江传媒学院的支持下，我们推出《社会治理与传播研究》集刊，及时发布最新研究成果和前沿动向，希望能成为相关研究者和从业者讨论交流的一个重要阵地，汇聚智慧，一起推动中国社会治理的现代化。

黄　敏

2023 年 7 月于杭州

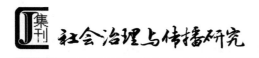社会治理与传播研究

2023年卷（总第1期）
2023年12月出版

·媒介与平台治理·

资本、空间与价值视域下乡村文化的多元建构*

吴文瀚　何　筝**

摘　要　自20世纪90年代以来，随着大规模的城镇化建设，城市大量攫取乡村文化资本与文化空间，除了造成城乡文化的失衡外，其自身发展也不断受到阻滞，催生出新的社会问题。如何构建和谐共生的城乡关系体系，实现乡村文化的多元建构？首先，应改变既有的城乡二元对立结构，推动文化资本要素的有效归复；其次，应打破以城市为价值主体的自上而下的审视性视角，从公共性、文化秩序与空间整合等三个层面对乡村文化空间进行有机还原，确立乡村文化空间的自维性；最后，要从空间赋能、生态实践与价值超越三个维度确立乡村文化的"回乡之路"，释放乡村文化的衍生价值，实现乡村文化的多元建构。

关键词　资本；空间；价值；乡村文化

中国绵延了数千年的乡村文化，形成了以农耕为主要生产方式、以差序格局为结构特征、以亲缘和血缘为纽带的较为封闭而内涵极其丰厚的文化系统。但近代以降，这一古老丰厚的文化系统经由一系列的现代性解构，其由资本、人力与结构所构成的基础性要素被不断淘蚀，在现代性的命题下，一方面是城市的急速扩展与人口的大量涌入；另一方面则是大量自然村的消失与村庄的逐步空心化。城市在吸引大量财富的同时，各类现实时空距离压缩导致的城市症候也使得城里人对于精神空间的延展有了更强烈的渴望；而对于广袤的乡村，其流失的不仅是劳动力，更多的是负载其上

---

　*　本文为浙江传媒学院 2022 年研究生科研与实践创新计划项目（项目编号：2022B014），2022 年浙江传媒学院文化创意与管理学院"飞鹰计划"科创项目立项资助项目成果。
　**　吴文瀚，浙江传媒学院文化创意与管理学院教授，博士生导师；何筝，浙江传媒学院文化创意与管理学院硕士研究生。

的伦理结构与文化传统。在当下共同富裕的话语前提下，重构乡村文化的资本要素，构建合理的乡村文化空间，延展乡村文化的价值链条，是实现乡村文化多元建构的关键。

一 资本、人力与结构：乡村文化资源的淘蚀到归复

乡村是国家现代化改革的起点，如今其千百年来所汇集的文化脉络却日渐模糊。20世纪七八十年代，中国改革开放逐步拉开帷幕，从早期的家庭联产承包责任制到后来乡镇企业大规模崛起，中国的改革开放以农村为起点，迅速进入快车道。早期人们对乡村富裕的理解是温饱问题解决之后农村生活的现代化。进入80年代中期，乡镇企业大量出现，这些乡镇企业使农民可以离土不离乡、进厂不进城，有效地解决了城乡发展不均衡的问题，甚至出现了农村收入增长超过城市的一段"黄金期"，80年代崛起的刘庄村、南街村、华西村等都是其中翘楚。但到了90年代，随着中国大规模城镇化进程的开启，中国逐渐进入买方市场。乡镇企业产权不清、污染严重、商品没有竞争力，一些从事低端制造业的乡镇企业纷纷倒闭，像路遥的《平凡的世界》中孙少安的砖厂破产、《大江大河》里雷东宝的电线厂关门等，几乎都发生在这个时期。与此同时，珠三角开始发展"三来一补"的加工企业，苏南地区开始招商引资，浙江则由家庭小作坊迅速发展到遍地民营工厂，沿海形成了高度发达的城市群，而中西部大量乡镇企业则开始消失，大量人口"东南飞"，城乡分化的格局就此形成。人是文化的核心要素，农村人口，尤其是青壮年人口的大量流失，导致短短几十年间，中国自然村消失了100多万个，中国乡村面临凋敝，乡村文化也失去了依存的土壤。

时代的转折往往发生在细微之处，对于广袤的乡村而言，土地与人口一直是其文化赖以存续的最基本也是最核心的要素。2020年9月，国家出台的《关于调整完善土地出让收入使用范围优先支持乡村振兴的意见》要求，到"十四五"期末，土地出让收益用于农业农村比例为50%以上。我国的财政预算中，一般公共预算主要来源于各类税收，并依靠转移支付等手段统筹各地发展，而政府性基金预算收入则主要来自土地出让，房地产

决定了政府性基金能够收上来多少钱,用于文体、社保就业、城市建设、公共设施、农林水利、重大工程、公路铁路、旅游等支出。政府性基金预算的方向这么多,对支持农村建设来说是远远不够的,所以,2018 年 9 月国家发布的《乡村振兴战略规划(2018—2022 年)》和 2019 年 6 月发布的《国务院关于促进乡村产业振兴的指导意见》都提到,提高土地出让收入用于农业农村的比例。以前用于农村的支出太少,以后要大幅提高,即依照当年土地出让收益用于农业农村的资金占比逐步达到 50% 计提。未来 5 年,土地出让收益的一半将用于支持农村建设,如果土地出让收益不足土地收入的 8%,那就按照全部收入的 8% 投入农村,或者直接把用于农村的资金提高到土地出让金的 10% 以上。这就意味着,未来 5 年,地方上每出让一块土地,投入农村的资金就越多,用以支撑农田建设、人居环境改善、村庄公共设施建设、农村教育文化发展、山水林湖草生态保护等。土地红利终于在多年后"出城返乡",为乡村文化振兴提供物质资本的保障。

　　除了物质资本外,文化的多元建构关键还在于人。近年来,越来越多的人口回流到乡村。据国家统计局数据,仅 2020 年,全国各类返乡入乡创业创新人员达到 1010 万人,同比增长 19%。[①] 如何理解这些返乡入乡人员?经过多年"三农"建设,乡村的面貌发生了巨大的变化,加上近年来城镇化建设趋于饱和,返乡入乡创业成为新的就业与自我价值实现的途径。这些返乡入乡人员包含三部分:一是已积累了一定物质资本的城市入乡创业群体,二是返乡创业的大学生,三是大龄返乡群体。如何看待这三部分群体?城市入乡创业群体大多受过良好的教育,他们通常怀有较高的精神追求与价值情怀,他们来到乡村除了带来一定的物质资本外,其本身所秉持的现代性价值理念也在未来的乡村文化建设中发挥价值带动作用,他们甚至成为新"乡贤";返乡创业的大学生,作为国家政策的践行者,其肩负的是乡村建设的责任与使命,这些受过现代高等教育的年青一代,将是未来乡村文化建设的引领者;而对于乡村回归者中的最大群体,即大龄返乡群体而言,其与原本滞留乡村的大龄群体有着本质的不同。这些返乡的大龄

---

① 《2020 年全国各类返乡入乡创业创新人员达到 1010 万人同比增长 19%》,中国政府网,2021 年 10 月 19 日,https://www.gov.cn/xinwen/2021 – 10/19/content_5643590.htm。

农民工多出生于20世纪60年代与70年代，这些人拥有当初在农村的生活经验与文化记忆，而且，在经过二三十年的城市熏陶，尤其是现代工业化生产训练后，其本质已不是简单的"农民工"三个字所能涵盖的了，除了其积累的城乡生活经验与技术经验，城市工业化生产与社会管理所培养与熏陶出的分工意识、结构意识等都是几千年来中国传统农民所不具备的。以上这些兼具城乡二重生活的个体，他们特殊的经历是过往历史中从来没有的，他们将形塑未来文化的感觉性和社会性，通过他们的感官体验、身体叙事与历史的具身化，将文化转化成各种审美符号，让人重返传统的集体记忆，并形成一种直觉的本能，这种肉身实践和感觉价值对于重新界定新的乡村生活有着非常重要的意义。

除了资本与人口对乡村文化建设进行现代性赋能外，构建既有的资本与人口资源的生态化结构，是当下乡村文化建设的第三重维度。如何构建生态化结构？一是城市结构转型，打破中心城市的虹吸效应，强化生态化共存，大城市的周边城市要结合自身特色，进入大城市的分工体系中，形成分工与合作并举的城市生态圈层；二是乡村结构调整，形成乡乡联合、乡企联合等，强化乡村的社会化分工，在优化环境建设的同时，植入文旅、康养、生态教育等，盘活乡村的土地与环境资源。对于整个乡村文化建设而言，既要融入城镇化发展的脉络，又要建立自身合理的生态化结构体系。以浙江农村为例，2021年，浙江城镇人均可支配收入达到6.85万元，农村人均可支配收入达到3.52万元，① 从数据上分析，除了高于全国城镇人均可支配收入达到的4.74万元与农村的1.89万元外，在城乡收入的差距比方面，浙江城乡收入的差距比也远低于全国平均水平。城乡居民人均可支配收入差距比的缩小，体现出城乡贫富差距的缩小，有利于打破城市与乡村的二元对立，形成相互融合的生态综合体。将不同的社会文化需求重新整合，避免资源虹吸与资源垄断，进而建立中心城市与一般城市、一般城市与村镇、村镇与乡村间相互依存、互为关联的结构关系，各司其职、各美其美。中国的城镇化率已经有60%以上，土地收益、城乡结构与人的要素的三重归复将为共同富裕背景下的乡村文化振兴提供资源保障。

---

① 魏后凯：《优势资源互补 促进农民农村共同富裕》，《人民日报》2022年5月22日。

二 公共性、秩序性与交叠性：乡村文化空间的有机整合

什么是乡村？在南朝诗人谢灵运的《石室山诗》中，"乡村"一词第一次出现在世人面前，谢灵运在这首诗中这样说："乡村绝闻见，樵苏限风霄。"从文化范畴上讲，谢灵运笔下的乡村是居于人的社会现实与自然山水之间的一种诗意的空间性存在。乡村不同于农村、村镇等具有社会分工指向的概念范畴。在农村、村镇这些概念中，地域区位、生产方式、资本流向等被表述为一种社会经济范畴，而乡村更加体现为一种具有诗意想象的共同体式的空间性存在，是一种与故乡、家园等心灵的归处相关的文化空间范畴。在当下共同富裕的框架内，作为承载生活文化的空间，乡村不能仅以物质财富的占有为唯一标准，还应通过建立与现代乡村生活文化相适应的公共性，重构乡村的生活文化空间。①

任何文化样式与文化表述均离不开产生它的背景与条件，在中国传统文化对于乡村生活方式的表述中，中国文人"桃花源"式的文化理想深浸其中，如"甘其食，美其服，安其居，乐其俗。邻国相望，鸡犬之声相闻"②，这是自给自足的生产方式所造就的。但经过几千年的发展，尤其近代以来，由技术进步带来的一系列重大社会变革，以及与之相对应的社会分工与治理体制的转换，导致以自给自足为依托的传统乡村经济模式被不断打破，从自给自足生产模式中走出来的中国农民所要面对的第一件事，就是如何完成由小农社会向更加合理的公共社会的转型。

公共性是人在实践活动中所表现出的一种社会属性，是人在利己性与利他性的整合中所形成的群体存在的共在性与相依性。③ 以往，我们强调的公共性往往着眼于群体目标的实现，这里，群体目标被转化为公共利益而使得个体与群体具有了天然的矛盾，个体必须通过自我约束才能实现群体目标。但是，这一理解很显然与共同富裕的理念相背离。只有将二者统一

---

① 王思斌：《乡村振兴中韧性发展的经济—社会政策与共同富裕效应》，《探索与争鸣》2022年第1期，第110~118、179页。
② 老子：《道德经》，张景、张松辉译注，中华书局，2021，第5页。
③ 朱海就：《如何理解公共性？公共性来源于哪？》，《深圳特区报》2021年3月2日。

起来，才是符合广大人民群众最根本利益的。个人创造所产生的合理的分工合作，才是实现公共性的关键。在当下的乡村文化建设中，公共性的建立有两个契机，一是生活文化公共空间的建构，二是合理分工。

随着近年来新农村建设的深入开展，文化礼堂、乡村图书馆等成为乡村文化建设的"标配"，但在日常实践中，我们却发现，乡村既有的文化秩序并未因为这些样式统一的、自上而下的新型文化空间的出现而发生根本改变。乡村过往的文化空间多元而丰富，比如乡村记忆中的打麦场、各家房前屋后的一片片小空地等，这些空间甚至都是多重用途合一的。而当户外自由的空间被封闭进室内，形成某种统一建制时，是很难与我们想象中的自然乡野相对应的。相比机械化运转的城市，"朝九晚五"的刻板生活以及被封闭在一个个巨型建筑空间中的城市生活，乡村所表达出的最珍贵之处恰恰是其烂漫乡野中自然而然的生活方式。当然，这不是说乡村不需要具有统一性的公共空间以及公共空间所承载的公共性，相反，对于依托于农耕生产方式的乡村而言，不应自上而下的统摄，而应从人的基本需要入手，以移风易俗的方式建立乡村文化空间的公共性。国内著名建筑大师王澍在乡村改造与重建方面造诣颇高。他注重乡村建筑与乡村自然环境的融合，在传统乡村重建中挖掘中国特有的建造方法与建筑符号并将其发扬光大，有一个特殊的案例极富挑战性。案例选址在浙江衢州的赛东坞村，内容是设计村中的厕所并实现落地。这个被命名为"乡建营"的项目由国内外三所著名大学建筑专业的师生共同完成。在我们一般的理解中，厕所作为日常生活中最不足启齿的一个空间，往往被人们放置于一般视线之外，尤其是处于乡野间的一间间简陋的厕所。但这一间间小小的厕所却是人与自然的衔接之所，是现代生活的起点，也是乡村公共意识的起点。这一看似细微的着眼点，其实直指公共价值的核心——由己及人、相互依赖、相互尊重。厕所改造将公共性与生态性的视角投射于乡民日常生活的细微之处，移风易俗，将中国乡村生活传统中的"好面子"转向"好里子"，用建筑本身的功能设计，改变农村千百年来的生活惯习。这种从小处着眼的乡村建筑设计改造，使每个乡民在日常生活空间中实现了对既往文化秩序的改造，也有利于实现群体目标与个体目的的统一。

对乡村日常生活空间的文化秩序改造的一个意外收获是，乡村中一些功能交叠在一起的隐形天然公共空间被重新发现。虽然在传统乡村理想中，对外有"老死不相往来"传统，但其内部却是从不拒绝交流与沟通的。比如，每个乡村中都有公共的取水、洗衣等场所，而在乡村与乡村之间，也从不乏以物易物的市集。这些生活性公共空间，除了具有实用性外，各种生活经验、风俗传统与乡村秩序也在其中获得传承与固着，其还是乡村信息传播的核心。这种生活性的公共空间甚至打破了祠堂、寺庙等基于亲缘或宗教等对个体的形而上的统摄，成为另一种群体价值凭附的空间。这些生活性公共空间天然拥有平等对话的机制与传统，因而也是现代社会中公平、平等、文明、自由等价值在乡村最天然的附着体。比如在对赛东坞村的改造设计中，原本并未在计划之内的乡村市集的设计却被当地乡民看中，设计师对这个市集的空间设计一改当下乡村公共文化空间对城市公共文化空间的模仿，将这个市集空间进行集约化改造，市集空间与时序相结合，讲求综合性应用，因而其既是贸易空间、仪式空间、文化空间也是政治空间。在空间功能的交叠中，最大限度地完成个体公共理念的确立。原本基于现代分工的、由多重空间分割出来的人的多重属性、多重角色，甚至多副面孔，在一个统一的多功能空间中被逐渐打破，并在其中完成个体与群体关系的整合，同时也避免了单一功能空间建设的浪费。①

乡村公共性的建设不同于基于复杂社会分工的城市公共性的建设，城市中复杂的社会分工与社会关系导致个体身份的多元、交错甚至矛盾，这使得城市中个体对于自身与他人间的距离感知明晰且敏感，因而，其对于公共空间以及公共性的把握往往趋向基于理性自觉的心理认同——通过对空间功能的精准划分来固定社会关系与科层的差异。而乡村的公共空间及公共性的来源，表现在农耕这一特殊的生产方式中，除了血缘与亲缘外，更多的是基于对共同从事生产劳动的空间的改造与适应。基于这种改造与适应，各种属性的空间是交叠一体的，这也是为什么在传统乡村中，同一空间往往承载不同属性的群体行为。比如，乡村中共同的取水地，可以兼具取水、洗濯、物质与信息交换等多种功能，形成相互关联的矛盾产生与解决的过程，甚至是在特殊时序中的信仰的表达与传递（神明崇拜）。简而

---

① 刘红：《乡村振兴背景下农村公共文化服务体系建设研究》，《社会科学战线》2022年第3期，第255~259页。

言之，城市的公共性是居于同一空间中的人的多重社会属性的集合，而乡村的公共性则是个体处于同一空间中，人与空间相互适应，人的多种需求对应于同一空间，空间的功能虽然不断延伸，但空间对人的控制降到了最低，这也是乡村空间吸引力产生的秘密。

三 空间赋能、生态实践与价值超越："后农业社会"的乡村文化建构

近年来，一些前沿学者不断提出建立"后农业社会"的理念，这是建立在丹尼尔·贝尔的"后工业社会"之上的概念，"后农业社会"是围绕生态知识和创意组织形成的文化性生态经济体。"后农业社会"和"后工业社会"最大的区别在于后者强调的是科学与技术，而前者是将科学、生态和人文结合在一起，这是一个比"后工业社会"更加重视生态、人文与创意的社会发展模式。自20世纪90年代中国大规模的城镇化建设迅速推进以来，短短30年间，中国既有的城乡结构被不断打破。与之相对应，中国传统的乡村文化结构与伦理结构迅速崩解。这种崩解表现在当代文学艺术创作中，是90年代以《白鹿原》为代表的乡土文化的"呐喊"，以及以《穆斯林的葬礼》和《废都》为代表的对于物化城市的反思，甚至在最具情感指向的音乐作品中，也充斥着从《西北风》到《青藏高原》的"文化出走"的意愿。可以说，与中国大规模城镇化相伴的，除了文学隐喻，还有个体情感对于远方的渴望。进入21世纪后，一部分人开始将眼光重新投射回乡村，于是"新乡建运动"成为城市剩余资本向乡村第三产业流动的主要方式。被命名为"新乡建运动"的资本下乡与20世纪30年代改良派知识分子力图以扫盲为起点，用知识技能与现代文明改造传统中国乡村的"乡建运动"所秉持的文化理想不同。随着资本的大量涌入，一大批特色小镇与新型城镇拔地而起，这些以建筑为载体对乡村既有景观进行的改造，虽然已经变得越来越成熟，但仍留下难以弥补的缺憾，甚至形成了一大批所谓的"视觉垃圾"。资本的目的永远是获利。如何获利？当然是吸引城市人口下乡消费。因而，首先要迎合消费主体的口味。在这场"新乡建运动"之初，人们看到了大量不中不西的"欧式建筑"。之后，

随着中国传统文化理念的推广，人们对于江南文化的想象又使得徽派建筑不分地域地迅速风靡全国。

但正如我们对建筑的一般理解，建筑的形式首先来源于对当地既有物料的应用与对当地自然环境的适应。① 在走了一大圈弯路之后，在一些国内顶尖建筑大师的不断尝试与倡导下，"新乡建运动"终于找到了合适的路径——造乡如"乡"，在充分尊重当地自然环境与文化传统的背景下，新的乡村建筑不再如城市建筑一般千篇一律，也不再是为了满足城里人下乡消费需求的景观制造，"回头"与常驻成为新的目标指向。当然，要使"回头"与常驻成为可能，两个必备的客观条件是：乡村自然的生产生活方式对个体的吸引，以及现代媒介技术对既有时空界限的打破。最早出城入乡的是作家和画家。他们最初只是抱着体验生活或安心创作的初衷进入乡村，但乡村自然淳朴的生活方式以及自由广阔的空间很快使他们意识到，这里是距离自由与灵感最近的地方。接着，一些从事设计的艺术家也来到乡村，开始用设计与建筑重新建构乡村的生活环境。在这一阶段中，被设计化呈现的乡村景观开始逐步吸引久居城市的人们的目光，但随后大规模的乡村文旅开发，由于参与者目的与水平的参差不齐以及开发方式的野蛮冒进，除了破坏原有的乡村资源外，也带来了巨大的浪费。在经过这一轮优胜劣汰后，资本开始意识到，乡村文化资源开发的决定因素不是资本，而是要有真正的大师参与，他们能够将自身艺术思想、价值理念与乡村空间不断磨合、适应，最终超越。从陈逸飞的周庄到陈向宏的乌镇，乡村既有的"文化展演＋商业化运营"模式被接轨国际的"艺术＋智能"模式取代，乡村至此完成了从文化想象空间到文化创造空间的转化，大量不需要固定工作地点、需要进行创造性工作的个体离开原本空间逼仄的城市，成为乡村的一员。这些从事创造性工作的人不再仅限于艺术家与设计师，任正非说过，科技的创新需要培育科学家的原生环境，因而华为不强迫其最高端的研发人员集中办公与科研，而是让他们在原住地较为自由地思想和思考。在现代传媒技术的加持下，空间阻隔的打破已是生活日常。任正非的理念并非一时之想，而是说出了当下的一种趋势，在物质自由之后，思考的自由需要与

---

① 《王澍：中国传统建筑，为什么不过时？》，澎湃网，2022 年 3 月 27 日，https://m. thepaper. cn/baijiahao_17316950。

之相适应的环境。这些艺术、文化、科技的精英成为乡村的常驻者，尤其新冠疫情带来的巨大冲击，更使人们反思人与人、人与自然的关系。乡村由此走出了景观式的文化符号或远方想象。

然而，即使是知识与艺术精英，要打破城乡区隔，使自己真正融入乡村社会与秩序之中也非一蹴而就的，这包括生活方式、思想方式、认识方式等一系列的双向适应与相互改造，这种适应与改造并非一般意义上的跨文化传播所涉及的文化高语境与低语境间的流动，而是利用彼此智慧对同一环境进行改造与适应进而升华的过程。这个过程包含不同的群体。首先是由村干部、近年来下乡的大学生村官与乡贤组成的具有思想引领能力的管理者群体；其次是作为执行者的从事农业生产的农民，这一群体在近些年中，由于其过往的城市生活经验与现代媒介的使用能力，已不同于以往的乡村留守者，成为兼具城乡生产劳动技能且具有现代意识的农村劳动者群体；最后是心怀乡村理想的城市知识与艺术精英群体，这一群体具有生态文明理想、开阔的视野、知识技能、一定的资本、人际资源以及较强的现代传播能力。所以，当这三者达成共识、形成合力时，一种具有引领价值的乡村实践的典型就必然出现。

浙江余杭的青山村是一个自然环境较好的传统乡村，与传统的浙江乡村类似，经过改革开放、新农村建设等不同阶段的发展，青山村在基本面貌、人口素质、经济发展及文化建设等方面均可成为优秀的典型。但是不是真的无可挑剔？随着农村创新发展的深化，尤其在习近平总书记提出生态文明发展的倡议后，青山村也在不断寻求自身发展的突破点。青山村村委会与大自然保护协会合作，在经过认真排查与科学调研后发现，当地村民在进行农业生产时，使用了大量的化肥和除草剂，这些残留物进一步污染了当地的水源。眼前的青山绿水背后却有着极大的隐患，于是制订了将农民的竹林流转出来开展生态治理的计划。计划推进之初，受到一些非常看重自己土地的农户的反对，他们不愿意让协会集中管理，最终通过村干部上门做工作计划得以顺利实现，两年后，当地的水质达到了国家一类水标准。①

---

① 《余杭青山村：一滴水创造的未来乡村，隐世而宁静》，《钱江晚报》2021年4月4日。

但仅仅治理污染是不够的，乡村的发展需要更开阔的视野，那么如何以乡村为媒介，使更多的人走进自然、贴近自然，最终使乡村突破单纯农业生产的桎梏，成为更适合人生活的居所、一个集现实与理想于一体的精神家园呢？对此青山村进行了三步走。第一步，参与青山村改造的大自然保护协会的成员多是具有较强实践能力的城市高知群体，在参与青山村环境保护与改造实践的过程中，他们不仅提供技术支撑，还在参与土地流转的过程中亲身参与农业实践。他们在青山村长期驻扎，为村民提供技术帮助，一步步融入村民的社会结构中，获取村民信任，并自然而然地成为技术乡贤，参与青山村的管理。有城市生活背景的他们，将城市生活方式与思想意识中合理与科学的部分逐步与当地的自然乡村生态融合，迸发出迷人的光彩。第二步，在打造出青山村近乎完美的生态环境与乡村人文环境后，自然教育的理念被进一步挖掘。青山村面向城市儿童和家长举办了持续性的自然教育课堂，在帮助城市儿童认识自然的过程中，也带动了家长，新的自然观在一个个家庭中被建立起来，越来越多的城市家庭被青山村吸引。第三步，青山村开始吸引更具有创造力与魅力的项目的目光。青山村和国内顶尖的户外运动人士合作，打造户外和自然运动基地，自然运动的理念进一步吸引大批的城市运动爱好者。从自然环境改造到自然教育再到自然运动，青山村在自然中找到了属于自己的乡村文化特色，并在互联网与社交媒体高度发达的当下，将自己自然而然地传播出去。我们从青山村的例子可以看到，传统的农家乐与民宿开发只能算作乡村文旅发展的起步阶段，真正挖掘乡村的特色，将其与现代生活建立有机的联系，才是未来乡村振兴的新起点，城乡二者通过深度融合，相互引领并达成价值共识，将是未来乡村治理的方向。①

四 结语

曾经大规模的城镇化建设，以消费文化为主体的城市文化在大量攫取乡村文化资本与文化空间的同时，除了造成城乡文化失衡外，其自身发展也不断受到阻滞，并催生出新的社会问题。近年来，随着以乡村振兴为起

---

① 王留鑫、赵一夫：《基于城乡融合视角的乡村振兴实现路径》，《宁夏社会科学》2022 年第 1 期，第 97 ~ 102 页。

点的重构城乡和谐发展关系的各种举措不断落实，各地在城乡共同发展、共同富裕方面取得了显著的进步，无论在景观建设、结构分工等基础建构层面，还是在文化观念、价值共识等上层建筑层面，都形成了符合自身特点的建设导向与典型样式。但新的问题也随之出现，当我们一步步达成了物质财富与精神文化的相互融合，实现了城乡文化的和谐共生后，我们是否有适合的非物质方式来记录、表现或承载这些新的乡村文化创造、文化成果、文化关系以及情感共识，并将其固化为属于我们这个时代的符号与仪式，成为我们留给后人的非物质文化遗产？这应当是振兴乡村文化的新起点。

数字传播中公共利益原则对"删除权"的限制研究[*]

李　兵　韩淑曼[**]

摘　要　本文以2020年以来8个较具代表性的"删除权"案例判决书为文本,探讨数字传播中公共利益原则对"删除权"的限制与调节作用。研究发现,数据主体身份、信息所属类型、信息的准确性及数据处理目的和行为等四个因素会不同程度地影响法院对个人利益与公共利益的权衡。因此,"删除权"的实施并不是绝对的,而是会受到公众知情权、表达自由、信息自由、公共辩论的价值等公共利益的限制,但公共利益原则对"删除权"的限制不存在固定或绝对的标准,需要在司法实践中根据具体案情和情境因素对特殊性与统一性进行利益衡量。

关键词　数字传播;"删除权";公共利益;个人信息

数字化技术的迅速发展和互联网大数据服务的广泛应用,使得互联网中个人信息的"记忆"强于"遗忘"。个人的信息被永久记录在数字世界中并且拥有各自的画像,满载个人信息的文字、图片或视频被发布、转载直至充斥网络的每一个角落,随时可以被搜索点击,数据仿佛永远存在,"遗忘"变得奢侈。[①] 由此,人们对"删除权"的热切期望便产生了,人们希望通过这一权利来摆脱被数字化"圆形监狱"监视的恐惧。

2014年,欧盟法院对"冈萨雷斯案"的裁决使得"删除权"被正式确

---

　*　本文为国家社会科学基金一般项目"数字传播中个人信息'删除权'适用规则研究"(项目编号:22BXW065)的阶段性研究成果。

　**　李兵,浙江工业大学人文学院副教授,硕士生导师;韩淑曼,浙江工业大学人文学院硕士研究生。

　①　Elena Esposito, "Algorithmic Memory and the Right to Be Forgotten on the Web," *Big Data & Society* 2017, 4, pp. 1–11.

定。在该案件中，西班牙律师冈萨雷斯因谷歌搜索引擎显示了他过去房产被强行拍卖的信息，而对谷歌公司提起诉讼并要求其删除该信息。最终，欧盟法院支持了冈萨雷斯的诉求，认为他可以通过"删除权"要求谷歌公司移除与他有关的搜索列表。这一判决在社会公众间引发了广泛关注和讨论，也促使欧盟在 2016 年通过了《通用数据保护条例》（General Data Protection Regulation，GDPR），其中第 17 条包括对"删除权"的规定。"删除权"的确立保证了个人信息的自决和完整，为人们提供了一种维护个人自由、重新回到社会、重塑正常生活的途径。

然而，"删除权"的实施并非绝对的，它会受到其他社会价值和利益的限制，其中公共利益原则是限制"删除权"行使的重要原则之一。在司法实践中，当个人权益与公共利益相冲突时法院会如何抉择？当涉及公共利益时，"删除权"会受到怎样的限制与调节？基于此，本文通过 2020 年以来 8 个具有代表性的已裁决案例来探讨数字传播中公共利益原则对"删除权"的限制作用，并给出相应的经验与启示。

一　"删除权"的概念及法制化历程

（一）"删除权"的概念界定

"删除权"概念的雏形可以追溯至 20 世纪 80 年代欧洲法律中避免犯罪前科人员的犯罪记录被公开的"遗忘权"。法国《个人信息保护法》在前科消灭层面首次提出了类似"删除权"的概念，即已经被判处刑罚的犯罪分子，在法定服刑期限届满后，有权利要求媒体不再刊登其曾经的犯罪行为和相关的服刑情况。与该权利类似的国内制度是未成年人犯罪记录封存，二者都是为了保证罪犯在服刑期届满后可以回归社会，不受媒体无穷无尽的骚扰。[①] 这实质上赋予了信息所有者删除信息、重返社会的权利。

对"删除权"（right to erasure）与"被遗忘权"（right to be forgotten）的理解，学界有不同观点。

---

① 郑曦：《作为刑事诉讼权利的个人信息权》，《政法论坛》2020 年第 5 期，第 133 ~ 144 页。

1. 相同说：认为二者概念一致

有的学者直接指出，"被遗忘权"又被称为"删除权"，是指信息主体对于信息控制者收集、存储和利用的个人信息，在出现法定或约定的理由时，请求信息控制者删除个人信息并停止传播的权利。① 还有学者在分析"删除权"与"被遗忘权"的内容后，认为"被遗忘权"强调赋予主体删除那些不充分、不相关或过时的个人数据的权利，其与欧盟现有数据保护框架中的删除权、更正权、反对权等都有着密切联系，这两种权利在本质上是"新瓶装旧酒"。②

2. 差异说：认为二者概念不一致

学者 Paul Alexander Bernal 认为"被遗忘权"是以"删除权"为基础的实质性扩充，但两者也有差异。第一层次的区别是名称上直观的差异，第二层次的区别是在例外情形使用上。③ 学者刘学涛和李月认为"删除权"是"被遗忘权"的基础，并且两种权利在性质上不能混同。这两位学者认为，欧盟 GDPR 第 17 条规定中，"被遗忘权"的核心内容虽然以传统的"删除权"为基础，但是还体现出"被遗忘权"的新发展，即信息控制者的义务除了体现为对网络平台所存储的内容进行删除外，还包括对在平台进行公开或者经过平台传播的内容负有连带责任。④

3. 交叉说：认为二者概念中存在重叠

有的学者认为"被遗忘权"和"删除权"存在相交叉的内容，但在价值核心、行使条件、主体范围、申请事由等方面存在差异，指出"删除权"是在出现了目的不再必要、信息处理者停止提供产品或者服务、信息主体撤回同意、违反法律和行政法规或者约定处理信息等情形下，信息处理者有义务对相关信息进行删除，而在信息处理者未尽删除义务的情况下，信息主体有权就相关事宜主张删除的权利。⑤

本文认为，"删除权"和"被遗忘权"虽然都通过删除或限制某些关涉

① 彭支援：《被遗忘权初探》，《中北大学学报》（社会科学版）2014 年第 1 期，第 36～40 页。
② 郑志峰：《网络社会的被遗忘权研究》，《法商研究》2015 年第 6 期，第 50～60 页。
③ Paul Alexander Bernal, "A Right to Delete?," *European Journal of Law & Technology* 2011, 2.
④ 刘学涛、李月：《大数据时代被遗忘权本土化的考量——兼以与个人信息删除权的比较为视角》，《科技与法律》2020 年第 2 期，第 78～88 页。
⑤ 卢璇：《互联网时代被遗忘权问题研究》，硕士学位论文，青岛科技大学，2022，第 1～63 页。

信息主体的信息可获得性而使权利主张得以实现，但二者在权利细则方面分野明显。①从权利目的看，"删除权"的根本目的在于维护个人信息的自决和完整，体现个人自治；"被遗忘权"的终极目的在于确保信息主体的自由发展、社会交往如期开展和自我形象的积极管理。②从权利起源看，"被遗忘权"起源于欧洲某些国家，通常是有犯罪记录的人享有的在服刑完毕之后为重返社会可以抗议公开其犯罪和服刑记录的刑事法上的"遗忘权"。"删除权"则起源于20世纪七八十年代计算机技术发展初期，个人信息电子化处理泛滥所导致的失控问题。③从权利性质看，"被遗忘权"属于大隐私权的范畴，集合了隐私权、名誉权、人格权等多重人格利益，通常与后三者共享同一个权利要旨，或为维护个人私生活安宁，或为确保个人社会评价不因过时信息降低。而"删除权"属于个人信息的一项独立权能形式，是为维护个人信息准确、完整的主动控制权。④从具体实施看，"被遗忘权"可通过删除、断开链接、匿名化等手段实现，"删除权"主要通过删除系统存储的个人信息实现。

"被遗忘权"和"删除权"的混用是因为欧盟立法委员会最初在阐述GDPR的立法和修订原则之时借用传统"遗忘权"描述数字传播和社交媒体时代个人信息存储永久化、获取便利化和"脱语境"滥用，从而影响信息主体现实生活和他人判断的情形，而其后公布的成文法又以"删除权"为大名、"被遗忘权"为小名的二次正名方式确立了"大删除权"的概念，其既包括数字传播时代个人信息永久存储和"脱语境"滥用导致的控制权丧失情况，又包括原来GDPR中包含的针对计算机存储的信息控制权。"冈萨雷斯案"判决进一步确认了这一含义范畴。为与国际立法精神一致，本文通说"删除权"，指同时包含传统"删除权"和社交媒体时代"被遗忘权"的"大删除权"含义。

（二）"删除权"的法制化历程

"删除权"起源于人格权和个人信息保护传统深厚的欧盟。1981年，欧洲理事会签署的《关于个人数据自动化处理的个人保护公约》（以下简称《公约》）（Convention for the Protection of Individuals with Regard to Automatic Processing of Personal Data）是最早涉及"删除权"的国际公约，在《公约》

的第 8 条中，规定了如果某些信息违反《公约》的规定或者不完整、不准确时，数据主体有权要求数据处理者删除、更正或封锁其个人数据。在此阶段并没有明确规定"删除权"，只是提及了个人有权纠正、更新或删除其不完整、不准确的个人信息，也没有明确数据处理者收到删除请求后的具体处理程序和期限。1995 年的《欧盟数据保护指令》（EU Data Protection Directive 95/46，以下简称"第 95/46 号指令"）提出个人有权要求数据处理者纠正、删除或者封锁其不准确或者不合法的个人信息以及个人有权反对数据处理者出于合法利益处理其个人信息，并要求停止处理或者删除其个人信息。在此阶段也没有明确规定"删除权"，只是认为在数据处理者违法或违约收集、使用个人信息的情况下，数据主体有权要求其删除相关信息，但对已经扩散出去的个人信息该如何处理，并未做出明确说明。基于社交媒体带来的个人信息泛滥问题，2012 年，欧盟委员会在对 1995 年《欧盟数据保护指令》进行补充和发展后，明确提出了"被遗忘权"（删除权）的定义，即被遗忘权（删除权）是指数据主体有对已被发布在网络上的，有关自身不恰当的、过时的、继续保留会导致其社会评价降低的信息，要求信息控制者予以删除的权利。①

"删除权"在司法实践中的确认源于 2014 年"冈萨雷斯案"，在此案例中，"删除权"在真正意义上获得了司法认可，该裁决也引起了广泛关注，引发了世界范围的持久讨论，"删除权"也由此在欧洲乃至世界各国蓬勃发展。2014 年 5 月，欧盟法院判决谷歌公司败诉，认为谷歌作为搜索引擎可以适用第 95/46 号指令，数据主体可以基于"删除权"（被遗忘权）要求谷歌等大型搜索引擎网络运营商删除已在互联网上公开的"不恰当的、不相干的、不再相关的或超出其最初处理目的"的信息。通过这一判例，法院最终明确了"删除权"（被遗忘权）的法律地位，并命令谷歌移除与冈萨雷斯相关的链接。随后，欧盟议会和欧盟理事会于 2016 年正式通过了《通用数据保护条例》（GDPR），其中第 17 条具体规定了"删除权"（被遗忘权）的适用条件和范围，以成文法形式明确了其行使要件和限制原则，将"删除权"法定化，GDPR 于 2018 年正式生效。此后，各国陆续开展"删除权"的司法实践。

---

① 杨立新、韩煦：《被遗忘权的中国本土化及法律适用》，《法律适用》2015 年第 2 期，第 24 ~ 34 页。

二 公共利益的概念界定

GDPR 将公共利益作为限制"删除权"的一个重要原则，第 17（3）条规定的对"删除权"的限制情形包括：①为了行使表达自由和信息自由的权利；②为了遵守欧盟或成员国的法律或履行公共利益、官方授权的任务；③为了达到符合第 9（2）条（h）和（i）点以及第 9（3）条公共卫生领域的公共利益的目的；④如果第 1 段所提到权利会受严重影响，或者会彻底阻碍第 89（1）条列举的出于公共利益、科学或历史学研究的或是统计学的目的的实现；⑤为了提起、行使或辩护法律性主张。但公共利益的含义并不明确、唯一，而是兼具稳定性与灵活性，涉及的领域不同，其概念也会随之发生变化。当谈到公共利益与传媒领域时，公共利益被认为是贯穿英国传媒规制的一条主线，随着该传媒规制的发展，公共利益的意涵和表现也发生变化，在 19 世纪之前表现为"维护统治秩序"，在 19 世纪至 20 世纪 70 年代表现为"维护公民权利"，在 20 世纪 70 年代至 20 世纪末表现为"维护消费者权利"。① 当谈到公共利益与个人利益的关系领域时，公共利益与个人利益被认为是两种不同的独立的利益形态，两者在语义、特征、主体、层次、运作方式等方面都极为不同。公共利益通常来源于个人利益，公共利益的增进通常要以限制、减损乃至剥夺个人利益为条件，两者往往处于矛盾或对立之中。② 在知识产权与公共利益的关系领域中，公共领域下的公共利益必须符合法律规定或法律政策精神，知识产权法中的公共利益并不完全是公共领域的保留，还有个人利益与公共利益之间利弊衡量之下一方对另一方的让渡。③ 当谈及消费者控制与研究人员访问个人健康数据之间的适当权衡问题时，学者 Mark J. Taylor 和 Tess Whitton 指出公共利益能够

---

① 曹然、徐敏：《公共利益：英国传媒规制的一条主线》，《苏州大学学报》（哲学社会科学版）2020 年第 1 期，第 162～171 页。
② 高志宏：《个人信息保护的公共利益考量——以应对突发公共卫生事件为视角》，《东方法学》2022 年第 3 期，第 17～32 页。
③ 冯晓青、周贺微：《知识产权的公共利益价值取向研究》，《学海》2019 年第 1 期，第 188～195 页。

捍卫一条不需要个人同意就可以通过处理个人健康数据进行研究的合法途径。① 当谈到数据行动与公共利益的关系领域时,学者 Sarah Williams 认为数据行动是一种新的方法,它将数据科学与社会运动相结合,以解决社会问题,数据行动的目标是通过使用数据来促进社会变革,为公众利益服务。②

综上,公共利益在不同领域具有不同的考量重点,会对其他权利的实现产生不同程度的影响。在公共利益与"删除权"的问题上,"删除权"作为一种个人信息保护权利会与公众知情权、表达自由等公共利益产生必然冲突。一方面,"删除权"的行使可能导致部分信息从公众视野中消失,而这些信息的缺失会让公众对事实真相产生盲区与误解;另一方面,在网络生活中,个人信息是依靠某种媒介或载体与其他信息互相连接的,由此,就牵涉到对个人信息保护以及对言论自由维护的界限。③ 由此可见,"删除权"在行使的过程中会受到具体公共利益原则的限制。

三 公共利益原则对"删除权"的限制与调节作用

在数字传播飞速发展的时代背景下,为了平衡数据主体、数据处理者和其他利益相关者的合法权益,"删除权"在具体实施过程中必然会受到某种约束和限制,以防止其侵犯社会公共利益和他人合法权益,这也是赋予该权利更加深刻的现实意义的必然要求。因此,本文依托西班牙数据保护局(Agencia Española de Protección de Datos)、意大利个人数据保护局(Garante per la Protezione dei dati Personali)、瑞典数据保护机构(Datainspektionen)等欧盟各国数据保护局官网,对 2020 年至今有关"删除权"的 8 个具有代表性的已裁决案例进行分析,探析法院如何权衡"删除权"和公共利益两者之间的关系,希望为"删除权"的完善及发展提供思路。

---

① Mark J. Taylor, and T. Whitton "Public Interest, Health Research and Data Protection Law: Establishing a Legitimate Trade-off between Individual Control and Research Access to Health Data," *Laws* 2020, 9, p. 6.

② Sarah Williams, *Data Action: Using Data for Public Good*, MIT Press, 2020, pp. 4 – 43.

③ 刘学涛、李月:《大数据时代被遗忘权本土化的考量——兼以与个人信息删除权的比较为视角》,《科技与法律》2020 年第 2 期,第 78 ~ 88 页。

（一）数据主体身份

数据主体身份是影响"删除权"的一个重要因素。社会公众对于不同身份的数据主体所涉及的信息的关注程度及这些信息对公众切身利益的影响程度都是不同的，因此法院在裁判过程中会对数据主体的身份进行衡量以维护公共利益。

1. 刑事罪犯

2022年，德国联邦最高法院对一位被定罪的杀人罪犯针对互联网搜索引擎提出的除名请求做出裁决。在该案例中，原告在1988年2月由于抢劫和谋杀的犯罪行为无法得到证实被宣告无罪，而在1988年3月，原告与另一名肇事者一起袭击并杀害了三人，被判处无期徒刑。原告在服刑期间得到减刑，于2014年11月被释放。原告的两条犯罪信息被互联网搜索引擎谷歌德国（Google Germany）收录，即在搜索引擎上输入原告的名字和姓氏时能在新闻杂志的一篇文章中找到对该事件的报道。因此，原告申请责令被告谷歌德国删除搜索引擎列表中的链接，而谷歌德国拒绝了原告的请求。

判决书中提到，个人数据保护权并非绝对权利，需要在遵守比例原则的前提下与其他基本权利进行权衡，例如第三方的合法利益、社会公共利益（öffentlichen Interesses）等。法院认为必须考虑广大公众在获取信息方面的利益，并且公共舆论不应该受到特定目的的限制，而是应该受到表达自由的保护。[①] 在本案例中，尽管原告的犯罪行为涉及社会政治问题，但随着时间的推移，公众对这一信息的感兴趣程度递减，并且原告并没有对当下或未来的社会政治或商业活动产生后续的负面影响，而链接中文章的永久呈现可能会导致原告融入社会变得困难，更需要注意的是文章还提及了原告未被证实的罪名。基于以上原因，法院认为原告的个人利益如今已经高于公众利益，因此应该尊重原告的删除请求。

从上述案例可以看出，当数据主体的身份是刑事罪犯时，在公共利益

---

① BGH 6. Zivilsenat, VI ZR 832/20, May 2022, p. 8, https://www.rechtsprechung-im-internet.de/jportal/portal/t/2y9/page/bsjrsprod.psml? pid = Dokmentanzeige&showdoccase = 1&js_peid = Trefferliste&documentnumber = 1&numberofresults = 1&fromdoctodoc = yes&doc.id = jb-KORE317222022&doc.part = L&doc.price = 0.0&doc.hl = 1#focuspoint.

层面，法院会考虑公众知情权是否得到满足以及公众对该信息的感兴趣程度；在个人利益层面，法院会根据刑事罪犯的自我反省和悔改的意识、涉事案件的后续影响和价值等因素考虑是否对数据主体的"删除权"进行克减。

2. 公众人物

明星、高级管理人员等公众人物，由于其身份地位的特殊性和公众形象的强大影响力，往往在特定的圈层能作为意见领袖来传播价值观念。他们在拥有一定社会地位的同时，也需要承担更多的社会责任，倘若他们也像普通个体般不受限制地行使"删除权"，将给社会公共利益带来严重的不良影响。因此，公众人物的个人信息及其"删除权"的保障需要受到公共利益原则的严格限制。

2020 年的"斯洛文尼亚最高法院关于一位公众人物的判决"案例中，原告曾是欧洲人权法院的法官候选人，其声称被告在网站上发布了两篇包含其因家庭暴力罪被判处一年半监禁信息的文章，其中一篇提供给订阅者，另一篇在 2017 年 8 月前都是公开的，之后被储存在网站的档案库中，可以通过访问档案库来查看。原告认为候选人招聘程序已于 2016 年 4 月结束，这两篇文章不再具有新闻价值，应当被删除，被告则拒绝了原告的申请。

在该案例中，原告参加欧洲人权法院法官的选举使其在公众面前更加引人注目，而网站中关于其刑事判决的公布有助于公众了解原告作为高级社会职位候选人的道德行为。简言之，原告在作为法官候选人的时期，其身份也随之变成一个相对的公众人物，并且法院发现原告还担任着高等教育学校讲师的职务，这些身份使得他的隐私领域相应地变窄。法院进一步解释，原告具有相对公众人物的地位，相对公众人物是指与某一特定事件有关的公众感兴趣的人。对于拥有该特殊身份的人，法院需要权衡各种利益来判断是否能在未经同意的情况下，公布其在公共活动方面的行动和思想等相关内容。[①] 在本案例中，鉴于原告的社会地位以及欧洲人权法院法官

---

① Vrhovno sodišče，VSRS Sodba II Ips 23/2020，August 2020，p. 15，https://www. sodnapraksa. si/? q = * ：* &database% 5BSOVS% 5D = SOVS&database% 5BIESP% 5D = IESP&database% 5BVDSS% 5D = VDSS&database% 5BUPRS% 5D = UPRS&_ submit = i% C5% A1% C4% 8Di&id = 2015081111440464.

所需的崇高专业地位、声誉和美德，被告在网站上公开的两篇报道显然符合公共利益（javnem interesu）。公众有兴趣、有权利了解一位可能担任欧洲人权法院法官职位的人，即他是否合适、是否符合欧洲人权法院的资格条件。

此外，原告进一步提出，到目前为止，判例法还没有确立一个明确的公众人物的概念。人只有在与公共事件相关的情况下才是一个公众人物，而公共事件是短暂的，相对公众人物在事件停止后就失去了公众人物的地位，此时公众的知情权不能再被认为高于个人的隐私权。因此，原告认为在选举事件结束、信息过时后，被告仍在网站上保留该文章的行为侵犯了其隐私。针对这一点，法院在判决书中否定了原告的阐述，并认为一个人如果在某一公共事件中成为相对公众人物，即使之后不出现在公众面前，也不能主张其失去这种公共特性。基于以上理由，法院最终驳回了原告的请求。

由此可见，当案例涉及公众人物时，法院必须衡量个人利益与公众信息自由权利。即使是一个时期内的相对公众人物，其在行使"删除权"时也需要考虑到公共利益。因此，拥有特殊社会地位和属性的公众人物在请求使用"删除权"时，会因尊重公众的信息自由等原因而受到限制。

（二）信息所属类型

数据主体有权对"不当的、不相关的、过时的"数据或内容请求使用"删除权"，但涉及以下两类信息时，法院在裁决过程中会为维护公共利益而对"删除权"的行使进行考量，一是涉及个人职业的信息，二是涉及个人隐私的敏感信息。

1. 涉及个人职业的信息

2020年比利时"X诉谷歌比利时案"中，原告X列出了12条搜索结果，其中1~8条是描述其与Y政党（一个比利时政党）有关联的内容，9~12条是针对原告的性骚扰投诉的新闻媒体文章，原告要求谷歌比利时全部删除。而谷歌比利时在其最后的书面陈述中，针对1~8条内容指出：鉴于原告在比利时公共生活中的角色，公众很清楚，他的党派关系绝不能决定他自身的政治观点，这只能体现与他有职业关系并支持他竞选公职的政党。① 在比利时，政治党派的信息在相关的公职竞选中发挥着重要作用，谷歌比利时通过证明原告与 Y 政党之间的职业关系来说明该信息具有普遍利益，故拒绝删除。

比利时有多个政党，分别代表不同的语言和地区利益，而且政府通常由多个政党联合执政。因此，一个人是否与某个政党有关联，可能会影响其在社会上的形象和声誉，以及决定其是否能够参与或影响政治决策。在本案例中，首先，法院对该信息的准确性进行了调查，发现原告曾在他担任政府经理和高级公务员的职业生涯中，接受过 Y 政党的支持，因此法院认为原告与 Y 政党存在关联。其次，法院逐一对 8 条搜索结果进行分析后认为，这些报道只表明了原告与 Y 政党的关系，并没有揭示他的任何政治观点，并不涉及个人隐私，同时这些信息关系到政治决策等公共议题，会直接影响公众获取信息自由的权利，因此法院驳回了原告关于删除 1～8 条搜索结果的请求。

由于该案件涉及管辖权的争议，布鲁塞尔上诉法院于 2021 年重新裁定后提出，比利时数据保护局在此前判定中对谷歌比利时公司采取了纠正措施，而实际相关的数据处理者是谷歌有限责任公司（应该对其提出投诉），比利时数据保护局没有充分说明谷歌比利时公司的活动如何与谷歌有限责任公司有不可分割的联系，因此宣判此前判决无效。② 但比利时数据保护局在该案件中对个人利益与公共利益的考量仍具有参考价值。

2023 年西班牙"D. A. A. A. 诉 Google 案"中，原告 D. A. A. A. 于 2022 年 10 月向西班牙数据保护局提交了一份针对谷歌（Google）的投诉，要求谷歌删除搜索引擎中与其个人相关的链接。谷歌认为这些链接提供了与原告职业活动相关且涉及公共利益（interéspúblico）的信息。

针对原告的职业活动是否涉及公共利益这一问题，法院在判决过程中参考了《欧洲联盟法院关于"谷歌西班牙公司和 AEPD 与马里奥·科斯特亚"案 C-131/12 的判决执行指南》，其中提到，如果所涉及的信息与当事

---

① Litigation Chamber of the Belgian Data Protection Authority, DOS-2019-03780, July 2020, p. 28, https://www. autoriteprotectiondonnees. be/publications/decision-on-the-merits-n-37-2020-english. pdf.

② Court of Appeal of Brussels, 2020/AR/1111, June 2021, https://gdprhub. eu/index. php? title = Court_ of_ Appeal_ of_ Brussels_ -_2020/AR/1111&mtc = today.

人的职业生活有关，那么它更有可能具有相关性（relevancia），但这取决于当事人的工作性质和公众通过搜索其姓名来访问该信息的合法利益。① 简言之，在行使"删除权"时需要考虑到当事人的职业生活对公共利益的影响程度。此外，法院还认为需要进一步探讨原告职业生活"传播内容的公共相关性"（la relevancia pública de lo difundido）。为了解释该概念，判决书中引用了2022年6月的宪法法院第89/2022号判决，其中提到：本次判决一直将"公共利益相关的事务"（asuntos de relevancia pública）作为信息和表达自由权利是否优先于个人及家庭隐私权利的判断标准，根据此案件，本院将此标准用来判断公众访问这些信息所获得的利益有多大，即"传播内容的公共相关性"程度有多大。② 在"D. A. A. 诉 Google 案"中，法院在参考上述两个判例后认为原告的职业生涯信息是关于他的个人学习和成长过程的信息，不涉及传播内容的公共相关性和公共利益，因此法院支持D. A. A. 提出的主张，要求谷歌删除相关链接。

从以上两个案例可以看出，当信息有关个人的职业生活时，法院需要考虑到公众获取信息的合法利益与个人隐私权的冲突，从而在行使"删除权"和维护公共利益两者间进行衡量，最终给出裁决结果。因此，此类涉及个人职业的信息也是维护公共利益需要权衡的因素。

2. 涉及个人隐私的敏感信息

在首例"删除权"案——"冈萨雷斯案"中，欧盟委员会官方对判决结果进行解释称，被遗忘权（删除权）的适用必须衡量个案价值，而价值判断的重要考量即在于信息对于数据主体来说是否具有涉及隐私生活的敏感性以及公共利益要素两大主要方面。③ 由此可见，个人利益与公共利益发生冲突时，法院所要考量的要素包含信息是否具有敏感性。

2020年瑞典"Datainspektionen 诉 Google 案"中，瑞典数据保护机构发现谷歌（Google）未按照约定时间在2017年8月2日前删除两项搜索结果

① Agencia Española de Protección de Datos，EXP202211376，March 2023，pp. 6 - 8，https://www. aepd. es/es/documento/pd - 00270 - 2022. pdf.

② Agencia Española de Protección de Datos，EXP202211376，March 2023，pp. 6 - 8，https://www. aepd. es/es/documento/pd - 00270 - 2022. pdf.

③ 杨立新、杜泽夏：《被遗忘权的权利归属与保护标准——任甲玉诉百度公司被遗忘权案裁判理由评述》，《法律适用（司法案例）》2017年第16期，第29~39页。

（这两项搜索结果是瑞典数据保护机构之前的监管决定中的投诉 2 和投诉 8）。因此，瑞典数据保护局决定再次立案，并对谷歌处理删除请求的方式进行了调查。

在投诉 2 中，法院认为公众通过谷歌搜索引擎获取有关投诉人信息的公共利益（allmän-hetens intresse）并不能证明该方式所带来的隐私侵犯是合理的，因为在该案例中，公众的讨论主题里披露了相当多的有关投诉人的种族、宗教信仰、精神健康、性取向、违法行为（有关起诉和预审的信息）、家庭和地址的信息。法院进一步解释：一个搜索引擎提供商必须在其责任、权限和能力范围内，确保其业务中的个人数据处理符合数据保护规则的要求，因为该业务在很大程度上会影响相关人员的隐私和个人数据保护方面的基本权利，而搜索引擎业务对数据的处理并不意味着它可以免受对处理敏感数据（känsliga uppgifter）和犯罪数据（brotts uppgifter）的禁止和限制。① 因此法院再次命令谷歌删除有关搜索结果。

2022 年德国"ASB-Mittelhessen 董事诉 Google 案"中，原告要求被告（Google）删除搜索引擎结果中的某些链接，这些链接指向了有关 ASB-Mittelhessen 协会在 2011 年出现了近 100 万欧元的财政赤字以及原告在财政赤字被发现后不久因健康问题请病假的报道。原告认为链接中信息涉及的健康数据具有敏感性（Sensibilität），要求谷歌进行删除。

法院认为原告所在的 ASB-Mittelhessen 协会在 2011 年出现经济困难问题并非一个独立存在的事件。该协会在解决此次经济困难的过程中采取了一系列措施，包括长期节省开支、裁员等，这些行为对社会产生了持续的影响。而原告作为一个协会重要的雇主和护理服务提供者在危机中缺席以及缺席的原因都具有高度的公共利益（öffentlichen Interesse），即使报道中涉及原告身体健康等敏感数据，法院也判定链接中的报道是符合合法利益的。

由以上两个案例可见，种族、宗教信仰、身体健康等敏感的个人信息中包含隐私属性的利益，因而要受到更加严苛地考量。当这类信息被主张使用"删除权"时，法院在判决过程中会谨慎权衡个人利益与公共利益之

---

① Datainspektionen，DI – 2018 – 9274，March 2020，pp. 8 – 9，https：//www. imy. se/globalassets/dokument/beslut/2020 – 03 – 11 – beslut-google. pdf.

间的冲突，比如这些敏感信息对社会其他方面的影响，从而给出相对公正的判决结果。

（三）信息的准确性

信息的准确性对于维护公共利益至关重要，因为不准确的信息可能会误导公众，导致错误的决策和行动，从而影响社会生活。在某些情况下，个人可能会要求删除不准确或过时的信息，以维护其隐私权和声誉，此时"删除权"的行使可能会与公众获取准确信息的权利产生冲突。在这种情况下，法院需要在保护个人隐私权和维护公共利益之间进行权衡。

2022年"TU、RE诉Google案"中，原告TU和RE在g-net网站（运营商为Google）上发现三篇对其公司投资模式进行批评的文章，其中某篇文章还配有TU驾驶豪华轿车、在直升机内、在飞机前以及RE在敞篷轿车内的四张照片。TU和RE认为这些文章包含不准确的信息和诽谤性言论，要求谷歌删除有关文章链接，并删除搜索结果中有关缩略图。谷歌则拒绝了这一请求，指出这些文章不涉及原告职业信息，并声称其并不知道这些文章中包含的信息是否准确。

法院认为在尊重私人生活和言论、信息自由之间，必须考虑一些相关标准，这些标准包括对公共利益辩论（debate of public interest）的贡献，即某个信息或言论对公众讨论和理解重要问题的作用。在此案例中，为维护公众信息自由权利，原告是否能够给出足以证明相关内容中包含的信息是不准确的证据成了评估原告删除请求的关键，判决书中强调，若数据主体提供了相关且充分的证据来支持其删除请求，并证明引用内容中的信息明显不准确或者至少部分信息（与整体内容相比不是次要的）不准确，那么搜索引擎运营商应当同意删除请求；如果数据主体能够提供法院判决来证明引用内容中的信息不准确，那么搜索引擎运营商也应当同意删除请求。①

由于该案例涉及GDPR中法条的解释问题，德国联邦最高法院遂向欧盟法院发起初步裁决请求。虽然欧盟法院并未给出判决结果，但欧盟法院在

---

① Bundesgerichtshof, C - 460/20, December 2022, https://dpcuria.eu/details? reference = C - 460/20.

该判决书中关于信息准确性的阐述对理解"删除权"的限制原则具有重要参考价值。

上文"X诉谷歌比利时案"中9~12条搜索结果是针对原告的性骚扰投诉的新闻媒体文章,具体内容是2010年公务员行政部门对原告的性骚扰投诉。法院根据原告提交的证据发现,这些投诉在2010年因缺乏法律依据而被驳回,因此原告的性骚扰投诉并没有得到法律判定,此后,法院也并未发现有其他类似的性骚扰投诉针对原告提起。简言之,搜索引擎上列出的信息是不准确的或不是最新的。最终,法院命令谷歌比利时必须删除9~12条搜索结果。

由以上两个案例可见,在处理"删除权"的请求时,信息是否过时、是否准确、对公共利益辩论的贡献程度等因素都会对法院权衡个人隐私与公共利益产生影响。而一旦信息失实,法院将优先考量支持信息删除。

(四)数据处理目的和行为

数据处理者对信息的处理目的和行为也会影响法院的判决结果。数据处理者对数据的处理须遵循合理、正当、必要、最小限度等基本原则,倘若数据处理者怀有不当目的或采取不当行为处理信息,就必然会面临被要求删除的结果。

2023年意大利"Reweb s.r.l公司案"中原告投诉Reweb s.r.l公司,称在与Reweb s.r.l终止合作关系后,其企业电子邮件账户仍然保持活动以及Reweb s.r.l仍被允许对该账户进行访问。而Reweb s.r.l.则表示在与原告终止合作后,为了管理潜在客户(通过原告原账号联系的这些客户)和维护其合法利益,需要使原告的企业电子邮件账户保持活跃。

法院在审查了当事人的声明和收集的文件后发现,Reweb s.r.l公司作为数据处理者在与投诉人终止合作后,仍然使其电子邮件账户处于活动状态,并查看了邮件的内容,甚至还在该电子邮件账户上设置了一个系统,将收到的邮件转发到另一个商务总监的账户中,以上种种对投诉人的信息所进行的处理操作并不符合法律的规定。在判决书中,法院进一步阐释到:对于公司声称的"为了维护客户和在法庭上行使自己的权利而处理个人数据"应当指出的是,该公司的主张并不能优先取消被保护人的个人数据保护权。① 简言之，数据处理者不能假设第三者对信息有知情的需要而侵犯数据主体的隐私权。因此，法院认为 Reweb s. r. l 对投诉人的信息处理行为侵犯了投诉人的权利，最终对 Reweb s. r. l. 处以 5000 欧元的行政罚款。

上文瑞典"Datainspektionen 诉 Google 案"第四点判决理由中也提到了法院对数据处理者的信息处理目的和行为的考量。谷歌关于用户删除请求的网页表格中包含"如果你请求删除搜索结果中的某个 URL，我们可能会向相关网站管理员发送通知（通知中会提供你的信息）"等内容，若用户请求删除，则需要勾选一个复选框，表示同意这种处理方式。②

法院认为谷歌向网站管理员发送通知没有法律依据。①这些通知没有法律义务的支持。根据 GDPR 第 17（2）条的规定，如果数据处理者已经公开了个人数据，他们有义务通知再次利用这些数据的其他数据处理者，并让他们删除或限制对这些数据的处理。但是，法院认为这种义务不适用于搜索引擎提供商，因为其只是从互联网上找到并显示已经公开的个人数据，而不是自己发布或处理这些数据。②这些通知没有合法利益的支持。法院认为根据 GDPR 第 6.1（f）条的规定，若数据处理者或第三方存在合法利益，且不影响数据主体的利益和公众的信息自由权利，则其对数据的处理符合合法利益。但在此案例中，谷歌声称通知网站管理员的行为有助于让他们考虑是否删除原始信息，法院认为，谷歌所声称的利益在处理时是假设性的，且谷歌并未证明其能够保证网站管理员不会以不当方式使用数据，也未证明其不会将数据提供给第三者。③不符合数据处理的原始目的。法院认为谷歌在删除搜索结果后向网站管理员发送的删除通知，可能会暴露删除请求发起人的身份，是与处理数据的原始目的不一致的行为。法院指出当前可能有 5690 个数据主体受到此程序的影响。③ 基于以上理

---

① Garante Privacy, 9861827, January 2023, https://www.garanteprivacy.it/home/docweb/ – /docweb-display/docweb/9861827.

② Datainspektionen, DI – 2018 – 9274, March 2020, p. 15, https://www.imy.se/globalassets/dokument/beslut/2020 – 03 – 11 – beslut-google.pdf.

③ Datainspektionen, DI – 2018 – 9274, March 2020, p. 15, https://www.imy.se/globalassets/dokument/beslut/2020 – 03 – 11 – beslut-google.pdf.

由，法院认为谷歌对数据处理的目的和行为严重影响了数据主体行使"删除权"的有效性，最终针对谷歌该数据处理行为进行 7500 万克朗的行政处罚。

在德国"TU、RE 诉 Google 案"中，法院也对谷歌作为搜索引擎运营商是否有权依据自身判断来处理信息做出解释。法院认为搜索引擎的出现使得任何人都可以在输入数据主体名字后获得与数据主体有关的信息，它在数据传播过程中起到决定性作用。因此，搜索引擎运营商对数据主体的信息处理行为可能会对个人隐私权和个人数据保护的基本权利产生重大影响。法院强调，搜索引擎运营商必须在其责任、权力和能力范围内确保数据处理的目的和行为符合第 95/46 号指令和 GDPR 的要求，以便使该指令和该条例中的规定能够充分发挥作用，并且能够实现对数据主体的有效和完整保护，特别是对其隐私权的保护。①

由上述三个案例可见，数据处理者处理数据的目的和行为是否以满足公共利益而牺牲个人利益为前提，以及数据处理的目的和行为是否符合法律、符合合法利益、符合数据处理的原始目的都是法院在最终判决时会考量和权衡的因素。

结语：公共利益原则对"删除权"的限制启示

数字传播时代的个人信息保护面临着前所未有的挑战，因此，为了保障个人信息的自决和完整，欧盟在 2016 年的《通用数据保护条例》（GDPR）中明确了数据主体的"删除权"。然而，"删除权"并非绝对权利，为了平衡数据主体、数据处理者和其他利益相关者的权益，避免"删除权"的滥用或无效，需要在具体实施过程中对"删除权"进行合理的限制，其中个人信息的保护和公共利益的维护是一对难以协调的权利冲突。

表 1 为"删除权"案例及裁判要点。

---

① Bundesgerichtshof, C – 460/20, December 2022, https://dpcuria.eu/details? reference = C – 460/20.

表1 "删除权"案例及裁判要点

序号	案例名称	年份	国家	个人利益与公共利益冲突时涉及的限制因素
1	Datainspektionen 诉 Google 案	2020	瑞典	信息所属类型、数据处理目的和行为
2	X 诉谷歌比利时案	2020	比利时	信息所属类型、信息的准确性
3	斯洛文尼亚最高法院关于一位公众人物的判决	2020	斯洛文尼亚	数据主体身份
4	被定罪的杀人犯诉 Google Germany 案	2022	德国	数据主体身份
5	TU、RE 诉 Google 案	2022	德国	信息的准确性、数据处理目的和行为
6	ASB-Mittelhessen 董事诉 Google 案	2022	德国	信息所属类型
7	Reweb. s. r. l 公司案	2023	意大利	数据处理目的和行为
8	D. A. A. 诉 Google 案	2023	西班牙	信息所属类型

首先，数据主体身份是影响"删除权"的重要因素。当数据主体是刑事罪犯或公众人物时，因其信息具有社会政治或商业价值，或者对公众讨论和理解重要问题有贡献，数据主体的删除请求可能会受到公共利益的限制。其次，具体案例中不同类型的信息内容会影响法院对个人利益与公共利益的权衡。当信息涉及个人职业生活或敏感信息时，法院会考虑公众获取信息的合法权益或者是否关系到政治决策等公共议题，以及该议题对公共利益的贡献和必要性。再次，个人利益与公共利益的冲突与平衡还受信息真实性的影响。法院需要根据信息是否明显不准确或过时，以及是否存在法律依据或合法利益来衡量数据主体的"删除权"。最后，法院需要考虑数据处理者对信息的处理是否有合理的目的和方式，以及其是否符合法律规定和原始目标，因此数据处理者的处理目的和行为也会对个人利益和公共利益的权衡结果产生影响。

综上所述，公共利益对"删除权"的限制不存在固定或绝对的标准，而是需要根据具体案情和情境因素进行灵活和全面的利益衡量。在这一过程中，法院需要尽可能保障个人对其信息的自我决定权以及维护其他利益相关方的合法权益和社会公共利益，并将天平倾向于更加具有正当性的利益价值，此一权衡过程重在建构具有足够说服力、无懈可击的判决理由。本文通过总结个人利益与公共利益冲突中的四个维度，能为理解和实施"删除权"提供一些思路和参考。但需要说明的是，因为公共利益的含义本身具有模糊性与不确定性，这四个维度并非一个封闭的系统，而是包含开放式的非限定内容，随着更多案例的产生其外延将持续扩展。"删除权"是数字传播中保护个人信息、实现个人信息自决、维护人格尊严的一种直接的有效手段，对其实施细则的讨论将有利于我国数字经济在法治轨道上快速发展，也有利于我国《个人信息保护法》《民法典》等相关法律的真正实施和落地。

不同类型互联网平台的差序化选择：基于成年独生子女带家人异地就医经历的质性研究*

陈东进　王一冰　张雪阳**

摘　要　随着手机的广泛应用，包括医疗平台在内的互联网平台不仅满足了个体的功能性需要，还对人际关系产生了更深远的影响。互联网平台能否为用户在生人社会中提供熟人社会中的人际关系代偿帮助？本研究通过对16位有带父母异地就医实践经历的成年独生子女进行半结构化访谈发现，在进入异地生人社会求医的过程中，互联网平台能够在基本生活、情感支持乃至医疗服务上为独生子女家庭提供一些帮助，但平台作用会在三种需求上递减，而熟人社会中的人情关系则发挥着依次递增的作用，呈现"差序格局"特征。尽管目前作用有限，但互联网平台的出现为独生子女家庭乃至其他弱势群体在生人社会中提供了工具性帮助，并且随着技术的完善，互联网平台在不断改变人与人的社会关系，形成新的社会互动格局。

关键词　平台传播；异地就医；熟人社会；独生子女；社会关系

一　引言

1978 年，中国全面推行计划生育政策，虽然人口增长速度得到有效减缓，但对独生子女而言，如何照顾年老父母，尤其是患病的父母成为成年后不得不面临的现实问题。相较于非独家庭，独生子女在父母患病期间缺

---

* 本文为浙江省哲学社会科学规划课题一般项目"利用赋能型健康传播提升浙江省公共卫生治理水平的研究"（项目编号：21NDJC111YB）的阶段性研究成果。

** 陈东进，浙江传媒学院浙江省社会治理与传播创新研究院副研究员，硕士生导师；王一冰，浙江传媒学院浙江省社会治理与传播创新研究院硕士研究生；张雪阳，浙江传媒学院浙江省社会治理与传播创新研究院硕士研究生。

乏兄弟姐妹的支持，需要独立解决经济、时间、精神压力等难题。这种难题在他们带着父母去异地就医时变得尤为突出，本就相对薄弱的人际关系在异地变得更加难得。

在熟人社会向生人社会转型的大背景下，独生子女家庭异地就医的实践提供了一个探讨人情关系与互联网平台应用之间相互关系的特定场景。在传统的人情关系与现代的技术创新碰撞下，人们对于互联网平台的选择不仅能帮助我们反思互联网平台对个体的功能性作用，更能帮助我们探究互联网平台对社会结构的影响。那么独生子女在异地就医的过程中面临难题和压力时，他们有没有使用互联网平台来满足自己的需求？有哪些需求？哪些需求更倾向于使用互联网平台，哪些需求还是依赖传统人情关系？不同选择又是基于何种原因？传统关系社会中基于社会关系资本的差距所产生的资源获取不平等状况有没有在移动互联网时代得以减轻？以上是本研究聚焦的问题。

本研究通过对 16 位符合样本规范的独生子女进行半结构化访谈发现，独生子女在带家人异地就医的过程中通常有基本生活、情感支持、医疗服务三种需求，他们对于满足不同需求的互联网平台有着不同程度的接纳与信任。互联网平台在其带家人异地就医的过程中在衣食住行等基本生活上提供的帮助是明显的。其次是情感支持。而在最具体也是最直接的需求——医疗服务的满足上，互联网平台的作用相对较小，独生子女在互联网平台的医疗服务上呈现最保守的态度，他们更依赖传统的人情关系而不是平台软件。总体来看，互联网平台所带来的功能革新使得独生子女群体不再一味依赖原先单一的人情关系，而是在互联网平台中寻求代偿性帮助满足自我需求。

二　文献回顾

独生子女家庭异地就医的实践一方面是诊断治疗的过程，另一方面是信息资源寻找和获得的过程。从衣食住行的时间、地点等到就诊医院、科室的好坏与就诊医生的问诊时间、水平等都需要获得明确的信息，独生子女面临使用互联网平台与熟人关系的双重路径。互联网平台一方面根据自身定位有不同的服务功能，另一方面则作为重要的信息载体起着信息分享传播的作用。除了特定的搜索引擎外，购物平台、医疗平台与社交平台等都伴随着信息资源的呈现与传播，这种信息的传播往往会帮助独生子女解决异地就医过程中的信息闭塞问题。但对于不使用或不依赖互联网平台的独生子女来说，熟人社会的人情关系是他们获取信息资源进而寻求帮助的重要渠道。

（一）平台传播

互联网时代的更新发展使得信息传播从大众媒体时代走向平台传播时代，如今平台传播与社会生活各方面互相渗透与嵌套，是学界研究的重要议题。平台指的是一种数字化的基础设施，能够支持设计和使用特殊的应用。[①] 沈国麟将平台划分成操作系统、基础性平台、行业或专业类平台。[②] 因本研究的探讨重点为平台与人、平台与社会之间的关系，故本研究聚焦基础性平台（微信、微博、小红书等）和行业或专业类平台（淘宝、好大夫在线、滴滴出行、携程旅行等）。

目前学界对于平台传播的研究主要集中在以下几个方面。首先是与特定平台相关的研究。此类研究通常以某个特定平台为研究对象，探讨该平台的传播现象、传播动机与模式、传播效果等内容。如匡文波等曾探讨微信公众号影响健康传播效果的因素及其之间的关系；[③] 强月新等以"学习强国"平台为研究对象展开了平台运作模式的理论分析，探讨媒体融合时代政治传播的新路径；[④] 杜积西等以抖音短视频平台为研究对象，探讨了西部城市形象在平台中的传播机理与运作建构；[⑤] 任雪菲以淘宝为依托，从传播

[①] Meta, "Facebook Unveils Platform for Developers of Social Applications", May 24, 2007, https://about. fb. com/news/2007/05/facebook-unveils-platform-for-developers-of-social-applications/. Accessed 2023 – 5 – 15.

[②] 沈国麟：《全球平台传播：分发、把关和规制》，《现代传播》（中国传媒大学学报）2021年第43期，第7~12页。

[③] 匡文波、武晓立：《基于微信公众号的健康传播效果评价指标体系研究》，《国际新闻界》2019年第41期，第153~176页。

[④] 强月新、刘亚：《从"学习强国"看媒体融合时代政治传播的新路径》，《现代传播》（中国传媒大学学报）2019年第41期，第29~33页。

[⑤] 杜积西、陈璐：《西部城市形象的短视频传播研究——以重庆、西安、成都在抖音平台的形象建构为例》，《传媒》2019年第15期，第82~84页。

学角度对"双十一"网络购物消费行为进行了现象解析。[①] 目前学界对于某一平台的研究呈纵向深化，却忽略了平台研究的横向差异。这种差异并非指平台与平台之间的不同，而是平台的使用者即个体对于不同类型平台的接受度的差异。其次，平台的最终目的是为用户提供更加完善的服务功能，但先前的研究存在一个共性，即默认或强调某一平台的特定功能或者泛化其功能，如有研究将微信、微博界定为平台型社交媒体，[②] 而忽略了平台在特定场景中的功能会趋于多元化和具体化。最后，以往研究更多强调平台的工具属性，认为平台具有技术属性和经济属性，平台社会的形成是平台范式推进与延展的过程，平台媒介范式的技术逻辑与价值逻辑深入平台驱动下的经济社会新形态中。[③] 但也有不少研究并非只看到平台的工具属性，也强调了平台应用可以改变人与人之间的社会关系，如彭兰认为互联网平台的连接法则可以满足人们的社会关系需求，但在连接模式上存在着远距离与近距离、匿名与实名、弱关系与强关系等关系属性的摇摆，[④] 她还指出社会网络因其平台的一对一链条关系会产生结构性压力从而产生权力关系，这种关系不仅影响个体在社会网络中的地位，也影响个体的态度甚至行为；[⑤] 谭天等认为社交平台的功能就是通过关系数据来实现关系转换，通过关系转换来实现平台价值，[⑥] 这种关系是指人际关系。平台不单单会带来更方便的服务，也会因其结构与特性改变人与人之间的社会关系。

因此，本研究从特定的异地就医场景出发，探讨独生子女家庭在该场景中对不同互联网平台的接受度差异，以及在特定场景下不同平台起到什么作用，能为独生子女家庭提供哪些帮助，以及这种帮助能否在一定程度上改变人与人之间的社会关系结构。

---

① 任雪菲：《从传播学角度管窥"双十一"网络购物消费行为》，《编辑学刊》2016 年第 1 期，第 98 ~ 103 页。

② 谭天、张子俊：《我国社交媒体的现状、发展与趋势》，《编辑之友》2017 年第 1 期，第 20 ~ 25 页。

③ 蔡润芳：《"围墙花园"之困：论平台媒介的"二重性"及其范式演进》，《新闻大学》2021 年第 7 期，第 76 ~ 89 页。

④ 彭兰：《连接与反连接：互联网法则的摇摆》，《国际新闻界》2019 年第 2 期，第 20 ~ 37 页。

⑤ 彭兰：《从社区到社会网络——一种互联网研究视野与方法的拓展》，《国际新闻界》2009 年第 5 期，第 87 ~ 92 页。

⑥ 谭天、苏一洲：《论社交媒体的关系转换》，《现代传播》2013 年第 11 期，第 108 ~ 113 页。

（二）熟人社会与人情关系

熟人、关系等概念深刻影响着中国人的思维方式和行为实践，在就医这种人际传播模式中表现得尤其明显。有学者指出，目前中国社会正在从熟人社会走向"无主体熟人社会"①，这是中国社会转型期的一个重要表现，意味着转型时期的熟人社会与人情关系表征会产生与之相适应的转变。

首先是转型社会出现后人情关系的工具性变化。传统社会时期，受中国传统文化儒家思想的影响，中国社会是"关系本位"的社会，关系构建的核心是血缘家族关系，个体围绕此核心建立血缘家族关系之外的其他社会联系，并且还可能因为认干亲、拜把子、套近乎等在后天生活中与无血缘关系的人建立交往关系，② 这种关系更多依靠"孝道""家族"等先天性情理进行实践。随着社会的转型与发展，关系成了社会结构运作的重要工具之一。每个个体在社会中所拥有的"关系"将转换成他们的"社会资本"，使他们在熟人社会里彼此长期互帮互助，并在有力的道德舆论的约束和正向激励下，社会资本不断累积和再生产。⑥这就使得人情关系从先天性情理发展为个人积累社会资本的工具。

其次是技术革新对人情关系的影响。高莉莎对少数民族农民工手机微信的使用进行了研究，认为手机构筑了一个跨越乡村与城市地理边界的社区，社会结构和社会关系在空间中重构，手机不仅重塑了时空情境，而且重构了农民工熟人关系网络；③ 潘志忠对海外劳工群体的社会化媒体使用进行了研究，认为社会化媒体会维系和巩固原先熟人社会中的关系网络，并延续原先熟人社会的运作逻辑形成"云熟人社会"，并且具有长期性和稳定性。④ 目前研究虽都指出技术可能会对熟人社会网络产生影响，但大多数研究认为技术会巩固熟人社会网络，却忽视了技术所带来的开放性信息资源

---

① 吴重庆：《从熟人社会到"无主体熟人社会"》，《读书》2011年第1期，第20～21页。
② 李伟民、梁玉成：《特殊信任与普遍信任：中国人信任的结构与特征》，《社会学研究》2002年第3期，第11～22页。
③ 高莉莎：《"移动主体熟人社会"：基于少数民族农民工手机微信使用的研究》，《新闻大学》2018年第2期，第36～45页。
④ 潘志忠：《"云熟人社会"的形成机制研究——以海外劳工群体社会化媒体使用为例》，硕士学位论文，南京大学，2019。

与所具有的情感补位功能，这会使主体可能不再将人情社会作为单一的工具进行社会资本的获取，转而在平台软件中寻找代偿性获得感。

工具化的人情关系与工具化的平台应用是转型社会的两大转变，因此本研究将这两大转变放置在特定的异地就医场景中，探讨传统关系社会中基于社会关系资本的差异所产生的资源不平等难题在移动互联网时期是否得以解决。

三　研究方法

本研究采用归纳式质性研究方法，对 16 位符合样本规范的研究对象进行半结构化访谈，对获得的文本资料进行主旨性分析。访谈内容包括独生子女互联网平台使用情况、独生子女父母患病情况、独生子女带父母异地就医的经过和心理认知、独生子女对于熟人就医的取向和看法等。访谈时长为 0.5～1 个小时，访谈过程遵循质性研究"信息饱和原则"，在第 13 名受访者出现信息饱和后，研究者又访谈了 3 位独生子女，在发现均没有能够补充更新的重要信息后，认定访谈样本的经验材料收集工作完成。访谈对象基本情况见表 1。

表 1　访谈对象基本情况

编号	年龄（岁）	性别	受教育程度	地区	职业	直系或旁系亲属是否有医务人员	家中的社会关系能否提供就医方面帮助
1	23	女	硕士	广东省珠海市	学生	是	是
2	19	男	高中	湖南省衡阳市	自由职业	是	否
3	25	女	本科	湖南省土家族苗族自治州	会计	是	否
4	23	女	硕士	四川省雅安市	学生	是	否
5	23	男	本科	安徽省淮南市	公司雇员	否	是
6	32	男	高中	四川省通江县	工人	否	是
7	45	女	大专	四川省苍溪县	教师	是	是
8	43	女	大专	江苏省东台市	公司雇员	否	是
9	38	女	硕士	浙江省杭州市	医生	是	是

续表

编号	年龄（年）	性别	受教育程度	地区	职业	直系或旁系亲属是否有医务人员	家中的社会关系能否提供就医方面帮助
10	45	女	本科	江苏省盐城市	公职人员	否	是
11	49	女	大专	湖北宜昌市	教师	否	是
12	29	女	本科	江苏省常熟市	自由职业	是	否
13	35	男	高中	四川省平昌县	工人	否	否
14	26	男	硕士	重庆市丰都县	学生	是	是
15	34	女	本科	山东省泰安市	教师	否	否
16	30	男	大专	四川省成都市	自由职业	否	是

通过访谈获取文本材料后，本研究对文本材料进行多轮主题编码，提取影响独生子女对互联网平台的认知和行为采纳的因素，然后通过分析因素内涵和所属范畴进一步整合与归类，最后提取涵盖影响研究对象行为实践因素的关键主题以及使用医疗平台和不使用医疗平台的差异因素。

四　研究结果

（一）受访者对于不同功能平台的选择

本研究根据受访者在异地就医的过程中对互联网平台不同功能的使用差别，将独生子女带家人在异地就医过程中所使用的平台软件分为基本生活、情感支持、医疗服务三个主题。本研究发现，互联网平台在不同主题上的作用程度亦有差别。

表2　不同功能需要使用的平台软件名称

功能	平台软件名称
基本生活	微信、淘宝、滴滴出行、美团、饿了么、支付宝、铁路12306、携程旅行
情感支持	微信、小红书、豆瓣、微博、抖音
医疗服务	微信（微信公众号）、好大夫在线、春雨医生、百度问诊、各医院App

表3 受访者在异地就医过程中对不同类型平台的使用概况

编号	基本生活				情感支持	医疗服务				
	交通	住宿	饮食	购物	情感支持	医疗信息	医患沟通	挂号	问诊	治疗
1	√	√	√	√	√	√	√	×	×	×
2	√	√	×	√	√	√	√	×	×	×
3	√	×	√	×	×	×	√	×	×	×
4	√	√	√	√	√	√	√	√	×	×
5	√	√	√	√	×	√	√	√	×	√
6	√	√	×	√	×	×	√	×	×	×
7	√	√	√	√	√	√	√	×	×	×
8	×	√	√	√	×	√	√	×	×	×
9	√	×	√	√	√	√	√	√	×	×
10	√	×	√	√	√	√	√	√	×	×
11	√	√	×	×	×	×	√	√	×	×
12	√	×	√	√	√	√	√	√	×	√
13	×	√	√	√	×	√	√	×	×	×
14	√	√	√	√	√	×	√	√	×	×
15	√	√	√	√	√	√	√	√	×	×
16	×	√	√	√	√	√	√	√	√	×

1. 基本生活

在衣食住行等基本生活需要方面，13位受访者表示会在异地就医的过程中利用互联网平台软件解决交通问题，尤其是在网上预订车票和网约车使用方面是最频繁的。"现在出行特别是出远门都是在网上买票了。"（ID：1）①"出门基本已经和互联网绑定了。"（ID：14）其余3位受访者表示会自己开车带家人去异地就医。

同时，住宿问题也是困扰独生子女家庭异地就医的难题。异地就医的选择印证着病痛的严峻性和当地医疗资源的局限性，因此独生子女家庭在异地就医过程中的居住是伴有长时性的，这就使独生子女面临着如何寻找合适的住宿地的问题。相较于利用互联网平台解决交通问题，有4位受访者

① 受访者编号。下同。

表示不会使用互联网平台解决住宿问题。熟人之间的帮衬和自己寻找住宿地以及医院陪床是他们解决住宿问题的方式。"在大城市看病已经花了很多钱了，住亲戚家可以省点。"（ID：12）有受访者表示，线下租房广告给他提供了帮助，"在医院旁边小店买东西的时候看到房屋出租信息。"（ID：3）而其余12位受访者表示会利用互联网平台解决住宿问题，通过各种与旅行相关的应用进行住宿地的挑选和预订。"不喜欢麻烦别人，能自己解决就自己解决"。（ID：4）

在异地就医的取向下，饮食与购物也成为基本生活的重要环节。有一半的受访者表示会通过外卖订餐解决就餐问题，而另一半的受访者则表示会选择在医院食堂和医院附近的餐馆就餐。在购物上，有11位受访者会通过网络购物对在异地就诊的过程中需要的生活物品、工具性物品等进行提前准备。"会提前买好生活用品吧，比如被子、床、盆这些。"（ID：5）"住院吊水的滴液报警器这种小工具就会在网上购买。"（ID：12）而其他5位受访者则表示更愿意在线下商店购买所需物品。"有些东西要得急，水、吃的、药之类的，还有一些小的生活用品比如洗漱用品这种，都会就近在商店买"。（ID：11）

总体来看，互联网平台在独生子女家庭异地就医的过程中能够提供基本生活方面的帮助。满足其衣食住行基本生活需要的作用可观，尽管部分受访者在交通住宿、饮食、购物等方面不会使用互联网平台，但其占比较低，更多独生子女在异地就医的过程中倾向于使用互联网平台满足衣食住行的需求。

2. 情感支持

独生子女的家庭结构使得其先天性地缺少兄弟姐妹的同际支持，且需要异地就医的疾病本身就反映出病痛的严峻性，因此独生子女在此情况下心理和精神层面都会呈现孤立无援的状态。"我每天都在担心我爸的病会不会恶化，精神压力非常大。"（ID：11）不少受访者表示，在父母患病时所面临的时间、工作以及情感上的困难或矛盾，其产生的根本原因就是缺乏兄弟姐妹的支持。对于他们而言，独生子女的身份意味着要承担父母患病时的所有时间、金钱、情感重任，"在医院时，我多么希望我老爸还有一个孩子，私生子也行"。（ID：13）

互联网的即时通信应用用户规模不断扩大，网络社交已成为不少人的情感交流方式。本研究发现，有 10 位受访者表示自己会利用在线社区或社交媒体平台进行情感排解。他们会在社交平台上寻找有相似经历的用户，进行情感上的交流或发帖式的情感披露，以获得心灵慰藉。受访者表示，豆瓣、小红书与微博等匿名性的社交平台常常会成为他们进行自我情感纾解的场域，"通过小红书，我发现原来也有很多人在面临因父母患病承受着巨大的精神压力的情况"。（ID：11）但也有受访者提到，微信虽然匿名性与其他平台相比较弱，但往往也会成为独生子女向他人抒发情感压力的重要平台。另外 6 位受访者表示自己不会利用互联网平台进行情感的排解。在这部分受访者看来，互联网平台并非理想的情感披露场所，而且交流只是情感排解的方式之一，他们更倾向于利用其他的解压方式进行自我情感调节，"与人交流只是一种方式而已，我会选择其他方式进行压力缓解"。（ID：13）

总的来看，相较于基本生活，独生子女在情感支持上对平台软件的使用程度下降，不如前者普遍。这种对于平台软件使用的保守态度，一方面体现为使用的人数在下降；另一方面体现为匿名程度较高，即不愿意公开自己的身份信息。

3. 医疗服务

本研究将独生子女带家人异地就医所需的医疗服务具体划分为医疗信息、医患沟通、挂号、问诊以及治疗五个模块。访谈结果显示，12 位受访者表示在医疗信息的搜索上会使用互联网平台，"父母患病后，会上网进行病因搜索，如果没确诊的话还会根据症状搜索可能会得的病"。（ID：2）"现在互联网发达，哪家医院最擅长治疗哪种疾病上网就能查到，不仅能看医院排名，甚至还能看到哪个医生最厉害。"（ID：4）所有受访者均表示，会使用互联网平台软件或手机与医生进行沟通，一般通过微信和电话两种方式。有 8 位受访者会利用互联网平台软件进行挂号，"同事介绍说这个医生不错，通过好大夫找到此医生，进行挂号"。（ID：9）其余受访者皆不使用互联网平台进行挂号。在问诊与治疗上，呈现与互联网平台在基本生活上的使用率截然相反的情况，即除 3 位受访者使用过网络问诊外，其余受访者都不使用互联网平台进行问诊与治疗，而是选择实地问诊。在进行线下问诊和治疗的过程中，大部分受访者表示，基本会先考虑在就医城市是否有熟悉的人能够帮助自己找到高质量的医生，"托人看病"是很多受访者的选择，"有点后悔，应该通过熟人介绍来找主刀医生，而不是仅仅打听医术"。（ID：9）虽然互联网应用在医疗领域打破了线下面对面治疗的传统流程与模式，但就研究结果来看，互联网医疗的超越空间性作用似乎在独生子女家庭异地就医的空间跨越上并不明显。

（二）不同平台差异化选择的原因分析

根据研究结果，互联网平台在独生子女家庭异地就医中被采纳程度有差别，并且采纳原因也不尽相同。

1. 基本生活

就衣食住行等基本生活需要而言，总体来看，独生子女家庭利用互联网平台较为普遍，但在不同功能平台的选择上又有差别。

在交通服务方面，独生子女家庭在异地就医的过程中使用互联网平台十分普遍。一方面得益于目前网络购票方便快捷；另一方面异地就医的空间区隔使独生子女家庭不得不利用网络平台查看行程相关信息，"网上比较好查找路线，异地人生地不熟只能通过网络获得帮助"。（ID：7）同时，当前中国这一批独生子女群体对于互联网使用的频率和熟悉程度较高，有受访者表示："每天高强度上网，手机基本不离手。"（ID：2）有人甚至认为"年轻人出门基本都用互联网订票。"（ID：1）在网络购票的便捷性、异地空间的陌生性以及群体对互联网的贴近性等多重合力下，独生子女在带父母异地就医时往往会选择利用互联网平台解决交通问题。

对于住宿问题的解决，部分使用互联网平台的独生子女家庭往往是考虑到互联网的便捷性和信息的融合性，用户能在不同商品之间进行价格、质量及性能等综合情况比较，"在网上订酒店规避了时间和精力的浪费。"（ID：7）同时，个人性格特质和经济条件也是其采用互联网平台的重要原因。"我不想去麻烦亲戚，也不希望亲戚动不动麻烦我，将心比心。"（ID：9）"生病住亲戚家也不太方便，而且我的经济条件也还算可以，不想麻烦亲戚朋友"。（ID：16）

独生子女不使用互联网平台的缘由主要表现为熟人关系与互联网的虚

拟特质两个方面。有受访者表示"是因为在就诊城市有特别亲的亲戚"，"亲戚之间会帮衬一下。"（ID：3）在熟人社会里每个个体所拥有的"关系"就是他们的"社会资本"，在熟人社会里彼此长期互帮互助，[⑥]这种资本既可以使用也可以进行积累再生产。而"亲戚关系"作为一种社会资本，为部分独生子女家庭在异地就医的过程中提供住宿支持，从而使得其不用依靠互联网平台解决住宿难题。互联网平台的无实物参考性和虚拟性也是部分独生子女不使用的原因。"自己线下找的比较靠谱、放心。"（ID：12）互联网虽然呈虚拟与现实高度融合的取向，但由于对虚拟空间的感知仍然是抽象化和缺乏在场性的，尤其是在面对的物品具有强使用性时，用户往往会怀疑其真实功能是否能满足自我需要。因此，用户更愿意选择在线下接触与评估后再进行消费选择。

对于使用网络进行购物或点外卖的独生子女来说，其原因与使用网络出行和选择住宿地并无太大差别，也是出于互联网的便捷性和自身的消费习惯来选择的，"外卖和网购非常节约时间和方便。"（ID：7）但对于不使用互联网平台满足饮食和购物需要的独生子女而言，其原因大多与饮食和购物本身特性有关，"饭店和超市到处都是，而且医院里面和周边都不缺这些。"（ID：5）饮食和基本生活用品因受众对其具有强需求性使得其在物理空间上呈紧凑的特点，因此互联网平台所节约的时间和精力成本会被其消解，于是会形成线下与线上在成本付出上差别较小的局面。此外，对于异地就医的独生子女家庭来说，对疾病的诊断与治疗是首要任务，而对于生活中的饮食和生活用品的质量需求是次要的，"吃什么和用什么不是那么重要，在那种情况下。"（ID：11）因此，互联网平台所附带的质量需求和等待成本，在以疾病为先的情况下只能退而求其次。

尽管部分受访者在住宿、饮食、购物等方面不会使用互联网应用，但其占比较低，且不是互联网应用本身的缺陷导致的，往往源于治病需求的主导作用。流动人口的身份认同、资源利用与社会融入始终是该群体难以突破的几重困境。[①]但互联网平台能够帮助带家人异地就医的独生子女通过网络实现基本生活资源的寻找与利用，因而他们倾向于在异地就医的过程

---

① 刘璐婵：《老年流动人口异地就医：行为特征、支持体系与制度保障》，《人口与社会》2019年第1期，第39~51页。

中使用互联网平台满足衣食住行的需求。

2. 情感支持

有研究表明，情感支持有助于减轻人们因疾病而产生的心理压力。① 互联网的同质性群体聚合功能往往使独生子女通过在线社区和平台进行情感表露，尤其是在父母患重病的特殊情况下，部分独生子女会倾向于利用网络进行情感排解。此时，通过互联网与同质性群体进行交流往往会成为独生子女获得情感支持的重要途径。而作为独生子女获得情感支持的最重要的平台——微信，作为熟人社会关系在网络空间中的拓展和转换载体常常会受到该群体的信任。"我会在微信朋友圈进行情绪的表达。"（ID：9）同时，部分平台的匿名性使隐私的泄露程度和实名程度相对较低，如小红书、豆瓣等，因此也是其选择的重要原因。

信息聚合和信息资源置换是互联网平台的特征，再加上同质性群体的信息分享更加集中与具体，部分受访者认为在网络上分享和交流"可能会获得对我有用的信息"。（ID：12）他们在在线健康社区中依赖自我表露和知识共享的方式交换情感支持并得到信息支持，从而弥补现实社会支持的缺失，获得"补位性"网络社会支持，最终达到社会支持在空间中的转换。② 因此，对于使用互联网获得情感支持的独生子女来讲，更多的是寻求现实空间中难以获得的社会支持。

独生子女不使用互联网获得情感支持往往与自身的互联网使用频率以及偏好有关。不使用互联网获取情感支持的群体往往会比使用的群体使用互联网频率低，这部分群体更讲求互联网的实用性功能而非情感性功能，"上网一般都有事说事，不喜欢长篇大论与人交流"。（ID：11）

同时，不使用互联网获得情感支持的独生子女往往在互联网平台的使用偏好上具有相似性。格兰诺维特在《弱关系的力量》一文中提出了"弱关系建设"，其根据概述关系特征的时间量、情感紧密性、熟悉程度和互惠

① Wright, K., "Social Support within an On-line Cancer Community: An Assessment of Emotional Support, Perceptions of Advantages and Disadvantages, and Motives for Using the Community from a Communication Perspective," *Journal of Applied Communication Research*, 2002, 30 (3), pp. 195 - 209.
② 唐魁玉、杨静：《癌症患者的青年独生子女社会支持重构——基于在线健康社区的研究》，《青年探索》2022 年第 6 期，第 74 ~ 84 页。

交换等标准把关系区分为强关系和弱关系，并提出了一个可行的判断方法，即朋友圈子的重叠程度与关系强弱成正比，也就是说重叠越多，相互之间的关系越强。① 作为传统社会中人际关系延伸载体的微信则是一种强关系网络，而开放性、陌生性的豆瓣、小红书及抖音等社交平台则倾向于弱关系网络。通过访谈发现，使用互联网获得情感支持的独生子女在社交平台的使用上更倾向于熟人关系网络的微信，而对于其他弱关系的社交平台并不经常使用（见表4）。

表4　不使用互联网获得情感支持的独生子女社交平台使用频率

编号	微信	豆瓣	小红书	抖音	微博
3	高频	不曾使用	低频	高频	低频
5	高频	低频	中等	高频	低频
6	高频	低频	不曾使用	低频	高频
8	高频	中等	低频	高频	不曾使用
11	高频	不曾使用	不曾使用	低频	低频
13	高频	低频	低频	不曾使用	中等

注：使用频率界定标准：1~2 次/天，低频；3~5 次/天，中等；5 次以上/天，高频。

强关系在人情交换、充分信任和克服沟通障碍等方面具有天然优势，强关系对提高用户接收信息质量有正向作用，并且个体从强关系中更能得到值得信任的信息，而信任有利于信息的传播。② 但对于家人患病的独生子女而言，病痛的隐私性和遭遇的窘迫性会使其不愿意在强关系连接中进行信息和情感的传播，"微信都是认识的人，总觉得不太好。"（ID：5）"这种事情不方便让现实朋友知道，或者说知道了只会麻烦别人或者说给别人添堵。"（ID：3）因此，一方面碍于隐私和现实中复杂的人际关系，部分独生子女不会在强关系连接平台进行自我情感披露；另一方面对弱关系连接的社交媒体使用频率较低甚至不曾使用，所以部分独生子女不会将情感压力置于互联网空间，转而利用其他方式进行纾解。"在压力解决这块，我确实

---

① Mark S. Granovetter, "The strength of Weak Ties," *American Journal of Sociology*, 1973, 78 (6), pp. 1360 – 1380.

② 李继宏：《强弱之外——关系概念的再思考》，《社会学研究》2003 年第 3 期，第 42~50 页。

对互联网使用得不太多，跟人交流也好发布动态也好很难真正释放压力，还得自己多想想多消化，想通了就好，或者更加注重用现实中的事转移注意力，老耗在上面也不能解决问题"。（ID：11）

3. 医疗服务

对于家人患病的独生子女而言，异地就医的首要关注点和最终的落脚点仍然是对先进医疗资源的寻找和疾病的治疗。会使用互联网平台进行挂号的受访者大多会对就医目标医院的医疗资源进行提前查看和了解，且目前大型医院的网络挂号模式发展得较为完善，挂号流程十分便捷，"要是能够在网上挂到专家号可以试一下"。（ID：4）

互联网医疗虽然能对一些疾病进行诊断，但对于需要异地就医的重大疾病患者来说，其确诊病痛的客观严谨性和后续治疗的可操作性较低，难以满足需要，"比如 X 光片、CT 之类的用手机拍摄再发给网络上的医生，他们可能会看不清。"（ID：1）同时，目前优质医疗专家和医疗资源是极其紧缺的，不少受访者表示，虽然专家会在网络上进行个人问诊号牌的发放，但一是极其有限，二是难以抢到，仅依靠互联网很难获得优质医疗资源。对于受访者而言，一方面医疗资源十分难得，另一方面他们主观上更加依赖人情关系，觉得人情关系更加可靠。在此情况下，熟人社会的"关系就医"成为寻找优质医疗资源的重要途径。医疗服务作为一种社会资源，社会成员对其的获得具有差别性和层次性，不同层次、不同社会背景的社会成员获得医疗服务的水平不同。① 在面对重大疾病时，社会成员会利用一切熟人社会所积累的人际资本获取优质医疗服务，从而进行疾病的诊断和治疗，"有这个人脉资源的话为什么不用呢？治病是大事。"（ID：12）因此，在"关系就医"的取向下，异地就医的独生子女家庭在疾病的诊治上很少依赖互联网平台，互联网平台所提供的服务经受不住大型疾病的诊治难度和诊治时效的考验，而熟人社会的人脉"搭便车"能满足独生子女家庭的急迫需求，在一定程度上可以消解求医时的不安和担忧。

---

① 屈英和：《"关系就医"取向下医患互动的错位与重构》，《社会科学战线》2010 年第 2 期，第 242～245 页。

五 结论与讨论

在异地就医的实践背景下，不少独生子女面临着缺钱、缺人与缺关系的三重困难。异地就医的基本生活开支与医疗费用会加重经济负担，而单孩家庭结构下兄弟姐妹的缺少使得其只能独自面临父母患病难题，缺少情感支持。同时，兄弟姐妹的缺少不仅意味着其在情感上孤独，而且与收入、个性特质和社会背景相似的非独子女相比，更缺少异地就医时可以利用的社会关系。有研究表明，"基于关系的信息利他"分享行为既存在较强的信息诉求，又存在较强的关系诉求。① 而在异地就医过程中，关系与信息的互动性较低，主要在于独生子女通过对关系的使用以实现医疗资源信息的获取，从而获得稳定性和踏实感。本研究试图探讨互联网平台的介入在异地就医过程中对于独生子女"三重缺失"的补位程度。

本研究发现，对于带家人异地就医的独生子女来说，在越非核心化的需要上，比如衣食住行，他们越容易接受互联网平台；而在越重要的需要上，比如医疗服务，越不容易接受互联网平台，转而寻求熟人关系的帮助。从整个实践过程来看，互联网平台无法替代传统社会人情关系的存在，而是作为一种信息资源获取和联结人情关系的工具在求医过程中进行代偿性帮助。随着需求向核心化演变，人们对于平台的信任逐渐不及对于人情的信任，并且呈现出对平台信任程度随着需求不同次序化递减的"差序格局"（见图1）。

"差序格局"是费孝通先生在《乡土中国》中提出的概念，他认为中国的社会结构是"以'己'为中心，像石子一般投入水中，和别人所联系成的社会关系，不像团体中的分子一般大家立在一个平面上的，而是像水的波纹一般，一圈圈推出去，愈推愈远，也愈推愈薄"。② 这种以个体为中心，根据血缘亲疏和空间远近与自己形成社会关系的同心圆结构就是中国传统社会中社会关系的基本格局。费先生的思想可以运用到信任关系上，

---

① 陈娟、甘凌博：《向信息寻求关系——基于微信的老年人健康信息分享行为研究》，《新闻记者》2021 年第 9 期，第 10～24 页。

② 费孝通：《乡土中国》，北京出版社，2005，第 34 页。

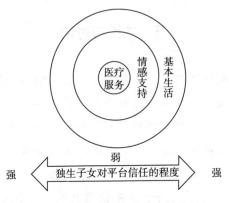

图1 不同社会需求的差序化格局

称为"信任的差序格局"①（见图2）。在这种信任的差序格局中，也是推己及人由同心圆中心的个人逐渐向其他社会关系递减，越是靠近个体关系格局的中心，越容易受到该个体的信任。

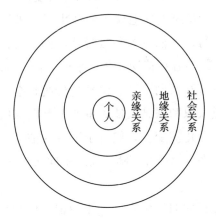

图2 中国社会基本信任结构的差序格局

本研究以中国社会基本信任结构的差序格局为范式，发现独生子女家庭在异地就医的过程中对互联网平台信任的程度亦呈现差序化特征，即互联网平台在独生子女家庭异地就医中的作用从同心圆中心向外逐渐增强。在医疗服务上的作用是最薄弱的，在基本生活上的作用最为强烈。互联网平台在独生子女家庭异地就医过程中的作用在差序格局中次序体现，与中

---

① 童志锋：《信任的差序格局：对乡村社会人际信任的一种解释——基于特殊主义与普遍主义信任的实证分析》，《甘肃理论学刊》2006年第3期，第59～63页。

国人情社会的人伦关系本位密不可分。西方的人际关系常常被称为社会交换关系，[1] 社会交换关系中两大重要的交换原则为理性原则和公平原则，即交换双方会理性地计算代价和报酬，并遵守公平交换的规范。[2] 而中国的人情关系社会则与之不同，中国人际关系的本土概念是：人缘、人情和人伦，[3] 这是以天命观、家族主义和儒家思想为基石所运行起来的信任交往模式，更加注重交往过程中的择亲与择情原则。这种信任主要不是看一个人的品德和能力如何，而是关注这个人与自己的关系怎样，人情关系实际上起了一种信任担保的作用。[4] 这种信任能消减个体在进入其他陌生领域时的不确定性，尤其在求职、求医等重要核心需求上。因此，在此种独特的人情社会特征下，尽管某些独生子女在线下社会资本的积累中处于劣势，但他们对于传统社会中的关系网络交往格局仍然保持着较高程度的信赖，尤其是在满足他们最核心的医疗服务需求上，传统社会人际关系作用下的产物——"托人看病"和"关系就医"仍然是他们的首选。对于独生子女家庭而言，互联网平台能够提供信息资源，其在无关医疗诊断和治疗信息的平常信息，如基本生活需要信息和部分情感交流信息上是能够发挥作用的，而一旦涉及核心需求的医疗信息，他们对于技术的信任便远不及对于人情的信任。

不可否认的是，互联网平台的出现，对线下资本薄弱的独生子女家庭起到了信息资源获取和人情关系补充的作用。独生子女家庭的线下社会资本相对单薄，同时异地就医的底层逻辑实质上是独生子女从熟人社会到生人社会寻求社会资源的实践，因此依靠线下资本对于独生子女家庭来说显得困难许多。互联网平台这种强调信息的开放共享性和获得的相对平等性的线上社会资本，在此时为社会关系较为薄弱的独生子女家庭提供了机会公平，使得独生子女家庭在不借助人脉关系的情况下，同样可以获得部分社会资源，对缺少的关系网络进行一定补充。虽然独生子女进入生人社会

① 陈维政、任晗：《人情关系和社会交换关系的比较分析与管理策略研究》，《管理学报》2015年第6期，第789~798页。
② Blau, Peter. *Exchange and Power in Social Life*, Routledge, 2017.
③ 翟学伟：《中国人际关系的特质——本土的概念及其模式》，《社会学研究》1993年第4期，第74~83页。
④ 龚晓京：《人情、契约与信任》，《北京社会科学》1999年第4期，第124~127页。

中无法完全摆脱熟人社会形成的关系信任格局，但对于像独生子女般线下社会资本薄弱的弱势群体而言，技术不仅为人类行为带来了方便，更成为改变传统社会关系互动格局的重要方式，使社会关系互动格局从单一的关系网格局走向"互联网与关系网"共动的社会交往模式，并且随着社会的深入转型，互联网平台为独生子女等相对弱势的社会群体提供的服务会更加完善，使其在获取社会资源时拥有更多元的路径来构建自己的社会关系网络。

随着社会经济的发展，中国从传统的乡村社会向现代的生人社会转型，由血缘、地缘和亲缘组建的闭合性熟人社会式微，以互联网为基底的开放性现代社会逐渐显现。从独生子女家庭异地就医的过程来看，互联网平台是现代的，但人的需求即对熟人关系的依赖仍是传统的，这与转型社会的机理特征相悖，亦是社会转型过程中所浮现的问题，这是未来研究可以思考之处。

基于网络冲突事件的批评话语分析研究

——以"鼠头鸭脖"事件为例

王国勤　余欣航*

摘　要　网络作为治理的新场域，为多主体的不同话语表达提供了空间，促进了平等交流，同时也为探究理性与非理性观念背后的权力关系提供了新视野。在"鼠头鸭脖"事件舆论生成的过程中，公众、媒体和官方表现出不同的话语方式，导致出现冲突与对话混杂的场景，在此过程中，官方报道内容与舆论的声音产生了强相关现象，基于此，本文选取网络公共事件中的相关新闻报道和社交媒体内容文本建立语料库，并从文本、实践、社会三个层次展开批评话语分析研究，旨在发现冲突背后大众真正的诉求。通过分析多主体在此次网络公共事件中的话语表达，本文发现官方主体在总体上面临公信力危机和信誉下降的风险，这造成了塔西佗陷阱的出现，而如何转变大众对事件中官方形象的态度，无疑对地方政府提出了更高的要求。

关键词　批评话语分析；网络公共事件；话语冲突

一　导言

中国百姓自古以来就对统一的政府管理有着较高的信任感，从商鞅徙木立信之类的历史故事中可以看出，政府想要有所为，最重要的基础是获得人民群众的信任。一方面，在新媒体技术渗入生活各方面的 21 世纪，政府的工作更加强调数字化、透明化，其背后的大逻辑仍然是围绕取信

---

* 王国勤，浙江传媒学院浙江省社会治理与传播创新研究院教授，硕士生导师；余欣航，浙江传媒学院浙江省社会治理与传播创新研究院硕士研究生。

于民展开的。另一方面，数字技术的发展难以杜绝虚假信息的产生，技术的壁垒、后台的操作等给真正的透明化设置了层层阻碍，这也是网络空间时常爆发冲突事件的原因之一。在以上背景下，学界尝试从不同角度对网络空间的冲突进行解释，并提出解决方法，将批评话语分析作为一种分析框架无疑是值得尝试的。这是因为人们使用语言的话语行为并不是纯粹的个人信息传播的反映，而是充满社会意识形态、体现权力关系的社会实践，对话语的分析可以投射到对社会本质的剖解之中。因此，在语言传播这个意义上，我们创造的形形色色的词语并不是几个字的拼接这么简单，而是杂糅了复杂的身份定义、道德判断、主观认知的话语。①

网络作为话语呈现的全新载体具有全新的话语实践意义，网络中发生的公共事件往往涉及多元的话语主体，这为展现话语背后的权力斗争提供了直接的研究场域。一般情况下，新闻媒体起到舆论监督、舆情管控的作用，公众为利益诉求和情感诉求而发声，官方为澄清事实而回应，在此过程中两者构成了相互冲突的话语模式，并且这些话语模式又帮助行动者再造自身的身份、社会关系、立场、行动策略以及知识和信仰体系等。其中，公众因为与事实信息相对距离最远，所以更加依赖于新闻媒体和官方回应呈现的信息，但这并不意味着公众对信息简单接受，公众对权威来源的信任需要同等的责任承担。

本文采用批评话语分析方法（critical discourse analysis），建立语料库探究"鼠头鸭脖"事件相关报道背后的话语架构，并将其置于社会政治经济情景与脉络中，揭示不同行动主体的话语意图及其与深层意识形态体系的关联，批判性探析各方的话语功能。本文力图回答以下问题：官方、媒体和公众等多元主体在该事件的冲突演变中呈现出的不同话语表现出了怎样的权力关系？官方应从此事件中吸取怎样的教训来避免陷入塔西佗陷阱？这需要透过不同主体的表述，来探究其背后的心态和利益诉求。

---

① N. Fairclough, *Discourse and Social Change*, Cambridge: Polity Press, 1992.

二 文献回顾

在数字化时代，人们使用网络进行不同维度的传播交流，网络既是表达自我的空间，同时也成为一种生存的场域。网络世界基于现实的物质世界与真实的人类心灵，其突破性的作用在于打通了人与人之间的物理隔离，正如彼得斯在《对空言说：传播的观念史》中描述的那样，火车与钟表这两个工业时代最重要的发明失去了其效用，在网络世界里，时间与空间差异被抹去，我们可以在任何时间与任何人进行交流。① 但问题也因此而来，作为群体性生物的人类，我们习惯于"人以群分"，并因为过往历史中技术的限制，人群总是与周边的群落相结合，分享文化信仰，陌生群体之间往往避免突然的接触，甚至这种接触或者说"交流"往往伴随着流血事件。然而在网络中，群体可以突破地域、时间的限制而形成，不同群体间的价值碰撞也更容易出现，同时由于网络冲突是通过"唇枪舌战"的方式产生的，其伤害性更隐蔽，因此人类更倾向于忽略其后果。但是个体产生的情绪感知是现实的，冲突的来源是现实社会中矛盾的展开，是依据已有社会模式在虚拟社会中产生的，最终影响的也是现实生活中的人和现实社会本身。② 被忽略的后果不等于没有后果，网络冲突同样会产生一系列的负面影响，因而值得我们关注与研究。

本文选择网络冲突事件中典型的新闻报道和社交媒体内容文本作为语料进行批评话语分析，意图揭示媒体在此事件中的"报道失声"、促使塔西佗陷阱形成的官方话语机制、追求"沟通理性"的社会大众以及导致话语割裂的原因。而对公共事件中的文本进行话语分析是批评话语分析的主要研究方式。1979 年，Flower 等在《语言与控制》一书中首次提出了批评语言学的概念，奠定了批评话语分析的基础。③ 在他们看来，语言不仅体现社

---

① 约翰·杜翰姆·彼得斯：《对空言说：传播的观念史》，邓建国译，上海译文出版社，2017，第 15 页。

② 崇维祥：《虚拟社会是现实社会新的存在形式——以网络冲突事件为例》，《合肥学院学报》（社会科学版）2012 年第 1 期，第 34～36 页。

③ 刘芳：《加拿大主流媒体孔子学院报道批评话语分析》，硕士学位论文，华南理工大学，2018。

会，更重要的是体现社会的建构。后续研究以此为出发点，费尔克拉夫在其著作《语言和权力》一书中提出了批评话语分析（Critical Discourse Analysis，CDA）这一研究范式。① 该理论认为，语言永远充盈着某种意义，而不是一种客观的沟通媒介。

因此，CDA 的主要目的在于揭示语言背后所隐藏的意识形态，尤其重视那些人们习以为常的非平等的权力关系等在实施、隐藏、自然化、合法化、再生产时的话语过程。鉴于话语中的意识形态成分往往具有不透明性，可以通过批评话语分析考察话语与意识形态之间的关系。② 具体言之，就是可以通过揭示语言运用中隐含的意识形态和其中所体现的权力关系，进而说明语言如何源于社会结构和权力关系，又怎样反哺于其中。③

从事件属性上看，本文所关注的"鼠头鸭脖"事件属于网络公共卫生事件范畴，该事件出现交流的巨大问题，最重要的原因在于"真诚"的缺失，官方在问题明显的情况下，仍然选择"指鼠为鸭"式的交流，导致公众不满情绪迅速扩散，而"真诚"正是实现哈贝马斯交往理性的重要因素。哈贝马斯在 20 世纪 80 年代提出"交流行动论"，他认为，只有重建交流理性才是化解现代社会危机的根本出路，④ 并在《沟通行动理论》中提出，要化解科学技术统治所引发的现代社会危机，必须回到"公共领域"，将"沟通理性"发扬光大，实现沟通理性的合理化。从哈贝马斯的观点来看，沟通理性是主体之间的一种沟通能力，它以日常语言为媒介，以达成理解共识为目的。国内当前的社会现实问题研究则较多运用了这一理论，探讨不同角色的对话如何使人与人之间达到相互"理解"和"一致"，讨论"沟通行为"中人与人之间以语言为媒介的互动。⑤ 从这一理论出发，对不同主体在网络冲突事件中的话语进行分析是有意义的。

作为一种具有巨大影响力的大众话语形式，在新闻报道研究中发挥了

---

① N. Fairclough, *Language and Power*, London/New York：Longman，1989.

② 丁建新、廖益清：《批评话语分析述评》，《当代语言学》2001 年第 4 期，第 305～310 页。

③ 潘艳艳：《美国媒体话语霸权下的中国海上力量构建——基于 2013—2014 年美国"战略之页"网站有关中国海军新闻报道的批评话语分析》，《外语研究》2015 年第 2 期，第 7～12 页。

④ 奂平清：《哈贝马斯交往行动理论及其在我国的现实意义》，《甘肃社会科学》2002 年第 3 期，第 39～42 页。

⑤ 梁鸿：《哈贝马斯交往行为理论研究》，硕士学位论文，广西师范大学，2017。

重要作用的批评话语分析一直非常受研究者重视。^① 如今，语言学家们主要将公共语篇，特别是新闻语篇作为批评话语分析的对象，通过证明新闻的主观性和倾向性，来揭示新闻记者在报道中的写作意图以及他们的主张和立场。^② 在当前新媒体时代的背景下，深入探究网络公共事件中话语冲突背后关键问题，分析话语的表现形态与话语意涵，对于发挥新闻媒体的积极作用和优化多元主体的舆情治理尤为重要。此外，在有关不同类型网络公共事件的国内既有研究中，鲜有研究将具有意识形态色彩的批评话语分析视作一个窗口，因此结合行动主体的批评话语分析和对图片、视频等多模态话语分析进行研究是本文的创新之处。

在对文献进行梳理的过程中，笔者发现，目前学界并没有太多专门分析网络公共事件中话语冲突问题的研究，已有的研究也不够充分。此外，作为社会治理中的重要主体，政府、公众及新闻媒体话语背后所蕴藏的力量尚未得到揭示，这也是本文致力于做出的贡献。

三 研究设计与方法

批评话语分析是一种从语言学角度对语言进行社会分析的方法。^③ 费尔克拉夫认为话语或任何一个话语实践都应该是一个包含语言文本、话语实践和社会实践的三维框架统一体。基于此，他提出批评话语分析应该遵循的三个步骤：描述（description）—阐释（interpretation）—解释（explanation）。即描述文本的各种语言形式特征，阐释文本的生成过程，解释话语实践与文化实践之间的辩证关系。^④ 本文以该分析框架为基础，是因为在网络空间中发生的冲突由于缺乏面对面的接触、身体是缺席的，所以冲突基本上是以话语为载体展开的，而且网络空间同样是展现权力关系的场域，

① 刘峥：《新闻语篇 CDA 研究方法初探》，硕士学位论文，清华大学，2012。
② 关恩娣：《对〈中国日报〉与〈纽约时报〉关于日本大地震报道的批评话语分析》，硕士学位论文，南京师范大学，2012。
③ 朱桂生、黄建滨：《美国主流媒体视野中的中国"一带一路"战略——基于〈华盛顿邮报〉相关报道的批评性语篇分析》，《新闻界》2016 年第 17 期，第 58~64 页。
④ 朱桂生、黄建滨：《美国主流媒体视野中的中国"一带一路"战略——基于〈华盛顿邮报〉相关报道的批评性语篇分析》，《新闻界》2016 年第 17 期，第 58~64 页。

采用该分析框架具备可行性与价值性。

本文所分析的案例是一起典型的官方信息遭遇质疑，进而导致公信力丧失的事件。2023 年 6 月 1 日，江西某高校一名学生在食堂内吃出疑似"鼠头"的异物，经涉事食堂负责人鉴定，该异物为鸭脖。经医院专家鉴定，该食堂的饭菜中存在异物。"学校食堂饭菜中吃出老鼠头"作为网络突发性公共卫生事件，以 1895 条/小时的峰值传播速度迅速成为公众关注的焦点。6 月 3 日晚，该校官方微博发布情况通报，称当事人确认饭菜中的异物是鸭脖。随后，该校菜品留样经南昌市高新区市场监管局检验合格。针对"鼠头鸭脖"事件，江西省教育厅、省市场监督管理局等多部门组成联合调查组。6 月 17 日，处理结果揭晓，异物最终确定为鼠头。据互联网社会热点聚合平台"知微事见"官方数据，该事件影响力指数为 78.2，其中微博影响力指数高达 87.5，高于 99% 的事件，半个月内累计有 101 家媒体参与报道，该事件已发展为舆情事件。

出于不同的立场和行动策略，该事件中的公众、媒体和政府作为行动主体，构成了冲突性的话语模式。与公众争议性话语体现的利益诉求不同，主流新闻媒体则呈现出"集体失声"、报道向官话靠拢的现象，让公众质疑进一步加深，校方的回应成为事件激化的"导火线"，也为缺乏官方公共话语平台、形成塔西佗陷阱埋下伏笔。

首先，笔者以"鼠头鸭脖""鸭脖"作为标题及内文关键词，在慧科新闻搜索研究数据库中检索"中国大陆最具影响力报道"，共选取 31 篇报道，另加该高校和联合调查组发出的官方通告 2 篇、学校方接受出镜采访的内容和微博、微信平台 3 篇浏览量最高的新闻报道文本的"高赞"评论作为语料。笔者利用 NVIVO12 质化分析软件，将从语料库中选取的语料通过质性文本主题分析方法进行逐级编码，提炼出话语冲突中的核心主题。研究对象为"鼠头鸭脖"事件中的话语冲突，研究样本选取了在典型主流媒体各自的新媒体平台报道中排名前三的"高赞"评论、官方回应文本，将其作为语料库进行对比。编码过程：一是创建主题类目，抽取自由节点，并对其进行编码；二是建立不同节点间的类属关系，形成层级编码；三是对核心类属进行选择性归纳，以此为基础进行分析。

其次，本文运用批评话语分析的方法，围绕该事件形成话语冲突背后的关键性问题，对话语的生产逻辑和实际作用进行分析。本文将不同主体的表达文本进行对比，解释这种表达反映了主体的何种心态和利益诉求，以及该话语是如何传播和建构身份和认知的，并且分析这种表达的社会背景与社会实践影响，分析这一事件的来龙去脉，以及透露出社会互动与操控的何种过程。鉴于费尔克拉夫话语实践分析框架的系统性和本文研究目的的契合性，本文将采用此理论对"鼠头鸭脖"事件的相关报道和话语文本进行如下讨论：描述其语言特征，对文字的生成过程进行互文分析，结合当前的社会背景对文本进行解释。本文通过批评话语分析方式，围绕公众捍卫的"交往理性"与官方和媒体话语冲突背后的关键问题，分析话语的生产逻辑与实践影响。

　　基于上述研究方法，本文对"鼠头鸭脖"事件不同主体的话语的生产逻辑和社会影响进行了分析，包含四个主题：食堂饭菜异物是老鼠头还是鸭脖（究竟是什么），为什么当事学生主动承认是鸭脖，市级部门和校级领导的处置方式，学校管理和政府公信力问题。本部分以表格（按事件进展时间顺序列出）的形式呈现（见表1）。

表1　"鼠头鸭脖"事件中不同主体的话语生产逻辑和社会影响

主体	文本主题	文本原文	话语实践	社会实践
爆出"鼠头鸭脖"事件的当事学生（公众号）	食堂饭菜异物是老鼠头还是鸭脖	"江西一高校饭菜中疑吃出老鼠头"的视频在网络媒体传播	出现在高校食堂的问题以网络突发性公共事件的性质和视频的形式在媒体平台上传播，传播受众广泛	食品安全事件，此次事件并非该校发生的第一起"老鼠事件"
涉事食堂负责人、后厨相关当事人（公众号）	食堂饭菜异物是老鼠头还是鸭脖	学校后勤管理处表示，视频内容涉及学校食堂食品安全，学校党委迅速部署，要求立即组织封存相关档口食物并同步开展调查处置	学校负责人在第一时间对事情做出回应，但并未回应关键疑问。传播目标群体为社会公众	关键问题的信息不对称和信息缺席
当事学生主动承认异物为"鸭脖"（公众号）	为什么当事学生主动承认异物是鸭脖	当事学生本人在事发时即邀请同学共同对"异物"进行了比对，确认"异物"为鸭脖，为正常食物	发布事件视频的学生主动出面"辟谣"，与公众心中的"既定事实"相违背，在更大程度上造成公众的疑惑	权力施压，校方处理方式不合理

续表

主体	文本主题	文本原文	话语实践	社会实践
学校官方公告（公众号）	市级部门和校级领导的处置方式、学校管理问题	上述视频拍摄地点确实在该校食堂，但反映内容与事实不符	学校以"辟谣"的形式给出回应，未给出相应的证据和解释。传播目标群体为社会公众	学校官方公告无凭无据，校方在回应舆论质疑时含糊不清
高新区市监管局局长/官方公告（头条号）	市级部门和校级领导的处置方式、政府公信力问题	6月1日当天高新区市场监督管理局已经派人去核实了，拿去专门的检测机构送检。我们经过反复对比确认，这个异物就是鸭脖	市监管局简短的官方通报与人们肉眼所见的结果相差甚远，这一回应直接引发公众不满。传播目标群体为社会公众	公权力部分处理方式较粗暴、不妥当，官方公告有凭有据。公众希望得到足够的证据和解释。涉事单位在回应舆论质疑时含糊不清，有急于"降热度"甚至"打马虎眼"的嫌疑
联合调查组成立之前的网络舆论：微博账号/微信公众号精选评论（微博、公众号）	市级部门和校级领导的处置方式、学校管理和政府公信力问题	"这谁来看都不是鸭脖""鸭脖怎么长了牙""古有指鹿为马，今有指鼠为鸭""江西随口说网络大会"	没有获得充足证据和对官方通告极度不信任的受众在关键信息缺席的状态下，根据自己的"眼见为实"和生活经验去判断一个事物，进而发表个人看法	道德审判和"微博断案"并不合理，但即便相信"程序正义"的合理性，也不意味着可以随意忽视公众诉求，这将进一步导致舆论事件的发酵
联合调查组（公众号）	食堂饭菜异物是老鼠头还是鸭脖、学校管理和政府公信力问题	根据……，判定异物为老鼠类啮齿动物的头部……未认真调查取证，发布"异物为鸭脖"结论是错误的	省教育厅、省公安厅、省国资委、省市场监督管理局组成的联合调查组将此事件称为"江西工职院'6·1'食品安全事件"，展开调查并最终给出结论	事件得到重视，政府公信力的树立

续表

主体	文本主题	文本原文	话语实践	社会实践
联合调查组发布官方公告后的网络舆论：微博账号/微信公众号精选评论（微博、公众号）	学校管理和政府公信力问题	"指鼠为鸭令人深思的是公然撒谎的豪横""想不到一个只要不瞎都能看出来的老鼠头，还要专家来鉴定""出现这种错误的原因，是有人想掩盖真相，有人敷衍失职，专责机构还不如网友的眼睛雪亮"	从公众的角度来看，事件层层升级和舆论发酵的原因是学校未关注网友们在关心什么、追问什么。公众认为，与其"嘴强牙硬"地辩解，不如及时道歉和澄清事实	信息不对称之下的信任问题、公权力问题、公众与官方的权力关系和话语博弈、政府公信力的缺失

四　研究结论

根据上述研究，可以得出此次事件中的网络话语表现出的不同类型，进而通过 CDA 分析框架得出更有价值的结论。

（一）文本分析

费尔克拉夫认为，文本分析可以从词汇、语法、连贯性和文本结构等方面展开，[①] 这一分析基于微观内容，因而更强调文本本身。本文综合上述内容，选取"鼠头鸭脖"事件中比较典型的语言特点，也就是文本结构这一主要内容进行文字分析。通过文本架构，文本生产者可以很容易地将某些信息进行可视化或使其被重视，而另一些信息则对背景置之不理。CDA 对文本生产者思想的揭露是一种有效的方法，用以考察文本中信息的前景化或背景化。[②] 本文根据从语料库中提取的相关文本可以对不同的信息发布主体按照其不同的陈述框架进行分类。

首先是以官方回应为代表的公告式消息，这是最具有框架特征的表达。无论是最初的校方公告、市监管局的公告，还是最后的联合调查组的公示，

---

①　N. Fairclough, *Discourse and Social Change*, Cambridge：Polity Press, 1992.
② 朱桂生、黄建滨：《美国主流媒体视野中的中国"一带一路"战略——基于〈华盛顿邮报〉相关报道的批评性话语分析》，《新闻界》2016 年第 17 期，第 58~64 页。

都是通过逻辑清晰、步骤清楚的话语来展现其客观性和权威性的。例如，"根据""判定""核实""检测机构"等词，共同营造了一种严谨性，暗含着受众应当认同此信息的期望。但态度和内容的真实展现是需要配合的，在校方的回应中，其强调了"立即""迅速部署""开展调查"，阐述了该事件发生后校方的积极处理态度，但是对有关具体调查的过程和依据着墨甚少，甚至选择了直接忽略，这样的前后反差是语言和行动上的矛盾，加剧了群众的困惑。在此篇文本中，被前景化的信息是对食堂饭菜里的异物究竟为何物的质疑声进行回应，相反，具体的调查过程、学校食堂的管理体系和该异物为鸭脖的凭证等信息则被背景化了。通过这样类似的回应，受众所接收到的信息反而会引发舆论的进一步发酵。

其次是以网民评论为代表的公众声音，其特点是不拘泥于某种固定形式，更容易开创新的话语方式，甚至促成网络"梗"的流行，通过这种方式达成一种共同体认同。网络"梗"的传播与使用一开始只是局限于特定的群体之中，这是因为"梗"作为一种文化现象，具有文化区隔者和仪式符号的属性，这有助于建立文化上的共同体。从媒介仪式观出发，"梗"文化正是通过见证"梗"的诞生、参与"梗"的再创和传播等群体共同塑造的仪式而形成的。在本事件中，"指鼠为鸭"这个网络"梗"，正是以历史上赵高"指鹿为马"事件为蓝本，将对赵高的讽刺转移到本事件中官员的身上，是网络公众不满情绪的一次表达高潮。这同样可以说明公众话语具有创造力。

最后则是本事件中最有代表性的人物——发现老鼠头的学生。他的话语从最初拍摄短视频曝光食堂老鼠头，到后来从官方渠道发表声明确认是鸭脖，其间产生了明显的转变，是公众话语转向官方话语的一个典型例子。其前后的话语内容与习惯的巨大变化更加让网络公众产生不信任感。

（二）话语实践分析

CDA的话语实践维度是对生产和理解话语过程的说明。网络公共话语的生产及传播具有对传统话语实践创新的作用。关于文本生产，梵·迪克提出新闻文本制作的目标与规划是影响新闻工作者的五大因素之一。[①] 新闻

---

① 俞燕、郎佳莹、邵慧：《批判话语分析理论视角下电商主播媒介形象研究——以〈人民日报〉相关报道为例》，《声屏世界》2023年第3期，第31页。

文本制作的目标与规划包括语法上的新闻图式和语义上的宏观结构。① 因此本文从传播渠道、引语使用两个层面来进行实践方面的展示。

1. 传播渠道

本事件中的话语冲突集中于网络平台，但官方和主流媒体的报道阵地兼具传统媒体和网络平台，公众的情绪输出阵地主要集中在网络平台，这更多是基于不同渠道本身的性质，但其背后也反映了传统媒体渠道下对话的不平等。

官方发布的信息往往首先公布在自己的网页中，再经由主流媒体报道扩大影响，最后回流到网络中，引发不同平台上网民的讨论。在本事件中，官方的多次公告本身成为事件源，公众基于信任耐心等待官方的通报，但地方最初的通报缺乏证据，没有做到公开透明，引发了公众的不满情绪，进而导致更高级别的联合调查组介入，最终通报终于使得公众满意。虽然最终"亡羊补牢"，但对公众情绪的消费为塔西佗陷阱的出现埋下了隐患。

公众的话语生产则是通过网络不同平台展现不同的内容，但共同传达着同样的不满情绪。例如在微博、公众号评论区，用户会更直接地表达疑惑，但在"鬼畜"和"梗"文化盛行的 B 站、抖音，则率先火起了"指鼠为鸭"的"梗"，并广为流传，成为公众情绪表达的一个典型。

2. 直接引语与间接引语

通常新闻报道的内容并不是独创性的，而是引用事件的内容本身。从这个层面上讲，受众从新闻报道中获得的信息并非客观事实，而是由不同意识形态和权力关系组成的世界，是建立在媒体框架效应之上的。引语具有典型的互文特征，② 所以考察引语有利于我们厘清相关媒体在报道"鼠头鸭脖"事件时的立场和所持的思想意识。本文将从直接引语和间接引语这两个基本的引语层面进行论述。

在直接引语层面，通过分析本文所研究事件中的媒体报道可以发现，在浏览量较高的新闻报道中，公众对"校方"和"市局"处理方式的不满

---

① 何威、曹书乐：《从"电子海洛因"到"中国创造"：〈人民日报〉游戏报道（1981—2017）的话语变迁》，《国际新闻界》2018 年第 5 期，第 57~81 页。

② 付小秋、沈红：《叛徒还是英雄？——从批评话语分析看〈南华早报〉和〈福克斯新闻网〉在"斯诺登泄密事件"上的较量》，《山东外语教学》2014 年第 4 期，第 47~53 页。

情绪等负面性评价大多以直接引语的方式呈现，其中包括直接引用大量网友以"鸭脖说"为基础演绎成的一系列段子等。

> 南昌市市场监督管理局工作人员表示，6月1日当天高新区市场监督管理局已经派人去核实了，拿去专门的检测机构送检，有时候看东西形状很像，但是经过工作人员核实，确实是鸭脖。但还是引发了一些网友的质疑，有网友说："这鸭脖谁看都不是""鸭脖是如何长牙的""鸭脖子是指鸭子的老鼠"。

此类用直接引语呈现公众对该事件涉事单位的相关回应的负面评价和反馈的例子在"鼠头鸭脖"事件的相关报道中不胜枚举，其意图耐人寻味。一方面，媒体通过直接引用公共话语在公众与官方之间牵线搭桥，让公众与官方话语进行某种程度的"对话"，进而厘清民意。另一方面，媒体也更好地发挥了舆论监督的作用。

在间接引语层面，分析语料库中的相关内容可以发现，在对"鼠头鸭脖"事件所做的相关报道中，不乏对该事件具体进程及涉事单位的通告和回应等的报道，此方面的多数内容以间接引语的方式呈现。

> 经查，学校食堂确实存在拍摄上述视频的地点，但反映的内容与事实有出入。当事学生自己请来同学一起比对了事发当时的"外来物"，证实这个"外来物"是鸭脖，属于正常食物。这名学生已当场写出文字说明，澄清了录像内容。
>
> 南昌市高新区市场监督管理局的工作人员也曾在公开场合表示，经过多次比对，最终证实其为鸭脖。

从上述案例来看，除去新闻报道写作的惯用语体之外，报道内容中对涉事单位的回应和采访者的话语均使用间接引语，一方面这给受众直观的、单方面接收信息的感受，并无平等、理性参与对话的前提，另一方面也在一定程度上隐去了该事件中公众最为关注的事实内容和调查取证过程，这种缺失会进一步加剧公众的不满情绪和导致事态再度升级，使得公众和官方的话语冲突与矛盾更为显著。

（三）社会实践分析

前面提到的文本分析、话语实践分析，都是为社会实践分析服务的。洪亚星、董小玉认为，社会实践分析在 CDA 中以意识形态分析为主要内容。①

通过分析"鼠头鸭脖"事件中公众、媒体和官方等不同行动者的文本和话语实践可以发现，在互联网时代下，公众试图在舆论场上追究疑似造假的集体意愿相对强烈，官方主体在总体上则面临公信力危机和信誉度下降的风险。"塔西佗陷阱"正是指这样一种状况——政府在公信力丧失的情况下会被民众反感，因而无论做什么都会被不信任。信任是社会关系运转和谐有序的基础，社会处于"低度信任"结构中时，社会冲突会加剧，社会运行和治理成本会增加。② 在"鼠头鸭脖"事件中，公众对学校的质疑以及当地政府的回应，导致更多公众质疑回应的客观性，体现出上述现象。塔西佗陷阱，从公众的诉求和反应来看，是由于政府在面对舆论质疑时回答不清，没有把事实和调查过程向公众澄清而形成的。结合交往理性和塔西佗陷阱的理论基础，我们认为不同主体形成上述意识形态的原因有以下几点。

第一，从公众的立场来看，新媒体时代下网络技术的快速发展使得网络公共事件的传播范围扩大，公众对于事件的关注度、知悉度和反馈程度有所提高，此时传播在一定程度上从单向转为双向。因此，在涉及事件中蕴含冲突和争议的时候，公众更趋向于通过对话的形式追求真相和平等对话。

哈贝马斯认为，理解是指交流的参与者达到了话语效力上的统一。③ 这种统一是指主体之间相互认同说话人对其言论所提出的效力要求。哈贝马

---

① 洪亚星、董小玉：《被仰视的中国：从文本建构到形象塑造——基于纪录片〈超级中国〉的批评话语分析》，《新闻界》2015 年第 13 期，第 24～29 页。

② 杨妍：《自媒体时代政府如何应对微博传播中的"塔西佗陷阱"》，《中国行政管理》2012 年第 5 期，第 26～29 页。

③ 哈贝马斯：《交往行动理论·第二卷——论功能主义理论批判》，洪佩郁、蔺青译，重庆出版社，1994。

斯还提出了一个主要观点：质疑只是生命世界中的一部分。在商谈过程中，人们所提出的理由会受到各方面的质疑，但是，这并不意味着这种质疑可以无止境地进行下去。哈贝马斯批判了新媒体对民众的操控，他认为新媒体的内容限制了接受者的反应，① 但在社交媒体平台上，接受者的反应可以产生合力从而推动真正平等对话的产生。在"鼠头鸭脖"事件中，公众从事件的开端就一直试图追求"摆脱外部和内部的控制实现真正自由平等的言谈"，即哈贝马斯所说的"理想言谈环境"。但很明显，该事件中欠缺"有效性"，校方等官方的回应也并未满足受众的诉求，由此进一步导致后期的舆情发酵和冲突升级。

第二，从媒体的角度来看，主流媒体的思想导向受到公权力的左右，在某种程度上导致主流媒体"集体失声"的局面，而以流量为重的自媒体则更多地从报道和发声的角度与大众站在同一立场上。哈贝马斯认为媒体的内容充斥着理论话语和实践话语。② 一方面，大众媒体的报道在很大程度上受制于国家利益和国家政策，需要考虑对客观现实的陈述；另一方面，媒体报道也应基于社会制度和价值观念，发挥公众和官方之间的"桥梁"作用，减少误读，更好地促进对话的形成。

第三，从官方的角度来讲，因为舆论对其回应的客观性一度表示质疑，这些质疑展现出的塔西佗陷阱也揭示了当前社会背景下公信力下降和官方信誉危机的问题。事实上，此事件的不断升级在很大程度上也归因于官方未发布令多数人信服的通告，而这恰恰是因为官方在此次对话中基于主导地位，误判了公信力在公众群体间的形象，公信力并不是无法击倒的巨人，而是"水能载舟，亦能覆舟"的辩证结果。

五 结语

本文通过自下而上的分析，从文本、话语实践、社会实践三个维度对

① 李兵、郭天一：《话语共识与社会多元性整合——哈贝马斯审议民主理论探析》，《思想战线》2019年第1期，第78~84页。

② 哈贝马斯：《交往行动理论·第二卷——论功能主义理论批判》，洪佩郁、蔺青译，重庆出版社，1994。

"鼠头鸭脖"事件进行了梳理。

首先，不同主体在此次事件中表现出了不同的行为与诉求。公众在看待"鼠头鸭脖"事件和舆论生成的过程中，具有追求实事求是、寻求真相和平等对话的思维和心态。在涉及事件蕴含冲突和争议的时候，公众更趋向于达到一种有效的规范共识。在此事件中，主流媒体的表达受到多方面的影响，如对事实真相掌握不足、缺乏调查取证的动力等，这导致出现主流媒体"集体失声"的情况。

其次，事实上，在当今社会中传播权力是不平衡、不平等的。本文旨在引导社会公众在政治社会化进程中构建社会主义和谐社会所需要的理念、价值和思维方式，对"鼠头鸭脖"事件的不同主体和相关报道进行批评话语分析。同时，也启示作为连接政府与公民的纽带和桥梁的媒体在网络公共事件的报道中要实现从"社会冲突框架"到"协商民主框架"的话语模式转变。官方也可以利用话语优势地位，促进主体之间对话，缓和社会矛盾，积极引导公众尽可能采取法律和权利的话语进行利益表达。

"鼠头鸭脖"事件导致了不同群体之间的讨论与冲突，最具代表性的就是官方报道与网络用户群体之间的冲突，这背后存在值得分析的权力关系。同时由于主流意识形态在舆论场中具有话语优势地位，网络用户在评论中表达反对时会采取相应的策略来规避被禁言的风险，因此对评论内容进行批评话语分析有助于发掘声音背后的真实表达。

通过选取该事件中相关主体具有典型性的新闻报道和社交媒体内容文本为语料进行批评话语分析，本文意图揭示此事件中媒体的"报道失声"、官方对"真相的捍卫"导致塔西佗陷阱的形成与社会公众对"交往理性"的追求和话语撕裂的原因。对于网络公共事件中不同行动主体的话语建构，以及相关事件中社会公众、媒体、官方所需要的理念、价值、思维方式等，希望有研究继续总结其关键点，为创造理想的言谈环境努力。只有经过这样的努力，才可能以"交往理性"来实现对塔西佗陷阱的消解，只有以真诚为基础，才能真正实现理解与交流。

文本表达、话语创新与技术赋能：
中华文化的"出海"研究

——基于 YouTube 平台的综艺节目数据分析

叶　欣　尚慧欣　毛晨宇*

摘　要　如何减少文化折扣，传播好中国故事，是我国文化对外传播的一个重要议题。综艺节目作为一种视觉文化形式，具有可延展的特质，能够承载丰富的文化信息，以当地观众更容易接受的方式完成原创国家价值观的传播，对于讲好中国故事，促进不同国家之间的文明互鉴、文化交流具有积极意义。本文采用案例分析法，通过对 YouTube 平台上播出的《我们的歌》《乘风破浪的姐姐》《这！就是街舞》等成功"出海"的综艺节目的分析，探究中华文化借助综艺节目形式"出海"的现象和逻辑，以期为创新中华文化"出海"路径提供有益借鉴。

关键词　中华文化；"出海"；对外传播；综艺节目；中国故事

一　引言

一个国家、民族的发展与强大，离不开文化的支撑，中华文化是我国做好对外传播工作的重要基石和源源不竭的创新动力。在新时代下，推动中华优秀文化走向世界是一个重要的发展战略，也是实现中华民族伟大复兴的有效途径。党的十八大以来，我国越来越重视中华文化的传播，推动中华文化走出去，加强我国的国际传播能力建设，展示可亲、可信、可爱、

---

* 叶欣，浙江传媒学院新闻与传播学院副教授、硕士生导师；尚慧欣，浙江传媒学院新闻与传播学院硕士研究生；毛晨宇，浙江传媒学院新闻与传播学院硕士研究生。

可敬的中国形象上升为重要的议题。党的二十大报告指出，"坚守中华文化立场，提炼展示中华文明的精神标识和文化精髓，加快构建中国话语和中国叙事体系，讲好中国故事、传播好中国声音，展现可信、可爱、可敬的中国形象。"① "深化文明交流互鉴，推动中华文化更好走向世界。"② 因此，在新时代新征程中，为实现中华民族的伟大复兴，促进中华文明与世界文明的交流，更应该抓紧当下宝贵的机遇，加快中华文化的对外传播，让世界进一步了解我国的优秀文化，从而更好地讲述中国故事，传递好中国声音，进而推动我国在世界舞台上的形象建构。

综艺节目以娱乐为外壳，勾连全球化与本土化，是能被不同文化主体普遍接受的媒介形式，也是中国与世界交往不容忽视的文化产品，其本身为学界探讨不同民族文化的相遇及其权力关系、思考世界意义的建构提供了较为宽广的议题空间。③ 在中华文化的"出海"过程中，综艺节目凭借其生动的表现形式、多样的信息传递方式、"接地气"的语言表达方式、鲜明的人物形象设定、直观化的视频呈现形式以及文化内涵丰富的场景建构等因素，成为讲好中国故事、传播中华文化的重要载体，是塑造国家形象、展现国家文化软实力的重要形式。相比影视剧集或节目成片的国际交易，综艺节目的跨文化传播历经"去地方化"和"再地方化"的过程，能以当地观众更容易接受的方式完成原始创意国价值观的传播，可以被视为一种更高层次的文化传播载体。④ 而且综艺节目 IP 具有可延展的特质，能承载丰富的文化信息，让来自不同国家的受众进行无障碍的互动。借助综艺节目的形式，中华文化能够更加快速、精准地在世界上实现大范围的传播，促进我国优秀传统文化的"出海"破界，从而提升中华文化的影响力、

---

① 习近平：《高举中国特色社会主义伟大旗帜　为全面建设社会主义现代化国家而团结奋斗——在中国共产党第二十次全国代表大会上的报告（2022 年 10 月 16 日）》，人民出版社，2022，第 45～46 页。

② 习近平：《高举中国特色社会主义伟大旗帜　为全面建设社会主义现代化国家而团结奋斗——在中国共产党第二十次全国代表大会上的报告（2022 年 10 月 16 日）》，人民出版社，2022，第 46 页。

③ 李文冰、杨灿：《全球化与本土化张力下的中国综艺节目模式跨国流通》，《中国电视》2023 年第 8 期，第 22～29 页。

④ 胡杨梓：《中国原创综艺节目模式出海实践中的问题与对策》，《现代视听》2023 年第 3 期，第 14～19 页。

传播力以及我国的对外传播能力。

美国学者乔舒亚·库珀·雷默通过对外国学者眼中的中国形象进行研究，得出"中国的形象跟不上诸多变迁的步伐"的结论。① 在如今的视觉文化时代，综艺节目凭借其独特的叙事手段和话语体系，能够跨越国界，快速地为海内外受众提供具有审美性和娱乐性的内容，是海内外受众都喜闻乐见的视听形式，也是讲述中国故事和建构我国国家形象的有效手段。本文主要基于三个综艺节目的对外传播案例，通过分析这三个综艺节目在海外的传播数据情况，从文本表达、话语创新和技术赋能三个方面探究中华文化的"出海"现象和"出海"路径，以期为我国未来的对外传播和国际形象建构提供思路和借鉴。

二　文献综述

对外传播，顾名思义，就是指一国或一种文化针对外部目标受众进行的信息传递和交流活动。它是国际关系、商务交流和文化互动的一个重要环节。我国的对外传播最早可以追溯到汉代，在汉代，中国就已经与罗马、印度等国家进行了贸易往来和文化交流。随着我国的不断发展和国家地位的提升，中华文化不断走出国门，传播至世界各地。自改革开放至今，我国的对外传播事业也走过了40多个春秋，对外传播的能力和水平不断提升。

党的二十大报告指出，"加强国际传播能力建设，全面提升国际传播效能，形成同我国综合国力和国际地位相匹配的国际话语权"。② 一个国家国际传播能力的大小，在很大程度上关系着国家形象的塑造和传播，关系着国家话语权的大小和国际地位的高低，甚至会影响国家文化软实力的强弱。中华文化的对外传播具有丰富的形式，包括静态的文字、图像以及动态的影视剧、综艺节目、媒介事件等。这些形式作为中华文化的呈现方式，都是中华文化对外传播的重要形式，也是中华文化走向世界的先行者和示范者。

---

① 朱文良、丁成际：《国际传播语境下讲好中国故事的挑战、策略与价值》，《牡丹江大学学报》2023年第12期，第8~16页。
② 习近平：《高举中国特色社会主义伟大旗帜　为全面建设社会主义现代化国家而团结奋斗——在中国共产党第二十次全国代表大会上的报告（2022年10月16日）》，人民出版社，2022，第46页。

随着我国对中华文化的对外传播越来越重视，许多学者开始对其进行研究，研究的重点各有不同。其中，对于中国综艺节目中中华文化的"出海"破界研究大致可以分为以下几类。

一是，我国综艺节目的特点、发展情况、创新之处等，这些研究主要是从几个微观方面介绍我国综艺节目的发展现状。其中，有学者从技术赋能的角度阐述了元宇宙背景下中国音乐竞演类综艺节目的新特点，从具身传播的角度论述了受众所获得的新体验（马钰鞍，2023）。有学者从内容表达、架构形式、理念传达、IP打造等几个方面分析了体育类综艺节目的创新之处（汤美，2023）。还有学者从原生综艺成功因素和观众反馈与口碑两个方面探究了综艺节目的特色和成功理念（王雨辰，2023）。除此之外，还有一些学者从产品力、竞争力两个方面分析了目前中国综艺节目"出海"现象所存在的问题（胡杨梓，2023）。

二是，将综艺节目作为一种中华文化对外传播的形式，探索中国综艺节目实行对外传播的可能路径。其中，有学者从全球化与本土化两个角度分析了目前中国综艺节目"出海"破界所存在的问题，主要包括资本主导下节目模式的路径依赖、文化叙事能力不足、产业全球化程度不高等，又从本土情怀与全球视野出发，为中国综艺节目的"出海"破界提出了路径（李文冰、杨灿，2023）。有学者从宏观、中观和微观的视角探究了中国综艺节目"出海"的可能路径，主要包括人文格局下打造多元主体、在低语境下优化传播内容、在技术创新下搭建优质平台等（马丽琼、王江蓬，2023）。还有学者从寻找本土根基、培养创作"专家"、挖掘文化资源等几个角度探索了中国综艺节目对外传播的发展路径。（冷淞、程紫鄢，2023）

三是，以个别综艺节目案例为研究对象，从案例中透析中国综艺节目如何对外传播中华文化，这类研究成果较少。其中，有学者以综艺节目《我们的歌》为例，剖析中华文化对外传播的现状和逻辑。（吴佩霜，2023）。有学者立足全球化语境，以湖南卫视《中餐厅》为例，分析中国综艺节目怎样突破文化价值理念的差异，在提高传播力的同时向海外传播中华文化，从而推动中国优质综艺节目"出海"。（闫春慧、姚丹，2023）

总而言之，通过梳理现有的文献资料和研究成果可以看到，目前学界对于中华文化对外传播的研究较多，而少有学者立足多个案例，并从综艺节目"出海"破界的角度分析中华文化的对外传播，且研究视角不够全面。

因此，本文立足综艺节目"出海"的视角，通过对我国三个原创综艺节目的调研分析，从文本表达、话语创新和技术赋能三个方面聚焦中华文化的对外传播现象，探究我国综艺节目"出海"的逻辑和路径，并为中华文化的对外传播提供启示和借鉴。

三 研究方法及数据分析

（一）研究对象及设计

本文选取《我们的歌》西班牙版（译为《不可思议的二重唱》）、《乘风破浪的姐姐·越南版》以及《这！就是街舞·越南版》作为研究样本。其典型性在于：一是这三档节目都是我国原创节目的"出海"成果；二是它们在海外都取得了较好的传播效果；三是它们都内含某种从属于中华文化的基因特质。本文选取 YouTube① 平台作为主要数据来源的理由在于：一是 YouTube 在"2023 年最受欢迎的社交媒体平台榜单"中排名第二；二是作为一个免费的在线视频共享平台，YouTube 比排名第一的 Facebook 更契合研究样本的性质；三是截至 2023 年 1 月，YouTube 每月活跃用户超过 25 亿人，是全球访问量第二大的网站，因此在 YouTube 上的播放数据能够在较大程度上说明研究样本的国际传播效果。

首先，笔者基于拉斯韦尔的 5W 模式，即 Who（谁）；Says What（说了什么）；In Which Channel（通过什么渠道）；To Whom（向谁说）；With What Effect（有什么效果）②，将调研维度划分为传播者、传播内容、传播渠道、传播受众、传播效果。其中，由于本研究使用数据来源于 YouTube 平台，因此传播受众既能泛指 YouTube 平台的所有用户，又能具体指研究样本在平台上的账号粉丝量，三个样本不具备特殊性，故在本文中不做讨论。

其次，笔者将传播内容维度细分为"节目外在形式"和"节目内在文化价值观"，通过对节目表现形式和内涵意蕴的分析与梳理，以期为中华文

---

① 本段数据来源于网站 www.rankingroyals.com。
② 郭庆光：《传播学教程》，中国人民大学出版社，2011，第 50~51 页。

化的对外传播提供借鉴与启示。将传播渠道维度细分为传统媒体渠道和以"YouTube"为代表的社交媒体渠道。在传播效果维度，将分别对传统媒体渠道和"YouTube"（社交媒体渠道）的传播效果进行综合考量。在传统媒体层面，主要以研究样本播出期间的传统收视率——节目在电视上的直播收视率，即某一特定节目平均每分钟的收视人数占推及人口总体的比例（测量仪条件下）①为指标。但在调研过程中发现其中两个样本缺乏本土官方数据，因此本文将不对此项指标做过多讨论。而在"YouTube"（社交媒体渠道）层面，参照传播的"传递观"，即信息在空间中传递和发布的过程，强调"把信息传给他人"②，将指标具体化为研究样本在平台上的播放量，进一步细分为"样本播出期间总播放量"和"单个或单期视频的平均播放量"。若研究样本的总播放量大于等于 YouTube 月活跃用户数量（25.4亿③）的 1%（2540 万）则为传播效果良好，大于等于 1‰（254 万）则为有效传播；若研究样本的单个或单期视频的平均播放量大于等于样本 YouTube账号粉丝数量的 60%，则为有效传播。

（二）调研结果及分析

由此，本文尝试建构我国原创节目"出海"成果评价条目，调研结果如表 1、表 2 所示。

表 1　研究样本的传播渠道和传播内容

节目名称	传播渠道		传播内容	
	传统媒体	YouTube	节目外在形式	节目内在文化价值观
《不可思议的二重唱》第一季	西班牙国家广播电视台（RTVE）	RTVE Música	代际歌手组队竞技表演	代际合作，文化传承不息
《乘风破浪的姐姐·越南版》	越南文化体育频道（VTV3）	YeaH1 Show	"30＋"女艺人歌舞竞技表演	正视年龄，展现中年女性群体的自我价值*

①　刘燕南、张雪静：《内容力、传播力、互动力——电视节目跨屏传播效果评估体系创新研究》，《青年记者》2022 年第 13 期，第 27 页。
②　赵琛、李明德：《从"传递观"到"仪式观"：铸牢中华民族共同体意识的传播学路径》，《青海社会学》2022 年第 2 期，第 67～74 页。
③　数据来源于 https://wearesocial.com/us/。

续表

节目名称	传播渠道		传播内容	
	传统媒体	YouTube	节目外在形式	节目内在文化价值观
《这！就是街舞·越南版》	越南胡志明市电视台（HTV）、越南有线电视官方在线新闻频道（VTV cab News）	Street Dance Việt Nam	在节目场景设置中融入本土文化的街舞竞技表演	传播普遍艺术价值**，融合本土文化，体现"美美与共，天下大同"的中华文化内涵

资料来源：*曾一果、王可心：《自我的再认：〈乘风破浪的姐姐〉中年女性形象的重构》，《湖南师范大学社会科学学报》2021年第4期。

**公淑宁：《从〈这！就是街舞4〉看垂直类综艺节目国际化尝试的思路与困难》，《视听》2022年第1期。

表2 研究样本的传播者和传播效果

节目名称	传播者 - 制作方	传播效果			
		传统媒体		YouTube	
		首期收视率	平均收视率	累积播放量	视频平均播放量
《不可思议的二重唱》第一季	东方卫视、iFORMATS*、Grupo Ganga 制作公司、西班牙国家电视台 RTVE	首期收视份额12.7%，西班牙国内同时段第一①	12期平均收视率为10.25%，西班牙国内同时段的第二②	1827.8万（105个短视频）	17.4万/个
《乘风破浪的姐姐·越南版》	芒果TV、越南 VTVCab、越南 YeaH1 集团	首播同时段收视率第一③	—	2646万（9期正片）	294万/期
《这！就是街舞·越南版》	优酷、越南 YeaH1 集团	越南全国电视台同时段收视率第一④	—	9185万（17期正片）	540.3万/期

注：*iFORMATS 平台是中国第一家面向全球市场的中国节目模式信息平台。

①《从伦敦到戛纳，"上海出品"闪耀国际》，上观，2023年10月17日，https://www.jfdaily.com/news/detail? id=668248，访问时间：2023年12月20日。②孙侃、阳欣哲：《娱乐产品的国际传播——以综艺节目〈我们的歌〉模式输出为例》，《上海广播电视研究》2023年第4期，第46~51页。③《〈乘风破浪的姐姐 越南版〉首播收视第一，中国模式出海再造爆款》，文汇报，2023年11月17日，https://baijiahao.baidu.com/s? id=1782799837028278388&wfr=spider&for=pc，访问时间：2023年12月20日。④《优酷"圈粉"越南观众，以优质内容搭建起交流之桥》，搜狐，2023年12月16日，https://yule.sohu.com/a/744601766_121106842，访问时间：2023年12月20日。

在传播者维度，三个研究样本都是由我国原创节目版权方与外国权威媒体合作，以从外国购入版权或是版权合作的形式展开我国原创节目"出海"实践。在传播内容维度，都采用"艺术表演＋竞技"的外在形式，柔性传递具有中华文化独特基因的节目内涵。在传播渠道维度，都采用"传统媒体＋社交媒体"的富媒化传播矩阵，从而尽可能多地触达用户群体。在传播效果维度的传统媒体层面，三个研究样本都在同时段播出的节目中表现优异，收获收视率的第一位、第二位，这直接表明我国原创综艺节目"出海"具有可行性及巨大潜力。在传播效果维度的社交媒体层面，从累积播放量角度来看，《不可思议的二重唱》取得了有效传播，《乘风破浪的姐姐·越南版》和《这！就是街舞·越南版》均取得了良好的传播效果；从视频平均播放量来看，三个研究样本均在 YouTube 平台上实现了有效传播。

整体而言，我国原创节目模式"出海"的三个"先行军"都取得了较为理想的成果，其中可见我国原创节目模式在"出海"并实现本土在地化传播方面的巨大潜力。同时，作为节目展演的核心——文化，也由此有了全新的传播可能。

四　中华文化的"出海"现状

目前，中华文化成功"出海"的案例非常丰富。例如，在文学领域，知名作家刘慈欣的科幻作品《三体》，融入了丰富的中华文化元素，可以让海外读者更深入地了解中国的文化背景，打破了海外读者对于中国文学只有古典题材的刻板印象，展现了中国作家在科幻领域的创新力和想象力，吸引了广泛的海外读者，在海外拥有很高的影响力和知名度。[①] 在视频领域，知名的《航拍中国》纪录片，将美丽的自然景观融入丰富的历史文化内涵，并利用内蕴丰富的配乐为美丽的景色增色，使得受众能够通过更加直观、更加通俗易懂的形式沉浸式地了解中国。在影视剧领域，作为我国科幻电影代表的《流浪地球》，利用宏大、炫酷的科幻特效技术构建了"类现实"的电影场景，同时通过独特的视觉效果和引人深思的故事情节，在

---

① 李莉、刘艺青：《中华文化海外传播的多模态路径》，《中州学刊》2023 年第 12 期，第 173 ～ 176 页。

叙事和表达中潜移默化地输出了中华文化的核心价值观，改变了海外受众对我国电影的认知，在很大程度上消减了海外受众对中华文化的刻板印象。在综艺节目领域，作为一档代际潮音竞演综艺节目的《我们的歌》，其主要借助诉诸听觉感知的音乐形式，减少了文化背景和语言壁垒在跨文化传播中形成的接受与理解障碍，同时在舞台设计、主题设定以及人物形象的塑造等方面都采用了受众更为喜闻乐见的形式，降低了海外受众的理解门槛。

深究这些成功"出海"的中华文化对外传播案例，可以得出一定的规律和趋势。这些节目都在自己的领域里深度挖掘了中华文化的深厚价值和丰富内涵，利用受众喜闻乐见并容易理解的方式进行传播和输出。同时创新传播手段，利用先进多样的信息传播方式，对中华文化进行创造性转化和创新性发展。这样的传播形式更加适合当地受众，也更加符合当下海外受众的要求和诉求。

从中国综艺节目发展的20多年历史来看，按照节目制作的来源可以分为三个阶段。第一个阶段是简单模仿阶段，例如广东电视台的《生存大挑战》第一届和第二届，其分别借鉴了中国香港的亚视与日本电视台联合制作的《电波少年》、美国哥伦比亚广播公司的《生存者》，借鉴部分较多，包括角色设定、节目环节设置、规则流程等。《生存大挑战》是中国综艺节目的范本和雏形，引发了国内多个电视台的模仿和借鉴。在这些模仿的节目中，最典型的是2004～2006年的《超级女声》，其海选、决赛等概念与创作理念完全借鉴了美国福克斯广播公司的《美国偶像》。2005年的《超级女声》播出后，其在中国的收视率达到11.65%，是历史上收视率第一个突破10%的中国综艺节目。

第二个阶段以版权引进为主。在《超级女声》《开心辞典》《舞动奇迹》等节目先行引入版权并获得成功后，中国的综艺节目进入快速发展阶段。2010年，东方卫视从英国独立电视台购买版权并制作了《中国达人秀》，从此之后，中国综艺节目开启了引入海外正规节目版权的新局面。2010年，江苏卫视《非诚勿扰》节目正式播出，其引入澳大利亚节目 Take Me Out 的版权并进行改编，是一档相亲交友真人秀综艺节目，开播之后获得了巨大的成功。2012年《中国好声音》在中国星正式播出，其引入荷兰

Talpa 公司《荷兰之声》的版权并进行改编，节目采用盲选的形式，注重声音的质量和节目的效果。《中国好声音》节目播出后，受到了一致好评，同时在中国电视历史上第一次实现了真正的制播分离。2014 年，《奔跑吧兄弟》综艺节目引进韩国 SBS 电视台的版权并改编，播出之后受到了很多人的欢迎。之后，《爸爸去哪儿》《中餐厅》《创造 101》《极限挑战》等节目都相继引入国外版权制作并热播。这些综艺节目凭借购买的版权，可以全方位了解综艺节目制作的流程和核心，能够真实、生动地展现节目效果，同时还可避免因为借鉴而面临版权纠纷的风险。

第三个阶段以原创发展为主。中国的综艺节目制作方经过之前的版权购买和改编，基本掌握了综艺节目的制作核心，随之迎来了我国综艺节目创新与突破的阶段。《声临其境》《国家宝藏》《明星大侦探》《我们的歌》等原创节目都是基于中国本土话语体系和叙事方式创作的节目，在一定程度上改善了我国本土综艺节目同质化严重、创新力不足的情况。原创综艺节目《我们的歌》还成功"出海"到西班牙，西班牙购买了节目版权并将其改编为《不可思议的二重唱》。除此之外，从国外购买版权的综艺节目，一般是基于他国的实践而制作的，难以与中国的语境和文化紧密结合。基于我国本土的语境和文化自主创作的综艺节目更加符合我国的文化背景，更易被受众接受，更容易获得成功。随着《我们的歌》《乘风破浪的姐姐》《这！就是街舞》《朗读者》等一系列原创综艺节目的"出海"，我国开始与海外公司签署节目模式的输出协议，且逐渐规模化。

五　中华文化走向世界的"出海"逻辑

（一）文本表达：强化视觉与表演的叙事

从古至今，许多具有国际传播力和理解力的作品在中心主题定位、文本表达、故事讲述、叙事方法等方面都精准地找到了国际受众的最大公约数，从国际受众共通的理解角度入手，构建国际受众共通的意义空间。不论是迪士尼坚持"让知识与人情融汇到作品中"，还是"达人秀"专注"平凡人的力量"，都是从国际受众的共同"口味"入手，打造国际受众都喜闻乐见的节目。

我国过去的综艺节目，以"家庭剧场"的形式为主，内容大多是传统的戏曲、舞蹈、表演等，表现方式及表现手法也比较单一。随着我国综艺节目的发展及转型，传统文本的表现形式发生了变化，受众喜欢的形式和内容得到了进一步延伸，并逐渐形成了独具特色的综艺节目文本。

我国综艺节目的成功离不开中华文化的深厚底蕴。例如，由综艺节目《我们的歌》改编的《不可思议的二重唱》，其借助可以直观感知的音乐形式进行叙事，在一定程度上可以减少由文化差异和语言壁垒而导致的文化传播中产生的理解障碍问题。在国际文化背景下，即便不同的国家有不同的语境和不同的价值观，但总有一些共通的文化因素承载了全世界受众共同的情感和记忆，极易引发国际受众的共鸣。基于这种文化的共通性和国际受众共同的价值取向，《我们的歌》采用国际经典歌曲进行节目创作和改编，从"音乐创新"的角度出发，设置容易引发共情的环节和内容。在传播的过程中，民族性、国家性、地区性的特点逐渐淡化，取而代之的是人类共同的情感，从而有效地减少了文化折扣现象，潜移默化地传播了中国的价值观和思维方式。

（二）话语创新：叙事路径的再构建

1. 故事化叙事

李普曼曾在《舆论学》中提到"议题"的概念，他认为议题是可以被"精心建构"的，被建构过的议题实际上反映了一个国家的意识形态。[1] 一个国家要想在国际舞台上拥有一定的话语权，就要建构议题。通过故事化议题的建构，可以将我国的发展理念、价值观念、经验和贡献等融入世界发展的大局。基于此，也有一些学者认为"议题就是话语，话语在一定程度上也是议题"。因此，综艺节目要想讲好中国故事、传播好中国声音，就需要在议题的建构上下功夫，即选取各种各样故事化的方式来讲述全世界受众共同关心的议题，从而形成强大的感召力和影响力。

生活中有许多故事和题材，但是需要经过一定的提炼和编排才能成为有意义、有价值的故事。议题在选取和提炼故事的过程中占据重要的位置，

---

[1] 彭宇灏：《文本易读、多元景观与话语创新——我国综艺节目对外传播的叙事策略研究》，《视听界》2023年第5期，第38~42页。

在一定程度上是通过提炼而成为有价值的思想观念。因此，综艺节目在讲述故事或情节的同时，需要展现出不同的价值取向和话语质感，形成同一议题不同的价值导向和作用。例如，综艺节目《乘风破浪的姐姐》的定位为展现中年女性的自我价值，其深度挖掘了女性独立自主、努力奋斗的形象和故事，并进行生动的展现，巧妙地体现了我国女性坚强独立、依靠自身的价值观念。同时，综艺节目《乘风破浪的姐姐》也成功"出海"到越南，并在越南的电视台进行播出。

一般来说，综艺节目中的议题可以是宏观的、抽象的，也可以是微观的、具体的。议题在讲述的过程中容易被概念化和表面化，但是综艺节目中的人物可以有效化解这一问题，生动丰富的人物可以将宏观或微观的议题转化为可感知的议题。在这个过程中，综艺节目就需要先确立人物的主体观念和主要思想，把人物作为议题讲述者和解释者。而综艺节目中人物的想法和观念，其本身就是社会经验的总和，也是故事和议题的总和。基于此，从议题到人物再到故事的话语逻辑思路就可以被搭建出来，这一过程是人物的"典型故事"不断被提炼和凝聚的过程。综艺节目中的人物和故事通过提炼和凝聚，形成了具有时代特点的价值观，展现了人物及人物背后的故事，同时也传达了深刻且抽象的价值观。

2. 情境化叙事

在中华文化"出海"的过程中，情境化叙事的地位不容忽视，综艺节目是情境化叙事的重要展现形式。当综艺节目中的人物和故事确定后，故事情境化的建构就显得尤为重要。打造特定的场景和情节是综艺节目成功必不可少的因素。综艺节目的表达方式和手段具有特殊性，其故事已经成为"综艺化"的故事，因此，需要将过去单一的话语表达转变为复合形态的共同叙事。但是在实践中，仍然有许多综艺节目只依靠单一的话语"讲述"来讲故事，在很大程度上降低了综艺节目的跨文化吸引力。

综艺节目故事情境的建构一方面可以还原故事发生的场景，另一方面可以还原人物的心境，这实际上也是综艺人物心理情感的一种外化呈现。情境指的是故事在表达时所展现出的抽象场景，能够让观众不知不觉地沉浸进去。综艺节目中情境的建构离不开相应的时空观、世界观等，除此之外，场景可以作为叙事的动力。可以说，综艺节目中的"规定情境"是综艺节目故事建构中必不可少的因素，能够规划出故事的发展走向，构建出具有一定虚构色彩的叙事空间，从而推动故事情节的进一步发展。

除了综艺节目之外，还有一些竞演类节目会提前规划特定主题的叙事情境。例如，综艺节目《这！就是街舞》通过视觉色彩的搭配和动感音乐的调用，营造活跃的舞台氛围，将舞者的艺术情怀、人生故事、奋斗精神进行生动呈现。这些综艺节目的参与者需要表达自己对情境的理解和想法，在表达的过程中往往还要借用自己的生活经验，从而激发出真实的情感。因此，这些综艺节目对故事的情境化处理，在一定程度上能够为观众提供一个"可以进入"的故事场景。观众在投身进去的过程中，可以暂时摆脱现实生活中的理性思维和价值观，全身心沉浸到节目建构的场景中。

但是，由于综艺节目在情境建构时忽略了对细节的打造，许多观众很难深度参与进去，从而失去了应有的影响力和感召力。强调对细节的打造意味着综艺节目对故事的建构需要最大限度地符合主题和宗旨，而且其世界观、时空观和具体的对话设计、服化道具设计等每处细节都要完全贴合人物的形象塑造和故事的情境。例如，综艺节目《明星大侦探》为了保证节目的效果和真实的质感，演员的表演状态、细微神情、人物对话、故事情节设计、服装造型、舞台造型等所有细节都尽可能地还原节目所塑造的故事场景。因此，观众在观看节目时便能很快地投入节目所搭建的时空情境中，从而得到观众的一致好评。

3. 共鸣化叙事

虽然全世界的受众具有不同的文化背景、国家语境、价值观念，但依然有共同的情感和价值观。例如，快乐、友情、亲情、真、善、美、爱等。因此，中华文化在对外传播的过程中要深耕中华优秀传统文化，着重强调海内外受众共同拥有的价值观，打造共通的意义空间和情境。就像我国的综艺节目，其在叙事的过程中不仅关注情节的设计，还关注人类共同的情感。通过对人类共同情感的讲述，不但可以展现我国的人文情怀，还能拉近与全世界受众的心理距离。尤其是在"互联网＋"的时代背景下，"去中心化"逐渐成为时代的趋势，受众都有自身的判断方式和理解方式，容易对直白的故事讲述表现出排斥和疏离。因此，综艺节目在突出全世界受众共同情感的同时，需要对复杂的历史、政治、文化背景做出一定的淡化处理，从受众的角度进行讲述。除此之外，综艺节目要以第一人称的视角展开叙事，突出"我"的主体性。例如，我国的综艺节目《朗读者》，其通过不同人物对特定故事的朗读，还原了"我"在朗读特定故事时的情感和心境，观众能够切身体会到相同的情感，由于这些情感是全世界受众都具有的，节目更加具有代入感。还有综艺节目《我们的歌》，其采用代际歌手组队竞技表演的形式，通过不同国家、不同地区的歌手合作，诉诸普遍的艺术文化价值观，在实践中以歌手"我"的视角潜移默化地传达中华文化的价值观，体现"美美与共，天下大同"的深厚中华文化内涵。

　　情感的建构和传达不能仅仅停留在主题和宏观层面上，更需要体现在故事和情节的细节之处。① 在实践中，许多综艺节目所建构的主题大都只符合宏观要求的标准，这导致许多综艺节目在具体实践中容易出现主题偏离、人文关怀缺失等问题。例如，湖南卫视之前打造的真人秀综艺节目《变形计》，其本意是帮助城市里和乡村里的孩子互换人生来体验不同的生活。节目里的参与者不仅要站在对方的立场去设想和理解对方，还要去过对方的生活，真正体验对方世界的大小风云，品察对方最微妙的情绪变化。但是，有一些孩子将这个节目当作提升自身流量和关注度的"跳板"，在节目结束后，其在社交媒体平台上的账号会收获一大批粉丝，从而成为小有名气的"网红"。这种现象导致节目后期有些参与者的目的不够单纯，增加了金钱和名利的因素，造成节目主题的偏离。而且，节目将许多孩子的日常生活暴露在观众眼前，加大了隐私暴露和人文关怀缺失的风险。由此可见，综艺节目在落实细节时不仅需要以故事主人公的视角和立场去思考故事的话语设计和编排方式，还要注重情感的同频共振，不能仅仅站在第三者的立场来简单叙事。

　　实际上，无论是什么类型的综艺节目，都要时刻秉持真实性的创作原则，要对生活现象进行抽丝剥茧的分析和观察。除此之外，更重要的一点是，在真实性的创作原则之外，还要注重与观众共同情感的同频共振。浙江卫视的《中国好声音》综艺节目，虽然践行了真实性、公平性的创作原则和竞技原则，但是并不注重对观众共同情感的激发，导致节目后期出现了一些

---

① 彭宇灏：《文本易读、多元景观与话语创新——我国综艺节目对外传播的叙事策略研究》，《视听界》2023年第5期，第38~42页。

不满的声音，难以引起观众的共鸣。反观综艺节目《我们的歌》，其秉持尊重歌手、尊重音乐、尊重艺术的创作原则，通过匠心独运的代际视角带给观众不可思议的独特体验，它的核心不是选秀竞技，而是不同代际在表演过程中所碰撞出来的激动人心的火花，能够强烈地引起受众的共鸣。因此，综艺节目在叙事和情境建构中，需要突出参与者的主体作用，肯定参与者的情感和尊严，通过添加能够引发观众共鸣的情感因素进行"修饰"，从而扩大节目的影响力。

（三）技术赋能：打造全媒体传播矩阵

过去我国对外传播的手段和方式非常单一，不够多元，导致许多优秀作品无法触达海外各个角落，无法形成强大的影响力，我国的综艺节目也面临类似的困境。综艺节目在对外传播过程中，传播手段有限、渠道单一，无法形成多渠道联动传播的效应，导致我国综艺节目传递的文化内核难以触及世界不同地区的受众，更难以被理解，被接受，造成我国文化"走不出去"的困境。目前，随着社交媒体的兴盛和发展，我国综艺节目的传播可以突破时间和地点的限制，借助微博、抖音、爱奇艺、优酷等媒体平台，可以全方位触及不同国家、不同地区的受众，实现"扩群"。除此之外，大数据、算法推荐等人工智能技术的加持有利于综艺节目实现精准触达和推送，扩大节目的覆盖范围，增强传播力和影响力。例如，综艺节目《我们的歌》《乘风破浪的姐姐》等在各个媒体平台上都有官方账号，负责节目内容的宣发和与观众的互动等。在节目播出期间，其可以通过媒体平台发布短视频内容或者进行线上直播，与观众进行及时互动，打造节目的全媒体传播矩阵，从而有助于增强我国文化的软实力和创造力。

当综艺节目"出海"之后，还需要选择适合当地受众"口味"的媒介平台及传播方式进行传播，通过当地受众社群进行圈层传播，进而利用算法技术进行精准推荐，突破圈层传播的壁垒。除此之外，综艺节目的内容要根据实际情况进行调整。例如，综艺节目可以使用当地受众听得懂的语言，尽量避免传播当地受众所排斥的内容，针对当地特色，设置差异化的传播策略，以符合当地的文化背景和语境，拉近与当地受众的距离，增强中华文化的穿透力和影响力。

六 综艺节目成功"出海"的经验及启示

（一）消解文化传播中的文化折扣

我国许多综艺节目都秉承激发全世界受众共同情感的原则，着眼于全人类共同的价值追求和文化观念，用全世界受众都"听得懂"的语言和表达传递特定的情感和价值导向，从而推动我国综艺节目实现真正"走出去"。著名学者爱德华·霍尔曾提出"高低语境文化"的概念，文化折扣现象便是"高低语境文化"的差异所引发的后果。[①]"低语境"文化的国家通常借助事物的表象来传播观念，注重语言表达的内容本身，表达方式比较直观，对上下文的依赖程度较低。而"高语境"文化的国家主要借助语言表达的语境和背景来传递信息，对上下文的依赖程度较高，有时候还需要对表达内容进行深度加工。因此，综艺节目在传递相应内容和观念的同时，要注意克服文化折扣所带来的意义解读差异和歪曲问题，从而避免我国文化对外传播受阻。

除此之外，综艺节目在向外输出内容的过程中，最好选取全世界受众都理解的叙事符号、叙事方式以及更具普遍性的共同话题或议题。通过特定的叙事方式和情境建构，联结全世界受众的共同情感，打造共通的意义空间，引发共鸣。例如，在综艺节目《经典咏流传》中，节目组选取中国经典的曲目和古诗词，邀请歌手进行创造性地翻唱。这种翻唱不是简单的翻唱，而是加入了许多现代性的元素，像摇滚、民谣、新型的舞台呈现技术等。通过对各种音乐元素的巧妙运用，将《将进酒》《江南》《登鹳雀楼》等多首经典古诗词以独特的方式进行演绎，使传统的古诗词在现代重新焕发光彩，展现了中华传统文化的巨大魅力。节目通过对中华传统古诗词的改编和演绎，增进了全世界受众对中华传统文化的理解和感悟，极大地促进了中华传统文化的传承和创新，从而在很大程度上推动了中华文化走向世界。除此之外，还有《乘风破浪的姐姐》综艺节目，其选取"30＋"年

---

① 吴佩霜：《转文化传播视域下真人秀综艺"出海"的破界分析——以真人秀综艺节目〈我们的歌〉为例》，《西部广播电视》2023 年第 14 期，第 183～185 页。

龄的女艺人，展开歌舞竞技，来自不同国家和地区的参演嘉宾或在中西方乐器的配合下演唱中国风歌曲，或用中外双语演唱不同国家和地区的经典歌曲，以文化的碰撞交融诠释各美其美、美美与共、携手共促人类文明互鉴发展的理念。通过激烈的竞争比拼，展现了我国独立自强的新世纪女性形象，巧妙地传达了我国中年女性群体注重自我价值提升的意识和价值观。

（二）因地制宜制定传播策略

我国综艺节目在"出海"时不仅需要从自身条件出发，还需要探究不同国家、不同文化之间所存在的理解、合作与共存的可能性。综艺节目制作者要根据不同国家、不同地区受众的文化背景、价值观念、接受偏好等因素，创造性地使用其偏好的叙事方式、传播手段、情境构建来实现中华文化的对外传播。具体来说，综艺节目在向外传播之前，需要首先考虑受众不同的文化认知和语境差异，根据差异及时调整传播手段和传播内容，降低受众解码的难度，尽可能地消解受众对不同文化的对抗性解读。例如，综艺节目《我们的歌》就很好地贯彻了这一原则。其采用"借船出海"的方式进行对外传播。节目组与 Group Ganga 制作公司、西班牙电视台 RTVE 合作，根据受众的差异将名称改为 Duosincreibles，并邀请了许多不同类型的本土歌手，包括民族歌手、流行歌手、网红歌手等参与节目。节目始终贯彻代际的原则，尽可能使参与者的年龄覆盖较大的范围，从而迎合全世界受众对反差化综艺节目效果的追求。由于《我们的歌》综艺节目在对外传播的过程中实行了本土化的差异性传播策略，许多受众在观看时忽略了"中国身份"的特性，更加关注节目的效果和情感体验，因此，节目在对外输出的同时还潜移默化地影响了全世界受众的价值观念和思维方式，真正实现了"讲好中国故事，传播好中国声音"的宗旨和要求。

（三）采用富媒化传播渠道与技术赋能节目"出海"

技术的出现是为了协助人类驯服生产实践中的某个现象，而新媒介技术的生产动力则源自原有技术对新现象的不断揭示以及对人类新需求的深入挖掘。[①]

---

① 张铮、方诗敏：《文化突围与技术革新：新时代的数字文化"出海"研究》，《对外传播》2023年第7期，第12–16页。

当前，世界进入了数字化传播时代，信息传播不论是在空间上还是在时间上都达到了前所未有的高度。先进的传播平台和技术不仅打破了文化传播时空限制，越来越依赖数字化载体所延伸的时空范围，而且能够把不同国家和不同地区的受众联系起来，从而打破文化传播的国家界限，促使文化传播从"国际传播"走向真正的"全球传播"。

随着数字化时代的到来，我国综艺节目的"出海"越来越离不开先进传播平台和技术的支持，技术和平台在综艺节目对外传播的过程中发挥着不可替代的作用，例如社交媒体平台、在线视频平台、VR、AR 等。首先，社交媒体平台是综艺节目"出海"的关键推手，综艺节目可以在国际社交媒体平台上开设官方账号，通过发布预告片、花絮、参赛者介绍等内容，直接与观众进行互动。综艺节目《乘风破浪的姐姐》通过在国际社交媒体平台上发布带英文字幕的宣传片，成功吸引了海外受众，提升了节目的传播效果。其次，在线视频平台可以帮助综艺节目实现内容的全球传播。例如，优酷、爱奇艺等国内视频平台在海外都设立了分站，《这！就是街舞》通过在 YouTube 等国际视频平台上发布正片、精彩片段和花絮，以及在优酷、爱奇艺等国内视频平台的海外分站上发布精彩内容，使全球受众获得了更加友好、个性化的观看体验，从而吸引了全球大量的观众，提升了节目的知名度和曝光度。最后，先进的虚拟现实技术（VR）和增强现实技术（AR）能够为受众提供沉浸式的互动和体验。例如，综艺节目《极限挑战》在对外传播的过程中采用 VR 技术，将海外观众带入一些挑战场景，使得观众仿佛置身综艺节目的舞台，极大地拉近了观众与参与者的距离。

七 结语

党的十八大以来，我国的对外宣传文化工作取得了历史性成就，发生了历史性变革，同时，也应看到，中华文化在对外传播过程中，也面临着文化折扣的现实困境，这与当前我国日益增强的国际影响力相比仍存在明显偏差。面对文化折扣的困境，我们需要用一种直观、切合海外受众需求的形式来向外传递中华文化的价值观，综艺节目由于其独有的优势和特点成为对外传播中华文化的良好载体。随着我国经济的快速发展和国际地位的提升，综艺节目能够通过生动、有趣的方式向海外受众展示中华文化以及民众的日常生活，从而增进海外受众对我国的了解。本文选取的综艺节目案例之所以能受到海外制作机构和观众的欢迎，实现成功"出海"，是因为它们用柔性的外壳包裹了坚实的文化内核，将海内外受众都能理解的情感故事打造成看点和主题，运用海内外受众都能接受的方式，打造共通的意义空间，与海内外受众建立起紧密的情感联结，实现中华文化的海外本土化传播，从而全景式、立体化呈现出"各美其美，美人之美，美美与共，天下大同"① 的中华文化底蕴。

---

① 费孝通：《人的研究在中国：个人的经历》，《读书》1990 年第 10 期。

环保社会组织在环境治理议程中的互动研究

——以浙江省"绿色浙江"为例

崔　波　潘秋艳[*]

摘　要　中国的社会治理正在经历从弱社会到强社会的转变，在这个过渡过程中，民间社会组织发挥了较大的作用。在诸多民间社会组织中，环境保护类组织在中国发展较好，积极推动了环境治理和绿色发展理念传播。"绿色浙江"作为浙江较大的环保民间组织，曾推动浙江水资源治理，将河流治理这一公共话题上升至媒体议程，最后转化为政策议题，在公众、企业、媒体和政府间形成承上启下的互动网，将环保理念送入千家万户。本文发现这四者力量的统合程度是决定环保社会组织能否快速扎根发展的重要因素。为此，在多源流分析框架下，结合"绿色浙江"的成功讲演，本文提出了社会组织生态议程设置模型。

关键词　社会组织；环境治理；议程设置

一　引言

"民间组织""草根组织"等最大的特征是民间自发组织，具有非营利性，也被看作社会治理领域的新兴力量。随着政府的管理理念从统治到管制再到服务型转变，社会组织已经成为社会治理中不可或缺的力量，成为党、政府和人民的重要沟通桥梁。

党的十八大首次将生态文明建设提高到与经济建设、政治建设、文化建设和社会建设同等重要地位，并做出战略部署，也就是从党的十八大起，

---

　*　崔波，浙江传媒学院新闻与传播学院教授，硕士生导师；潘秋艳，开化传媒集团助理编辑。

生态环境问题被提高到前所未有的高度。因此，环保社会组织也受到了较大的关注，其合法性、合理性、受认可度逐渐提高。

环保社会组织集聚了专业的志愿服务民间力量，一批热衷于环境保护、环境治理、环境事业的专业人士和志愿者，成为中国环保事业较为活跃、活动范围较广的环保宣传和监督力量，通过开展讲座、举办公益活动宣传环保理念、收集民意并参与环保监督，成为可持续发展的重要力量。环保社会组织以保护环境为宗旨，提供环保公益性服务，为民众提供参与环保的机会，同时它也是政府治理环境的监督者和有力助手，[①] 弥补政府和市场治理的不足。[②]

"绿色浙江"是浙江省较早成立的绿色环保社会组织，前身是2001年在浙江注册成立的浙江省青年志愿者协会绿色环保志愿分会，由共青团浙江省委主管；2010年注册成为杭州市生态文化协会，由杭州市环境保护局主管；2013年注册成为浙江省绿色科技文化促进会，简称"绿色浙江"。"绿色浙江"重点关注水资源保护、无废城市创建、碳达峰等环境保护议题，"吾水共治"就是"绿色浙江"发起的行动。

目前，我国对环保社会组织的研究较少，少部分学者对其理论、国际经验和合理性做出了研究，但对其与媒体、公众、政府间的互动研究较少，尤其是在新媒体发展迅速、互联网曝光速度快、环保理念传播范围广的今天，环保社会组织的媒体素养、议程设置能力成为其重要的评价标准。因此，从议程设置理论切入，研究"绿色浙江"和诸多利益群体的多源流互动网颇有意义，有利于使其在新环境、新格局、新时代下扮演好调查者、传播者、监督者角色，构建人类命运共同体。

二　问题的提出

中国的社会组织更多的是"嵌入式"的，与国家保持一种积极互动，为实现自身目标，试图影响国家的政策，推动塑造更加公正、透明的公共

---

① 熊晓丹：《中国环保NGO参与水环境管理的研究》，硕士学位论文，北京林业大学，2011。
② 孙秋芬：《生态NGO在生态型政府构建中的作用探究》，《内蒙古农业大学学报》（社会科学版）2012年第1期，第228～230页。

领域。① 随着近些年政策参与空间的逐步开放，部分草根社会组织已具备政策企业家的基本特征，② 与政府协同治理环境污染等问题。当前中国环保社会组织的角色已经从"宣教者"转变为"倡导者"，并迈入公众参与的制衡型道路。③ 从主要工作方式和影响机制来看，其主要是利用媒介力量和组织内部的网络动员向政府和企业施压。④ 借助大众传媒的力量，环保社会组织的声音可被放大传播出去，提高其在政策议程设置中的影响力。⑤

笔者通过查阅相关文献，发现中国学者对环保社会组织研究的切入点、理论支撑点较为集中，早期关注环保社会组织在法律诉讼中的合法地位，关注它们的独立性和合法性，但随着中国社会组织注册和管理流程的完善，大部分学者转向关注环保社会组织如何协同政府进行环境治理，创建生态型政府，促进环境保护，研究其与政府间的互动关系，在其中简单谈到媒体的作用，但是在实际中社会组织与媒体的互动不能忽视。总的来说，已有研究中缺少一个能将社会组织、公众、企业、媒体、政府连接起来，描述清楚其互动利益关系的框架。因此本文以"绿色浙江"为个案，采用深度访谈法和文献分析法，力求构建该框架。笔者访谈了"绿色浙江"的副会长、秘书长忻浩和相关负责人李伟，每次访谈时间都超过 2 小时，参与到社群中进行观察。

本文从议程设置和多源流理论视角切入分析两大问题。

（1）"绿色浙江"是如何统合公众、企业、媒体、政府，促进公共话题变成政策议题的？

（2）在统合的过程中，是否有可移植的经验？

通过以上两个问题的研究，本文提炼出社会组织生态议程设置模型，为社会组织在新媒体环境下发挥议程设置作用、扮演好倡导者角色提供切

---

① 刘晓燕：《环保 NGO 议题建构策略中的权力运作》，《青春岁月》2018 年第 21 期，第 190 页。

② 谭爽：《草根 NGO 如何成为政策企业家？——垃圾治理场域中的历时观察》，《公共管理学报》2019 年第 2 期，第 79~90 页。

③ 付涛：《当代中国环境 NGO 图谱》，《南风窗》2005 年第 4 期，第 30~32 页。

④ 高万芹：《生态治理转型下环保 NGO 的类型行为与影响机制》，《贵州大学学报》（社会科学版）2022 年第 1 期，第 41~48 页。

⑤ 吴湘玲、王志华：《我国环保 NGO 政策议程参与机制分析——基于多源流分析框架的视角》，《中南大学学报》（社会科学版）2011 年第 5 期，第 29~34 页。

实可行的路径。

三 多源流框架下的议题分析："绿色浙江"
何以借力社会力量？

多源流决策分析理论由美国学者金顿提出，常用于研究政策是如何被推动制定的。根据该理论，影响政策制定的三条源流分别是问题源流、政策源流和政治源流，三条源流沿着不同的路径流动，并在某一特定时间点汇合到一起，这一特定时间点便成为"政策之窗"。[①]

2014年，"绿色浙江"将河道污染的问题通过新媒体渠道发布并联合传统媒体进行报道等，这推动了浙江省委、省政府关注水资源污染，最终积极影响了"吾水共治"政策的实施。"绿色浙江"以公共价值生产为核心战略，汇聚政府、媒体、企业、公众等的力量，打开"吾水共治"政策之窗。

1. 阶段一：捕捉民众情绪，理性发起公众议题，形成问题源流

问题源流指的是需要解决的问题被政府决策部门看到的过程。在"吾水共治"议题中，问题源流源自"绿色浙江"及时关注到居民群众的负面情绪变化，及时发现浙江省存在河水资源污染的问题，需要及时解决。"绿色浙江"通过对焦点事件的把握、对关注危机事件的呼吁两步走，成功地设置了水污染治理的议题，掌握了主导权。

首先是对焦点事件的把握。2013年2月，温州某企业家返乡时发现水源方面存在污染，看到家乡的河道垃圾遍布、水质混浊，于是拟出资30万元邀请苍南环保局局长下河游泳；3天后，又有一县市的环保社会组织众筹50万元，邀请当地环保局局长下河游泳。"绿色浙江"马上捕捉到了浙江省内群众的情绪，在微博和微信公众号上发布消息，以一种理性的声音表达态度：面对环境污染，我们应该靠自己，不能光靠政府，并表示"绿色浙江"可以用这笔钱治理河水。

其次是对关注危机事件的呼吁。在这次从民众情绪到公众议题的过程

---

① 姜艳华、李兆友：《多源流理论在我国公共政策研究中的应用述论》，《江苏社会科学》2019年第1期，第114～121页。

中,"绿色浙江"理性的思考在其中起到了较大的作用。"绿色浙江"抓住了民众愤怒的情绪,理性地将话题扩大到如何正确处理水污染上,引导群众提升自身的清洁环保意识。负责人忻浩表示:百姓有什么诉求,我们就会去协调解决什么。环保社会组织要关注民众问题,联合企业、民众形成舆论,要正确引导消极情绪,也要利用好积极的情绪,通过发动公众参与到河水治理、少扔垃圾、监督企业污水排放的行动中来,增强舆论互动和社会压力。在温州的舆论事件暂时告一段落后,"绿色浙江"持续发起系列活动,邀请全省 20 家环保社会组织开展"煮水论英雄座谈会",商讨水污染抗战。其用实际行动将问题理性、持续地反映出来,直接推动温州实行"河长制"治理河道。后续"绿色浙江"还发出多篇推文关注浦江县、绍兴市、金华市的水治理问题,成功地吸引了媒体关注报道,包括中国能源网、《杭州日报》、中国新闻网、中国经济网、网易新闻等。

2. 阶段二:借力地方媒体,进行舆论监督,形成政策源流

政策源流指的是从各领域专家提出具体的建议并进行讨论再到议题受到重视的过程。在水资源环境议题设置后,"绿色浙江"积极联合媒体监督、讨论,最终被浙江省委、省政府看到。大众媒体由于其有受众广泛和传播党政声音的特点,其发挥的舆论作用更明显,传播的声音也更容易被听见。环保社会组织应该和媒体保持良好的合作关系,更好地宣传环境保护、河水治理理念。

2013 年 4 月,"绿色浙江"与浙江卫视新闻中心的记者合作,共同策划了大型新闻节目《寻找可游泳的河》,"绿色浙江"提供线索,浙江卫视拍摄,一共播出了 136 期,在引起省委、省政府高度重视后,又趁热打铁,与浙江卫视共同发起了"横渡钱塘江,畅游母亲河"的活动,出品首档电视问政节目《问水面对面》,邀请各地市的相关负责人回应百姓关切的问题,分析水污染的原因、如何治理,各方共同探讨防治水污染的办法,这极大地提高了各地市环保局对河道水资源治理的重视程度。

为响应政府的号召,"绿色浙江"还专门组织"吾水共治"活动,联合《范大姐帮忙》栏目组、浙江都市频道召开"吾水共治"圆桌会,并通过电视进行直播,通过民主协商、头脑风暴,给出处理意见。圆桌会赋予"绿色浙江"发起倡议、平等对话并联合多方力量要求流域内政府部门、企业

和相关利益者联合采取治理措施的机会，有效解决了跨区域河流水污染问题。①

在政策源流阶段，应是政府部门组织专家讨论决策，但"绿色浙江"这个组织主动承担起了政策谋划的责任，用自己的力量给政府出谋划策，让更多的群众和专业人士能够参与进来，充分拓展了民主协商的广度和深度。

3. 阶段三：接受政府指导，推动实施"五水共治"政策，形成政治源流

政治源流指的是筛选符合本国意识形态的政策的过程。"绿色浙江"通过呼吁、发起媒体报道行动等一系列举措获取了省政府的信任，更好地推动政策落地。比如"绿色浙江"策划的12场圆桌会提出了"民间河长"的建议，直接推动了浙江省"五水共治"政策的实施。环境治理是符合中国国情的，要想可持续发展，必须要推动环境治理，实现碳达峰碳中和。河道治理也是符合中国的发展趋势的，环保社会组织也要多关注趋势类议题，获取政府信任，才能打开政策之窗。

由此可见，环保社会组织通过问题源流与政策源流，使河道治理问题被关注、河长制建议被采纳。忻浩表示，"绿色浙江"作为一个社会组织，要把各个议题都串联起来，让社会的多元主体共同关注和解决环境问题。

四 环保社会组织在议程设置中的成功经验

"绿色浙江"从一个小组织发展到浙江省内有较大影响力的非政府民间组织，一步步被认可，离不开其强大的设置议题能力及统合媒体专业力量和民间力量的能力，当然也离不开组织者的情怀、长远目光和组织能力。

1. 摆正理念：帮忙而非帮乱，促进政府职能优化

社会组织的长远发展离不开官方的认可和党建资源的支持。社会组织面临的最大问题是合法性受质疑，很多民间组织是没有注册的，故而也没有合法权去监督、提起诉讼。在这样的情况下，社会组织要想壮大力量、发挥作用，要以与政府及公众共同监督、共同治理的方式实现。正如忻浩

---

① 蒋惠琴、俞银华、张潇、邵鑫潇：《利益相关者视角下非政府组织参与环境治理的模式创新研究——以绿色浙江"吾水共治"圆桌会为例》，《环境污染与防治》2020年第7期，第874～878页。

所说："我们要做的就是与官方沟通，共同促进环境事业的发展。"有研究发现唯独党可以通过促进手段，从制度层面给予社会组织组织者以政治身份，从而增加其政治资本、扩展其社会网络，为社会组织的发展提供更加宽松的制度环境。①"绿色浙江"举办的讲座论坛能邀请到学界业界专业人士也离不开党政力量的认可带来的隐藏资源。

环保社会组织要想让某个议题获取高层、民众关注，推进政策议程，首先得符合政治源流，符合国家的意识形态。"绿色浙江"提出的河道治理的议题和建议与党推动生态文明建设的要求密切相关，所以才能在短时间内成功策划系列大型活动，获得省委、省政府的重视，推动浙江省水资源治理政策颁布和实施。

此外，我国有较多环保社会组织的领导人、骨干本身就是人大代表或者政协委员，其可以通过制度化渠道提出环境类议案或提案，有效地介入议程中。②"绿色浙江"努力争取在内部设立党组织，以党建力量带动自身发展，统合政府和党建力量，更好地为人民服务。

2. 重视宣传：融合而非忽视，借力媒体专业力量

社会组织想要主动设置生态议题，必须提升自身的媒介素养，积极和外部渠道协商交流，"绿色浙江"同浙江卫视、《浙江日报》等媒体都保持着紧密的合作关系。随着国家对环保事业愈加重视，环保社会组织的活动也越来越具备新闻价值，与媒体保持合作共赢的关系是一种新的必备素养。

不少环保社会组织停留在人际关系的动员中，较少使用新媒体、与大众媒体合作宣传。环保社会组织应善于运用新闻媒体促进公共议题的建立，对政府政策产生影响，政府部门通过媒体了解环保社会组织的行动，为以后双方开展更多的合作创造了机会，媒体在其中起到了"传声筒"的作用。③

新闻媒体的专业性在于推动议题的传播、扩大事件影响范围，因此环保社会组织也应与新闻媒体达成合作关系。环保社会组织可以借助媒体宣传本组织内举办的活动，进而让更多的人知道并参与进来，也可以宣传环

---

① 李朔严：《政党统合的力量：党、政治资本与草根 NGO 的发展——基于 Z 省 H 市的多案例比较研究》，《社会》2018 年第 1 期，第 160～185 页。
② 文素婷：《环保 NGO 推进垃圾分类政策议程分析——基于多源流理论的视角》，硕士学位论文，华中科技大学，2013。
③ 蔡馥谣：《环保 NGO 发展中的媒体角色探析》，《今传媒》2015 年第 7 期，第 12～14 页。

保理念。社会组织本身就具备专业性，由社会组织提供内容，新闻媒体报道效果更好。除了宣传组织，还可以宣传创建者、负责人、团队成员的故事，提高新闻价值，借由个体提升组织的影响力。"绿色浙江"和中央电视台新闻频道共同策划了"浙江红树林保护"现场直播活动，在环境教育中投入了较多精力。

新闻媒体宣传是外部的渠道，组织内也要有渠道对外宣传，因此环保社会组织应入驻微信公众号、微博、抖音等社交媒体平台，提升媒介素养、重视媒介的宣传效果、与媒体融合报道。忻浩也表示："传播是非常有力量的，我们和媒体是各取所需的关系。""绿色浙江"的"寻找可游泳的河""吾水共治"圆桌会都是乘媒体之风才能到达政府部门的，媒体也依靠"绿色浙江"提供的素材增强了公信力。

3. 寓教于乐：在环境教育中利用民间力量

环保社会组织宣传环保理念、推动河道治理，还需要集中民间力量办大事，不仅要教育公众，还要和企业合作，拓宽社会组织资金来源渠道。

"绿色浙江"为了提升公众参与治理河道的主动性，积极与社区、学校合作，将环保理念融入日常生活中，比如和学军小学合作举办青少年水环保活动，每年开学的第一课以"水"为主题展开，还会通过做水上实验、组织"小河长"活动，提升青少年对环境保护的意识。"绿色浙江"和浙江省内100多家学校合作，共同推进环保教育，在这些活动中，学生、家长、老师和居民们都能学习到如何保护水资源、如何减少垃圾污染、如何进行废物利用的相关知识，有利于其积极主动参与美丽浙江、碳中和与无废城市创建。"绿色浙江"在舟山海域创建了公益服务站，志愿者会劝导渔民减少使用泡沫制品，尽量使用可降解、可再生的环保捕鱼制品，让公众自觉地参与到环境保护中来，发动基层力量发现环保问题、积极解决问题。

此外，企业的资金支持、技术支持、场地支持也是非常重要的，环保社会组织要与经济能人合作，拓展其环保公益思维。"绿色浙江"在水资源保护上就非常好地利用了温州商人众筹的资金进行治理，如今还和阿里巴巴公益基金会、浙江省科协资源环境学会联合体达成合作关系，对接企业资源，做好碳达峰碳中和理念的宣传。

4. 承上启下：沟通多方促进环境治理

环保社会组织要做好公众、媒体和政府之间的沟通，让三方共同关注环境保护议题。从多源流理论视角看，社会组织要善于捕捉民众情绪、听取民众意见、积极向上反馈，让问题本身变成问题源流，被媒体和政府看到，在这个阶段，环保社会组织要积极动员公众参与到治理、监督中。"绿色浙江"和杭州的民间河长建立合作关系，民间河长发现有水质污染时会向"绿色浙江"汇报，"绿色浙江"再上报给主管部门，一级一级汇报问题，这是日常问题的源流。当出现公共危机事件后，环保社会组织要把握主动权，将非理性情绪合理转化为问题议题，并联合新闻媒体造势，让相关环保问题处理被提上日程。在政策源流阶段，环保社会组织专业人士可以积极参与到党政建设中去，有能力者可以积极担任行政部门职位，积极讨论环保议题，在政府相关报告中突出环保议题，使其转化为政治议题，促进环保治理共同体建设。

生态政治学学者科尔曼提出生态治理需要做好三件事：一是塑造生态价值观并更新发展方式；二是要充分发现和尊重各社群对于生态社会建设的主体价值；三是以更为广泛、真实的民主参与来共同构建一个人与人、人与自然和谐共赢的绿色生态家园。[①] 在此基础上可以将环保社会组织生态政策议题嵌入。根据科尔曼的生态治理模型改编的社会组织生态议程设置模型如图1所示。环保社会组织要积极培育绿色公民，以更广泛、直接的民主参与创建绿色中国，要积极与媒体合作，塑造环保社会组织调查者、监督者、协调者的形象，促进环保社会组织被政府看见，促进环保议题变成政策决定。

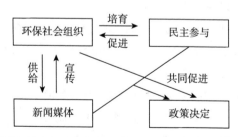

图1　根据科尔曼的生态治理模型改编的社会组织生态议程设置模型

---

① 孙秋芬：《生态 NGO 在生态型政府构建中的作用探究》，《内蒙古农业大学学报》（社会科学版）2012 年第 1 期，第 228~230 页。

五 结语

"绿色浙江"利用公众力量发现水资源污染问题，主动出击设置议题，联合媒体进行报道提升议题影响力，策划系列节目推动生态议题变成政策议题。面临合理性受到质疑的难题，"绿色浙江"给出了一份答案：与政府保持友好互助关系，吸纳党政资源，利用党建力量带来的隐性福利，但在借力政府力量时仍要扮演好调查者和监督者的角色，保持自身的独立性和专业性；与媒体合作，积极主动设置环保议题。环保社会组织参与到社会治理中是未来的一大趋势，保持独立性的同时被认可、收获资源是重要一步。

参考文献

蔡馥谣：《环保 NGO 发展中的媒体角色探析》，《今传媒》2015 年第 7 期，第 12 ~ 14 页。

付涛：《当代中国环境 NGO 图谱》，《南风窗》2005 年第 4 期，第 30 ~ 32 页。

高万芹：《生态治理转型下环保 NGO 的类型行为与影响机制》，《贵州大学学报》（社会科学版）2022 年第 1 期，第 41 ~ 48 页。

姜艳华、李兆友：《多源流理论在我国公共政策研究中的应用述论》，《江苏社会科学》2019 年第 1 期，第 114 ~ 121 页。

蒋惠琴、俞银华、张潇、邵鑫潇：《利益相关者视角下非政府组织参与环境治理的模式创新研究——以绿色浙江"吾水共治"圆桌会为例》，《环境污染与防治》2020 年第 7 期，第 874 ~ 878 页。

李朔严：《政党统合的力量：党、政治资本与草根 NGO 的发展——基于 Z 省 H 市的多案例比较研究》，《社会》2018 年第 1 期，第 160 ~ 185 页。

刘晓燕：《环保 NGO 议题建构策略中的权力运作》，《青春岁月》2018 年第 21 期，第 190 页。

孙秋芬：《生态 NGO 在生态型政府构建中的作用探究》，《内蒙古农业大学学报》（社会科学版）2012 年第 1 期，第 228 ~ 230 页。

谭爽：《草根 NGO 如何成为政策企业家？——垃圾治理场域中的历时观察》，《公共管理学报》2019 年第 2 期，第 79~90 页。

　　文素婷：《环保 NGO 推进垃圾分类政策议程分析——基于多源流理论的视角》，硕士学位论文，华中科技大学，2013。

　　吴湘玲、王志华：《我国环保 NGO 政策议程参与机制分析——基于多源流分析框架的视角》，《中南大学学报》（社会科学版）2011 年第 5 期，第 29~34 页。

　　熊晓丹：《中国环保 NGO 参与水环境管理的研究》，硕士学位论文，北京林业大学，2011。

省级媒体数字政府报道的 LDA 主题模型分析

——以"浙江在线"为例

许志红　余育霖　金蘅妍*

摘　要　浙江省是数字政府建设的先行地，主流媒体的新闻框架在有意识地构建社会认知、引导舆论、塑造形象。本文从框架理论视角出发，以"数字政府"为关键词在"浙江在线"抓取海量新闻文本数据，并采用 LDA 主题模型对其进行纵向分析。研究表明，数字政府的相关报道可大致被划分为数据政策、数字治理、公民服务三大主题，存在单一性和过于宏观的议题倾向。

关键词　数字政府；数字化改革；LDA 主题模型

一　引言

为贯彻落实党中央、国务院关于加强数字政府建设的重大决策部署，不断提升政府治理体系和治理能力现代化水平。浙江省人民政府印发《关于深化数字政府建设的实施意见》（以下简称《实施意见》），明确了浙江要实现政府履职核心业务数字化全覆盖等目标。① 浙江将以数字化改革撬动各领域各方面改革，运用数字化技术、数字化思维等进行全方位省域治理。

浙江省作为数字政府建设的先行地，省级媒体单位在政策解读、传递前沿信息、引导舆论方面具有重大影响力。浙江省级媒体，作为党和政府

---

* 许志红，浙江传媒学院马克思主义学院教授，硕士生导师；余育霖，浙江传媒学院新闻与传播学院硕士研究生；金蘅妍，浙江传媒学院新闻与传播学院硕士研究生。

① 《浙江省人民政府关于深化数字政府建设的实施意见》，浙江省人民政府网站，2022 年 8 月 4 日，https://www.zj.gov.cn/art/2022/8/4/art_1229019364_2413908.html。

的耳目喉舌，是社会公信力的代表，是政策宣传的重要窗口，也是公民获取信息的重要渠道。媒体的报道反映了国家发展的新动态，研究近年来浙江省在数字政府改革中新闻报道内容有助于我们理解省级媒体如何通过新闻框架建构人们对数字政府的认知，以及数字政府如何逐步建设。以往，一些关于数字政府的研究往往停留在经验总结上。有学者认识到数字技术可以赋能政府治理效率的提高，由此，数据驱动的政务服务流程得以优化，实现高效协同的"整体型"治理。① 许峰通过分析浙江省政府数字化转型的内生演进规律和实现过程，发现浙江省政府数字化转型经历了基础建设、体系建设、高水平建设、"一体化"标准建设螺旋式上升的四个改革探索阶段。② 张晓、鲍静分析了英国"数字政府即平台"理念的主要特点、发展趋势和基本经验。③ 也有研究者从框架议题的角度挖掘省级数字政府议题界定，如范梓腾对省级党委机关报进行大数据分析，得出涉及数字政府的议题已不再局限于政府自身建设，而是趋向于"全景式综合理性"的结论。④ 陈嘉琦、马妍妍分析了我国数字政府发展现状和新闻传播转型先行省域的实践。⑤ 在数字时代背景下，新闻生产与分发的渠道多元且更为便捷，已有关于数字政府的报道也呈现出数量级增长趋势。随着文本挖掘算法的优化和计算传播学的发展，社会科学研究领域的文本分析方法被广泛使用。

　　互联网已经成为人们获取新闻信息的重要渠道，便捷的门户网站和实时更新的动态资讯给人们带来了极大的便利。"浙江在线"是国务院新闻办认定的地方重点新闻网站，该网站的内容影响力和经营能力排在全国前列。"浙江在线"新闻网站打通全省域渠道，新闻类别明晰，数字新闻报道内容丰富。在以往涉及新闻框架的研究中，大多将其视为由一个种子事件引起

① 翟云：《数字政府替代电子政务了吗？——基于政务信息化与治理现代化的分野》，《中国行政管理》2022 年第 2 期，第 114～122 页。
② 许峰：《地方政府数字化转型机理阐释——基于政务改革"浙江经验"的分析》，《电子政务》2020 年第 10 期，第 2～19 页。
③ 张晓、鲍静：《数字政府即平台：英国政府数字化转型战略研究及其启示》，《中国行政管理》2018 年第 3 期，第 27～32 页。
④ 范梓腾：《数字政府建设的议题界定：时空演进与影响因素——基于省级党委机关报的大数据分析》，《中国行政管理》2021 年第 1 期，第 42～51 页。
⑤ 陈嘉琦、马妍妍：《数字政府建设中新闻传播转型的实践与思考》，《新闻传播》2022 年第 19 期，第 23～26 页。

的若干相关新闻事件的集合。实际上，新闻框架是围绕一个个主题展开的。新闻工作者的任务是围绕核心议题展开与之相关的新闻报道，尽可能地给公众呈现客观、真实、全面的事实样貌。本文锚定"数字政府"这一议题，也意在通过一定量的新闻报道内容，来探析数字政府改革的议程设置过程。因此，本文的目的是以数字政府为关键词，研究数字政府改革这一新闻主题所包含的一系列数字化改革新闻报道，同时通过大数据分析和抓取高频关键词来把握新闻报道的重点，建立省级媒体对这一政策性改革报道的新闻议题框架。此外，作为一项探索性研究，本文运用文本分析方法将"浙江在线"数字政府改革报道和LDA主题模型理论阐释结合起来，以期为省级媒体及地方性媒体新闻框架议题设置提供更多理论视角。

二 文献回顾与研究问题

（一）新闻传播领域的框架分析

1974年戈夫曼在《框架分析》一书中首次提出框架的概念。① 戈夫曼认为人们在认识社会事物时都会有一种认识和判断的基准。针对新闻框架的讨论，戈夫曼认为新闻工作者的实践和活动本身就具有建构性。② 随着越来越多新闻传播学者的关注，框架理论逐渐成为解释新闻生产过程的重要理论。互联网环境下，框架理论依旧发挥着作用。新闻媒体工作者，特别是来自新型主流媒体的工作者，面对复杂的舆论环境更要核实新闻来源，对新闻从生产到发布的全过程进行把关。

现实中，新闻媒体有意识地去建构社会发展中现实问题的新闻框架。杨秀国、刘洪亮借助框架分析的方法从高中低三个维度探究《人民日报》在建构扶贫议题时所采用的新闻框架。③ "浙江在线"在浙江全面推进数字

---

① 孙彩芹：《框架理论发展35年文献综述——兼述内地框架理论发展11年的问题和建议》，《国际新闻界》2010年第9期，第18～24、62页。
② 弓慧敏、涂光晋：《媒介社会学视域中的新闻生产研究——对塔奇曼〈做新闻〉的再诠释》，《山西大学学报》（哲学社会科学版）2017年第5期，第49～55页。
③ 杨秀国、刘洪亮：《新闻框架视域下主流媒体对扶贫议题的建构与呈现——以人民日报（2012—2020）扶贫报道为例》，《新闻与写作》2021年第9期，第54～62页。

化改革中设计"建设数字浙江，实现全域智治"专题，该专题巧用文字、图片、视频等多媒体数字内容，呈现出多样化的新闻报道形式。新闻生产的过程必然是基于社会发展的现实需求和价值理念进行合法性确认的过程。

以往研究多有技术决定论倾向，认为技术的出现引起的社会性变革主宰着方方面面，技术的更新迭代是学者关注的焦点。随着数据化、智能化信息发展，传统媒体工作者掌握了越来越多的技能，数字素养也越来越高，学者们不再唯技术论，而逐渐开始转向考察媒介组织的结构变迁与数字化转型。早在 1999 年，英国《卫报》就正式推出线上网站，2004 年开发了数字新闻平台，尝试适应移动互联网时代变革趋势。[①]

《实施意见》是在国务院《关于加强数字政府建设的指导意见》指导下的浙江探索。在新闻框架视域下浙江省级媒体网站构建一系列数字政府建设的话语体系。在这样的一个话语空间中，决定新闻生产的根本力量往往在于新闻传播者所在的社会和组织环境。基于上述分析可知，新闻框架是在特定的语境下展开的，新闻框架的选择也暗含着时代的主流方向。数字政府建设作为传统政府向数字政府转型的重大变革，其新闻框架扎根于国家政策、公共服务、政府职能和宣传理念之中，在数字政府建设的宣传传播过程中也反映着新时期主流媒体构建新型话语体系的现实意义。因此，本文提出研究问题 1：

2022 年"浙江在线"在数字政府建设方面的新闻框架和主题是如何展开的？

（二）LDA 主题模型在新闻传播中的应用

新闻报道是对新近发生事情的客观报道，其来源真实、对事实的叙述力求客观。新闻报道文本对研究国内社会、政治、经济发展具有重要的作用。数字化转型使得传统新闻报道从纸质版面转移到数字化新闻网站，"浙江在线"集纳《浙江日报》、"浙江新闻"等全媒体矩阵，涵括巨量的数字化文本信息。为了从海量的新闻文本信息中挖掘出有效的内容，引入计算机技术对新闻文本主题进行识别和分类是当下常用的研究方法。在新闻传播学研究中，定量内容分析法是传播学的主要研究方法之一。我国学者祝

①　柏茹慧：《"变革管理"视角下〈卫报〉的数字化转型》，《青年记者》2018 年第 23 期，第 109～110 页。

建华指出"客观""系统""定量"是传播学研究三大方法论原则。[1] 在传播学领域，很早就有借助计算机辅助技术进行文本分析的研究。党明辉通过对"网易新闻"五周内7700篇新闻及产生的3007969条跟帖评论进行计算机辅助内容分析发现框架效应理论在负面情绪化表达方面有适用性。[2] 也有研究者如林芊语等基于计算机辅助内容分析的方法选取2022年"两会"期间3个有代表性的微博话题进行研究，对在媒体主导下人大代表和公众之间讨论议题的特点进行分析。[3] 文本分类研究的核心内容主要包括分类模型和文本表示两个部分。近年来文本分类研究的大量工作集中在分类模型方面，基本上是引入和改进机器学习领域的相关成果。[4] 由David Blei、Andrew Ng和Michael I. Jordan提出的隐含狄利克雷分布（Latent Dirichlet Allocation，LDA）是三级分层贝叶斯模型，即能够根据上下文进行文本建模，从文档中提炼主题模型，并通过词语的概率分布来反映文档的潜在主题。[5]

LDA本质上是一种无监督、无指导的机器学习模型，即在生成算法分类器时，不需要含有分类标的样本集，将高维文本单词空间表示为低维主题空间。[6] 在实际的运用过程中，LDA主题模型在新闻与传播学领域颇为热门，主题分类对于了解政策、社会动态、民生舆情等都有重要意义。如王袁欣、刘德寰采用LDA主题模型对《纽约时报》和《卫报》的新冠疫情新闻报道进行横向比较，揭示了两者在媒体框架选择上的区别，勾勒出西方主流媒体的报道重点。[7] Maier等指出LDA主题模型被越来越多地用于新闻

① 祝建华：《内容分析——传播学研究方法之二》，《新闻大学》1985年第10期，第97～100页。
② 党明辉：《公共舆论中负面情绪化表达的框架效应——基于在线新闻跟帖评论的计算机辅助内容分析》，《新闻与传播研究》2017年第4期，第41～63、127页。
③ 林芊语、毛嘉琦、王诗涵：《网络公共领域的民众政治参与——基于微博平台全国两会相关热搜话题的计算传播研究》，《东南传播》2022年第7期，第58～62页。
④ 李文波、孙乐、张大鲲：《基于Labeled-LDA模型的文本分类新算法》，《计算机学报》2008年第4期，第620～627页。
⑤ D. M. Blei, A. Y. Ng, and M. I. Jordan, "Latent Dirichlet Allocation," *Journal of Machine Learning Research*, 2003（3）, pp. 993 – 1022.
⑥ 祖弦、谢飞：《LDA主题模型研究综述》，《合肥师范学院学报》2015年第6期，第55～58、61页。
⑦ 王袁欣、刘德寰：《框架理论视角下西方主流媒体新冠肺炎疫情报道的LDA主题模型分析——以〈纽约时报〉和〈卫报〉为例》，《广告大观》（理论版）2020年第3期，第76～89页。

传播研究领域，传播研究人员需要对文本进行适当的预处理、选择模型参数、评价模型的可靠性以及有效解释产生主题的过程。[①] 综上，随着新闻报道文本数字化转型，海量的信息为研究者提供足够的数据支撑，加之新闻媒体对新近发生事实的报道与日俱增，越来越多的研究者开始通过 LDA 模型对新闻报道的动态和趋向进行探索性研究。基于此，本文提出研究问题 2：

"浙江在线"对于数字政府建设报道的 LDA 主题模型是怎样的？

三　研究设计

（一）选取样本

笔者使用后羿采集器于"浙江在线"官网抓取与"数字政府"相关的文章数据，并以"数字政府"作为关键词，设置条件为"全文检索"，获取 2022 年 3 月 3 日～12 月 5 日"浙江在线"中的相关报道（数据采集时间：2022 年 12 月 5 日），内容包括新闻标题、新闻发布时间（年月日）、新闻来源、新闻分类及新闻内容。由于"浙江在线"是一个新闻聚合类网站，单个新闻所指向的文章具体内容 xpath 路径有所区别，故本次数据采集使用多次采集、合并的形式进行，并筛选了一些使用较频繁的域名（以 zjnews. zjol、cs. zjol、guoqi. zjol、china. zjol、www. zjol 为主）作为样本，共计抓取 3673 条（去重后）文章数据作为本研究分析样本，各月份的数据分布如图 1 所示。

（二）文本预处理

本研究围绕新闻报道的主题展开，主要采用文本分析方法。主题模型主要基于这些文档形成文档词语矩阵（document-term matrix），这个矩阵集合了每个词出现在文档中的频率。

---

① Daniel Maier, A. Waldherr, and P. Miltner et al., "Applying LDA Topic Modeling in Communication Research: Toward a Valid and Reliable Methodology," *Communication Methods and Measures* 2018 (12), pp. 93 – 118.

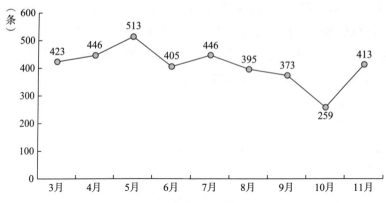

图1 2022 年 3～11 月"浙江在线""数字政府"相关新闻报道数量

笔者用 Python 来完成文本预处理工作，使用了处理自然语言常用的如"re, xlrd, spacy, pandas, numpy"等模块（module），具体步骤如下。

（1）数据去重（data deduplication）。将文本中正文内容完全相同的内容进行去重，共计 291 条。

（2）数据清洗（data cleaning）。由于有些词语在分析的文档中出现得过于频繁，因此研究者需要过滤无意义及太常见的词语，并通过使用停止词（stopwords）列表将常见的词语移出主题模型考虑范畴，如"啊，阿，哎"等，并利用正则表达式去除日期、用户名等内容，再移除非汉字及数字组成的字符以及 URLs 和 HTML 词目。

（3）文本分词（tokenization）。利用 jieba 模块将文本分割成词语列表，并移除所有的标点符号。

（4）特征选择（feature selection）。由于研究样本主要为"数字政府"相关文章，需要保留一定的专业词语，故通过使用保留词（reserved phrase）列表将需要留存的词语加入主题模型考虑范畴。

（三）主题模型分析

本文在主题建模时主要使用 Python 中的 gensim 库以生成词向量及语料库，同时利用库中的"models. LdaModel"完成建模。为了保证主题建模分类结果的有效性，需要设定适合的主题数量参数（num_ topic）使模型结果最优化。笔者在主题参数上分别尝试了 3、5、8 三个数值，设置训练模型的次数参数（passes）为30，并通过计算一致度（coherence）的方式及最终的可视化结果来决定最优模型的主题数量参数。

最终结果显示，最优模型由3个主题数构成，这个模型的一致度（coherence）为0.8171。

1. LDA 主题模型

研究可视化 LDA 主题模型时使用了 pyLDAvis 模块，对主题特征词排序时，通过调节 λ 值可以获得词语在相应主题下的特征效果。如果 λ 值接近1，那么在该主题下更频繁出现的词，与主题更相关；如果 λ 值接近0，那么在该主题下更特殊、更独有（exclusive）的词与主题更相关。相比较而言，本文在平衡两者的权重后，优先考虑词语在该主题下的独特性，将 λ 值调节为0.4。

图2为"浙江在线"LDA 主题模型可视化效果，结果包含3个主题，3个主题分别解释为3个新闻框架：主题1数据政策，主题2数字治理，主题3公民服务。图2中圆形越大表示该主题在全部文档中出现的频率越高，而圆圈之间的距离代表主题之间的距离。右侧条形图代表的是能够解释同一主题的特征词列表。

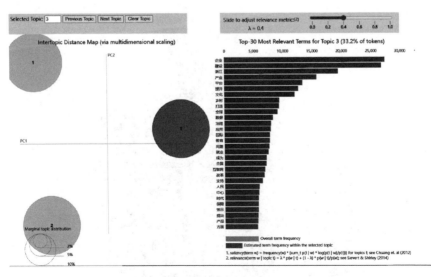

图2　"浙江在线"LDA 主题模型可视化效果

在主题1数据政策的新闻框架里，主要内容包括政策实施意见、法律法规草案、数字变革相关条例、浙江数字改革的工作报告等，如台州市政府数字化改革工作会议、浙江省政协省政府开展政策体系专项民主监督等相关报道。在主题2数字治理的新闻框架里，主要内容包括在数字政府支持和变革下浙江的技术转型和产能升级，如杭州高新区对产业经济数字化治理开放政府端与企业端的产业大脑平台，报道政府以数字化手段对企业进行精确服务等。在主题3公民服务的新闻框架里，主要内容涵盖医疗健康保障、政务服务优化、公民生活服务、社会生态文明建设等，如市场监管领域核心业务数字化覆盖提供"杭州方案"，创建"浙食链"进行智能化监管等相关报道。

2. 词云

通过词频分析统计文本中出现频率较高的关键词，并给予可视化呈现。本文采用"微词云"进行词云分析，设置词云显示词数为1000个，频率越高的词在词云中所占比例越大。通过词云图可以看出，"发展"是在"浙江在线"报道中出现频率最高的词语，"建设""企业""中国""经济""数字化""区块链""云计算"等词为高频词语（见图3）。

图3 "浙江在线""数字政府"报道高频词云

3. 网络关系矩阵

为继续深入了解高频词语之间的关系，本文进一步构建了网络关系矩阵图（见图4），颜色越深、数值越大表示两词共同出现的次数越多。从图4 中可以发现，"政策""产业""经济"与"企业"，"经济"与"数字"共同出现的次数较多，"数字政府"相关报道的主题与市场政策、乡村发展、国际影响力等相关。

四 数字政府改革报道的三大主题

（一）数据政策

浙江数字化改革由上而下推动，各基层单位按照上级要求进行数字化建设。在图4 中可发现"数据"与"数字"两词共计共现 56579 次，"数据"与"企业"两词共计共现 35806 次，而"政策"与"企业"两词共计共现 86657 次，可见数字化改革需要大数据的支撑，政策是数据有效运行的基本保障。在这一主题下主要内容包括法治政府建设的报道，法治建设发挥固根本、稳发展的作用。从报道的内容来看，浙江省在政策法规制定上走在全国前列。2018 年，浙江为"最多跑一次"改革立法，引起全国广泛关注，为打造最优营商环境注入强劲动力。2020 年，《浙江省民营企业发展促进条例》通过，成为全省民营企业发展的坚实后盾。2021 年，浙江通过全国首部公共数据领域地方性法规——《浙江省公共数据条例》，为浙江海量公共数据共享提供了保障。2022 年，浙江省委、省政府印发《关于深入贯彻〈知识产权强国建设纲要（2021—2035 年）〉打造知识产权强国建设先行省的实施意见》，为浙江省未来知识产权建设绘出清晰路线图。[①] 数字化改革的相关报道覆盖了从顶层设计到地方性政府具体实施的阶段性过程。如报道东阳市以数字化改革为抓手，不断推进法治政府建设，东阳市乡镇合法性审查数字应用被评为 2022 年全省第一批"数字司法好应用"，入选

---

① 全琳珉：《路线图来了！浙江全力打造知识产权强国建设先行省》，浙江在线，2022 年 3 月 5 日，https://zjnews.zjol.com.cn/zjnews/202203/t20220305_23894469.shtml。

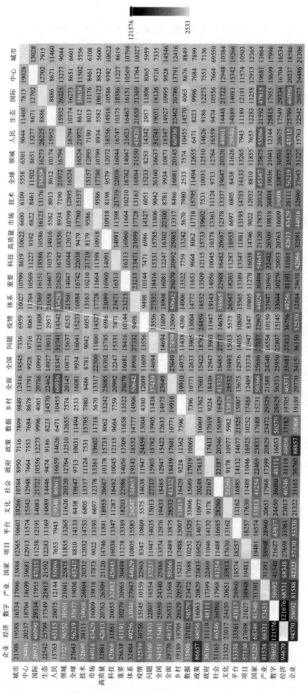

图 4 "数字政府"相关报道高频词语网络关系矩阵

乡镇（街道）法治化综合改革试点"最佳实践案例"。① 在网络关系矩阵中"数据"与"平台"两词共计共现 21525 次，深入分析报道内容可发现"浙江在线"还对数字政府改革背景下平台的发展现状进行了系列报道。在新一轮科技革命和产业变革中，浙江省部分城市和中小型企业面临数字基础薄弱、数字创新能力不足等问题。"浙江在线"覆盖浙江省全域的新闻报道，平台实时更新浙江省内各城市的数字化改革进程报道，如浙江省宁波市海曙区"育星台"实现了全区改革工作的全域全过程指标化管理；② 杭州市萧山区戴村镇自 2019 年 3 月起实施"映山红数字乡村治理计划"，并经过不断迭代升级，于 2021 年 9 月推出"戴村三宝"数智平台，创新打造"工分宝"、"信用宝"和"共富宝"三大应用场景，调动乡村治理多元主体的积极性，以治理的有效性为可持续发展注入强大动力；③ 杭州市钱塘区召开全面深化改革暨数字化改革推进大会，全区各部门、街道、平台正式设立首席数据官，使其成为全区有效落实数字化工作的重要力量，打造形成一个全域智治的闭环管理机制；等等。④ 总体上对这一主题词的报道内容多集中在数字化改革落实层面，基本上是宣扬和褒奖各领域政策落实取得的进展，对阶段性和结果性成就予以正面宣传报道。

（二）数字治理

数字治理是浙江数字化建设的主要措施及落地方向，包括在思想观念层面以及具体的战略和规则制定上全方位实现数字化，⑤ "数字化"已成为浙江建设治理信息社会、提供高水平的政府服务、提升公众对服务的满意度等的重要手段。在数字社会形态不断演化基础上，通过共现算法可发现"数字"

---

① 郭跃平：《全省县乡法治政府建设"最佳实践"项目发布 东阳两个项目上榜》，浙江在线，2022 年 3 月 16 日，https://cs. zjol. com. cn/kzl/202203/t20220316_23949822. shtml。

② 应磊：《海曙：数字化改革锻造大都市城区卓越品质》，浙江省经济和信息化厅网站，2022 年 3 月 9 日，https://cs. zjol. com. cn/202203/t20220309_23913346. shtml。

③ 陆智辉：《构筑"治理 + 发展"的双螺旋模式 数字赋能乡村振兴 萧山戴村有"三宝"》，国家乡村振兴局网站，2022 年 3 月 15 日，https://cs. zjol. com. cn/202203/t20220314_23936045. shtml。

④ 縻利萍、刘健：《钱塘区：锚定全域智治 推动治理效能跃升》，《浙江日报》2022 年 4 月 12 日，第 11 版。

⑤ 宋雪莹：《大数据时代公共管理中信息资源共享问题及对策——数字政府治理中信息孤岛问题研究》，《职业》2019 年第 15 期，第 30 ~ 31 页。

与"社会"两词共计共现 36080 次，"数字"与"政府"两词共计共现 48111 次，"数字"与"技术"两词共计共现 39008 次，"数字"与"国际"两词共计共现 29334 次，"数字"与"企业"两词共计共现 58692 次。正如杜泽指出："数字治理是现代化数字技术与治理理论的融合，治理主体由政府、市民和企业构成，是一种新型的治理模式。"① "数字治理"这一主题词的相关报道内容贯穿整体智治、经济、社会、文化、法治等多个治理层面。其中，数字化改革是"数字治理"框架中不可或缺的关键一环。在推进数字化改革中，浙江以"四横四纵"八大体系和"浙里办""浙政钉"两大终端为框架为政府改革提供强有力的支撑。"最多跑一次""一网通办""一网统管""一网协同""接诉即办"等数字治理创新成效不断显现，如"浙江在线"报道武义县聚焦党政机关整体智治、数字政府、数字经济、数字社会、数字法治的改革重点，以数字化改革推动各领域各方面改革取得阶段性成就。②

在思想层面上，"全球"及"国际"是报道框架的关键词，浙江高度赞同数字治理的"共享"理念，力求使治理成果公平惠及各类参与方，实现与全球治理体制变革的关联互嵌及动态同构。③ 在具体治理措施上，"互联网＋"概念贯穿"浙江在线"报道的始终，既包括政府为企业提供的科技服务，也包括在民生教育等领域的基础建设，如以《聚力提升创新制胜硬核能力 奋力谱写科技创新新篇章》为题的新闻报道高度突出了浙江在科技体制改革中的一系列顶层举措，力求成为各类创新主体的理想栖息地、价值实现地。④ 在"数字治理"这一主题框架下，新闻报道主要展示了数字治理的模式和阶段性成效，各类议题构建了数字治理庞杂且丰富的研究图式。有学者指出技术层、行为层、组织层的治理规则重构共同构成了数字治理体系的基本框架，三个层次互为前提、共成一体。⑤ 综合"浙江在线"的

---

① 杜泽：《什么是数字治理》，《中国信息界》2020 年第 1 期，第 47 ~ 49 页。
② 应佳丽：《武义：打造具有辨识度的标志性改革成果》，浙江在线，2022 年 6 月 27 日，ht-tps：//cs. zjol. com. cn/tszc/202206/t20220627_24438047. shtml。
③ 戴长征、鲍静：《数字政府治理——基于社会形态演变进程的考察》，《中国行政管理》2017 年第 9 期，第 21 ~ 27 页。
④ 涂佳煜：《聚力提升创新制胜硬核能力 奋力谱写科技创新新篇章》，《浙江日报》2022 年 12 月 5 日，第 4 版。
⑤ 鲍静、贾开：《数字治理体系和治理能力现代化研究：原则、框架与要素》，《政治学研究》2019 年第 3 期，第 23 ~ 32、125 ~ 126 页。

"数字治理"这一主题框架来看，数字技术围绕着技术和网络资源治理规则建立，而在实际运作中受到政府、企业和国际治理规则的影响。围绕数字政府改革这一宏大的主题，数字治理和数字政府的关系相辅相成，既需要规则规范行为主体，又需要行动者主动嵌入数字治理体系中，相互影响并形成完整的现代化治理体系。

（三）公民服务

浙江省致力于构建全域智慧的协同治理体系，通过打造跨部门、跨业务的数字化应用，优化办事流程，打破制度壁垒，解决了以往许多难以管理到位的治理难题。在 LDA 主题模型数据中，"人民""中心"在报道中的出现频率较高，"人民"与"企业"两词共计共现 15763 次，"人民"与"经济"两词共计共现 43115 次，"人民"与"数字"两词共计共现 20075 次。报道主要围绕公民生活服务、治安安全、消费应用等新闻事件，以浙江省地方新闻为主，报道来源多贴近民生，如报道以"数字赋能 放心消费"为主题的 2022 年浙江"3·15 国际消费者权益日"云发布活动发布了《2021 年度消费者维权白皮书》，该白皮书汇集全省相关信息，借助大数据分析手段，立体展现全省消费维权工作阶段性成果；报道浙江省市场监督管理局创新上线"浙江公平在线""浙江外卖在线"等应用平台加强数字治理。①此外，宁波市江北区的政务服务"一件事"集成改革、金华市婺城区的"大综合一体化"行政执法改革、衢州市的"县乡一体、条抓块统"县域整体智治改革、台州市路桥区的乡镇（街道）合法性审查全覆盖、仙居"云上中医"、丽水景宁"云诊室"健康网等各地相关报道皆体现公民服务这一主题框架。数字政府改革不仅要在制度上和政策法规上体现，更需要被人们所接受，并形成社会集体效能。建设数字政府，增强人民群众幸福感。依靠数据技术驱动，加快公民服务信息化，归根结底还是为了打造泛在可及、智慧便捷、公平普惠的数字化服务体系，数字政府改革的落脚点依旧在人民。从报道的议题上可以洞察政府改革需要市民的主动配合和积极参与，方能真正实现数字政府改革共治理、共享。

---

① 市闻：《数字赋能 放心消费——浙江发布 2021 年度消费白皮书》，浙江在线，2022 年 3 月 15 日，https://cs. zjol. com. cn/202203/t20220315_23944841. shtml。

五 讨论与展望

本文从框架分析的角度对浙江省级媒体数字政府改革报道的主题进行梳理，研究集中在新闻框架中的新闻内容生成方面，采用了计算机辅助内容分析的方法——LDA 主题模型来进行可视化分析。本研究异于传统的框架分析研究中内容分析或话语分析的方法，而是采用数据驱动的 LDA 主题模型对大量新闻文本内容进行剖析。从研究的结果中可以看出，"浙江在线"这一省级重点新闻网站和综合性门户网站在报道"数字政府"这一主题时特点较为鲜明。在主题框架下，主题词"企业""建设""浙江""产业""平台"报道数量排列前五。数字政府建设工作推动产业数字化变革，数字技术的创新必将打通管理渠道，从而简化政务流程，使得数字政府为产业化转型赋能。不难理解，数字政府建设绝不是单纯地转变内部管理方式，而是通过数字化调整和革新，带动社会经济、政治、文化以及生态等各方面建设的转型升级。因此，在新闻报道框架的议题下，以"经济""产业""项目"为关键词的主题多在报道中呈现。

同样，数字政府建设不仅体现在宏观层面上的转型，在微观上也有所体现，从主题词"文化""乡村""数据""教育""就业"等中可见一斑。一方面，这可以理解为我国数字政府转型的改革是具有明确的历史定位的，在百年的历史征程中我国政府以中国共产党为领导核心，将人民群众放在第一位，为人民服务始终是政府的宗旨。另一方面，信息化、智能化速度加快，为政府职能数字化转型提供技术支撑，数字治理基本实现社会层面的全覆盖。从报道的议题中可以窥探到数字化转型提升了政府服务效能。在民生工程方面，具体到智能医保、智能快递、垃圾分类、治安管理等的智能化一体化系统监管，都离不开数字政府的"放权"与数字平台的协作治理。数字政府将众多服务项目拓展到线上，为社会群众参与治理提供便捷的渠道。如浙江省杭州市西湖区通过"民呼我为"App 打造西湖一体化的智治平台，群众能通过进入城市大脑向政府反馈社会治理的问题，有效约束政府的治理工作。[①]

---

① 郁建兴、樊靓：《数字技术赋能社会治理及其限度——以杭州城市大脑为分析对象》，《经济社会体制比较》2022 年第 1 期，第 117～126 页。

在 LDA 主题模型中，报道的类型倾向于民生类软新闻，然而，"提升""打造""应用""成为""支持""表示"等带有描述性色彩的动词也成为主题词。从报道的立场来看，基本属于正面报道。从报道内容来看，所体现的层次不够丰富。全面、客观、公正、及时等是新闻从业人员的基本传播观念。"浙江在线"作为省级重点新闻网站，其既要遵守新闻传播规律，又要做政府的耳目喉舌，承担宣传任务。我国学者杨保军指出以正面报道为主是在多报道正面事实、少报道负面事实的前提下，追求整体新闻报道的"正面效应"。① 关于数字政府的大规模报道以政策解读、会议纪要、民生工程、数字改革创新、经济突破等正面报道为主。而从原则上来看，数字政府在转型升级中难免会遇到困难与挑战，若要坚持全面报道的传播理念，则需要在报道中体现数字政府改革过程中的难点，敢于直面现实中的困境，将更加全面、客观、真实的状况告知群众，这样才能更好地增强人民群众对省级媒体、数字政府的信任感。为此，"浙江在线"在数字政府的相关报道中，也需要深化内容改革，遵循新闻规律。新闻媒体要多报道群众感兴趣、关心的内容，宣传要讲究策略。② 特别是以政府为新闻议题时，要了解群众更加关心什么、对数字政府的哪些方面更感兴趣，更需要了解数字政府在数字赋能过程中的服务流程有哪些改变。在微观的报道框架上，可以提升报道议题的丰富度，增强新闻报道的感染力和传播力。

综上，本文基于新闻框架并融合计算传播学中 LDA 主题模型分析了"浙江在线"关于数字政府报道的新闻主题框架。将主题词划分为三大类，依次是数据政策、数字治理、公民服务。从结果来看，数据和模型基本符合 LDA 主题模型要求。但在细节上，主题分词多样性不足，且动词和程度副词出现的频率较高，难以提炼出具体有效的关键信息。本文在三大主题词下进一步分析新闻报道框架下的主线特点，发现在"数字政府"这一报道框架下难免会出现单一的传播观念，难以做到客观和全面。由于本研究停留在模型的处理和分析上，对数字政府的研究还需要更多调研性工作加

---

① 杨保军：《准确理解"党媒"新闻报道"全面"观念与"正面为主"观念之间的关系》，《西安交通大学学报》（社会科学版）2022 年第 3 期，第 119 ~ 124 页。

② 杜少华：《提高媒体正确引导社会舆论的能力》，《新闻爱好者》2010 年第 6 期，第 1 页。

以辅助解释，因此本文可以作为研究数字政府这一议题的基础分析文本。未来研究者可以进一步丰富新闻报道框架，对数字政府的话语进行文本分析，从更深层次探讨传统政府与数字政府在报道议题上的联系和差异，挖掘新闻报道框架的更深层价值。

冲突与沟通：西湖场域的空间政策话语与权力争夺*

姚　望　吴开翔**

摘　要　伴随城市化发展和消费文化的勃兴，与城市型风景区相关的空间政策规划，往往会挤压景区空间本身的公共性，进而引起利益相关者的话语冲突。为了探讨不同立场的主体如何在政策话语中进行权力博弈，本文立足于城市空间治理的视角，以杭州西湖政策规划为个案，借助批评性话语分析和空间文化社会学的分析框架，对空间政策话语中的语言表征、空间实践和权力理性展开分析。结果显示，相互竞争的政策话语叙述，将促成不同的解决方案制定。而协商平台的建构，将有利于提升民主商谈质量，促进解决方案落地。

关键词　空间治理；政策话语；空间文化社会学；话语冲突；协商共治

一　问题提出

都市社会学起源于城市化所衍生的各种社会问题，是当今社会科学研究的重要议题。20世纪初，随着美国都市人口增长、经济发展、社会流动加快以及社会冲突加剧，传统社会整合制度土崩瓦解，由此芝加哥学派创立了都市社会学。① 然而正如曼纽尔·卡斯特（Manuel Castells）所指出的，

---

* 本文为2023年度浙江省教育厅一般科研项目"品牌、媒介、文化：乡镇产业发展与传播的三重向度——以桐乡市濮院镇毛衫产业为例"（项目编号：Y202351747）及浙江传媒学院2023年研究生科研与实践创新项目"生成、关系、秩序：乡村文化治理的三重面向"（项目编号：2023C010）的阶段性成果。
** 姚望，浙江传媒学院马克思主义学院教授，硕士生导师；吴开翔，浙江传媒学院浙江省社会治理与传播创新研究院硕士研究生。
① 曼纽尔·卡斯特：《21世纪的都市社会学》，刘益诚译，《国外城市规划》2006年第5期，第93~100页。

以芝加哥学派的功能主义范畴为基础的旧都市社会学，已经不能为今天急剧变化的新城市空间结构提供适当的分析概念。①

当前，中国城市化水平快速提高，都市社会学也成为城市研究的热点，城市空间治理更是其中的重要议题。文化景观作为城市形象的关键呈现，是衡量城市活力的重要指标。如今，越来越多的文化景观嵌入城市空间中，成为当地宣传的重要风格名片，在城市传播中占据重要地位。然而，随着城市化发展和消费文化对于公共空间的重构，城市型风景区的发展规划面临着难题——相较于其他风景区，城市空间中的文化景观囿于地理位置，其所面临的环境保护、综合治理、政策变动、与城市的关系等方面的问题更为棘手。

具体而言，嵌入式文化景观的多元空间属性冲突以及围绕空间政策话语的冲突矛盾在城市治理场域中屡见不鲜。作为城市传播与社会治理的议题交叉节点，城市型风景区的话语内涵已然超越旅游场域，嵌入城市话语的深层结构中，成为我国社会治理与传播的重要载体。与此相关的政策规划，自然而然地成为各个利益相关方进行话语博弈的关键区，亟待权力理性和治理秩序的构建。作为具有普遍性色彩的城市公共空间议题，城市型风景区内嵌于国家治理的总体框架之中，同时也根植于在地城市传播需要，因此需要从话语分析的视角对相关政策规划进行研究。基于此，本文力图解决如下问题：各利益相关方如何把握空间政策话语冲突的原因、话语表征和空间实践过程？又如何找寻权力理性和治理秩序构建的路径？

二 案例介绍

杭州西湖文化景观作为世界文化遗产之一，是嵌入式文化景观的代表。经过十几个世纪的持续演变，西湖形成了"三面云山一面城"的城湖空间特征。然而，由于杭州城市化的发展，以及西湖景区旅游潜力的逐步释放，围绕西湖的各类政策正成为引发杭州市民话语冲突的焦点话题，如2022年杭州就因在西湖边移栽7棵柳树并换种月季花一事引发争议，即"西湖柳

---

① 吴予敏：《从"媒介化都市生存"到"可沟通的城市"——关于城市传播研究及其公共性问题的思考》，《新闻与传播研究》2014年第3期，第6~19、126页。

树事件"。① 可见，西湖作为城市公共空间的交通功能以及作为旅游文化空间的旅游功能，均面临不小挑战。

杭州西湖的旅游空间属性和城市空间属性的平衡问题，已然成为一个公共政策争议焦点。相关部门的阶段性政策规划以及开放性的媒体平台，进一步加剧了西湖场域的空间政策话语冲突与权力博弈。倾向于限行禁行的规划建议，有利于旅游文化空间的构筑及生态环境保护。但在政策背书背后，西湖作为城市公共空间的交通属性和湖城融合的核心要义却受到质疑。在《西湖风景名胜区总体规划（2021—2035）》（以下简称《总规》）发布后，西湖场域的空间属性及其社会、文化、环境等议题，在网络上引起热议。

本文旨在分析空间政策话语冲突的原因、话语表征和空间实践过程，以探求空间政策话语的调和路径，以及城市空间治理的可能。杭州西湖文化景观是嵌入式文化景观的代表，《总规》的发布又引发了西湖场域的空间政策话语冲突与权力争夺，非常契合本文的研究目的。基于此，本文以《总规》利益相关方的话语冲突为核心议题，利用批评性话语分析（Critical Discourse Analysis，CDA）② 方法，借助空间文化社会学（Cultural Sociology of Space，CSS）话语分析框架③对搜集而来的数据资料进行定性分析，从而考察利益相关方的话语表征、空间实践以及权力争夺。

三　文献综述

（一）空间与治理：城市治理的空间转向

城市空间治理是城市传播和空间治理的深度互嵌，是以协商空间和平台为组织架构，以多元行动者共治为内生动力，以媒介制度为驱动因素，从而实现政治、经济、文化、社会等多重治理。城市化发展体现为空间解

---

① 《浙江杭州西湖边移栽七棵柳树引发争议 景区承诺补种》，中国新闻网，2022 年 5 月 12 日，https://guancha.gmw.cn/2022 - 05/12/content_35729814.htm。

② M. A. Hajer, *The Politics of Environmental Discourse: Ecological Modernization and the Policy Process*, Oxford：Oxford University Press, 1995.

③ T. Richardson, O. B. and Jensen, "Linking Discourse and Space：Towards a Cultural Sociology of Space in Analysing Spatial Policy Discourses," *Urban Studies* 2003 (40), pp. 7 - 22.

构与建构的双重演化，是一个以空间的承载化为表征，以空间的社会化为内容，以权力的空间普惠化为内核，围绕创造性与破坏性双重功能铺展开来的综合过程。① 社会结构重塑的张力既带来空间属性的冲突与风险，又孕育着建构良性城市空间治理体系的可能。已有关于城市空间治理的研究，主要分为以下三类。其一，城市更新视角下的空间困境及其治理可能。其二，基于既定区域的城市空间治理模式和机制创新。其三，多元主体协同共治下的空间治理进路。

城市化发展使城市空间结构、特征和规模都发生前所未有的改变，这也让城市更新场域的空间治理面临巨大挑战。已有研究梳理中国城市更新的历时性变化，将其分为政府主导下的一元治理、政企合作下的二元治理以及多方协同下的多元共治。② 具体而言，有学者指出在城市空间变迁中应关注基于市场、社会的地方政府治理、政企伙伴和社企伙伴关系建设，以及社会组织与社区自组织的培育，③ 并通过"尺度下放"，形成横向的双重尺度博弈与纵向的上下尺度衔接的制度创新，④ 进而实现城市空间治理的善治可能。

由于区域性城市空间治理场域具有天然差异，其特征、困境亦有不同，已有研究以在地性的视角，提出各类治理模式与机制以应对城市空间治理问题。针对城市社区场域，已有研究提出情感治理⑤、公园城市思想⑥，通过探讨社区公共空间治理的内在逻辑，剖析基层动员的内生动力机制。在"二元体制"和"城乡冲突"对城乡空间束缚以及城乡分割⑦的现实境况下，亦有研究着眼于城乡接合地区，提出"深化空间治理—活化乡村空间

---

① 陈进华：《中国城市风险化：空间与治理》，《中国社会科学》2017年第8期，第43~60、204~205页。

② 王嘉、白韵溪、宋聚生：《我国城市更新演进历程、挑战与建议》，《规划师》2021年第24期，第21~27页。

③ 陈易：《转型期中国城市更新的空间治理研究：机制与模式》，博士学位论文，南京大学，2016。

④ 叶林、彭显耿：《城市更新：基于空间治理范式的理论探讨》，《广西师范大学学报》（哲学社会科学版）2022年第4期，第15~27页。

⑤ 曾莉、周慧慧、龚政：《情感治理视角下的城市社区公共文化空间再造——基于上海市天平社区的实地调查》，《中国行政管理》2020年第1期，第46~52页。

⑥ 金云峰、陈栋菲、王淳淳等：《公园城市思想下的城市公共开放空间内生活力营造途径探究——以上海徐汇滨水空间更新为例》，《中国城市林业》2019年第5期，第52~56、62页。

⑦ 刘彦随、刘玉、翟荣新：《中国农村空心化的地理学研究与整治实践》，《地理学报》2009年第10期，第1193~1202页。

—优化人地关系—改善城乡格局"① 及 "政府统筹 + 村集体自主更新"② 等城市更新模式转型的框架，从而为维稳城乡关系、推动城乡互嵌发展、突破城乡接合区域发展困境提供有效路径。城市内非正规空间所造成的社会矛盾亦有研究价值。已有研究通过 "嵌入性" 弹性治理逻辑解决 "摊" 经济问题③，通过包容性治理实现空间属性融合④等，提升城市空间治理实效。

沟通机制是参与治理的多元主体之间各类信息沟通的平台与方式，亦是社会治理传播的核心机制。⑤ 在 "三治融合" 的视角下，多元主体协同共治是空间治理的必由之路。在城市空间治理中，如何发挥公众的主体性力量成为学界重点议题。如有研究发现，"院落自治" 和 "门栋自治"⑥ 是实现群众自治的有效路径，亦有研究基于 "行动者—空间生产" 的视角，指出 "认知" "增能" "共同体塑造" 的路径能够积极推进自下而上的社区空间治理。此外，政府分层治理⑦、政策在地化⑧等有效治理的策略选择、媒介组织及非人行动者的介入⑨，亦成为城市空间治理取得成效的重要因素。在多元主体协同共治的视角下，媒介化治理、风险式沟通、差异性共生⑩是建构空间规则、凝聚空间共识、实现城市空间的风险治理的有效方式。

---

① 戈大专、龙花楼：《论乡村空间治理与城乡融合发展》，《地理学报》2020 年第 6 期，第 1272 ~ 1286 页。
② 田莉、陶然、梁印龙：《城市更新困局下的实施模式转型：基于空间治理的视角》，《城市规划学刊》2020 年第 3 期，第 41 ~ 47 页。
③ 崔占峰、吴浩宇：《"摊" 经济 70 年：城市治理中的 "嵌入性" 弹性治理逻辑》，《经济问题》2019 年第 6 期，第 1 ~ 10 页。
④ 庞娟：《融合视角下城市非正规空间的包容性治理研究》，《探索》2017 年第 6 期，第 146 ~ 152 页。
⑤ 王国勤：《社会治理传播研究：理论体系构建与研究展望》，《未来传播》2020 年第 3 期，第 24 ~ 33 页。
⑥ 张大维、陈伟东、孔娜娜：《中国城市社区治理单元的重构与创生——以武汉市 "院落自治" 和 "门栋自治" 为例》，《城市问题》2006 年第 4 期，第 59 ~ 63、68 页。
⑦ 曾宇航、刘洋：《分层治理：城市公共空间的有效治理策略选择——基于 G 市 Q 公园 "猕猴分流" 政策的过程追踪》，《领导科学》2023 年第 4 期，第 93 ~ 96 页。
⑧ 刘江：《区域数字鸿沟、技术主导失灵、政策在地化：城市数字治理能力的空间特征》，《华侨大学学报》（哲学社会科学版）2022 年第 6 期，第 74 ~ 86 页。
⑨ 陈旭：《融合、渗透与交互：城市社区治理中的协商空间》，《南昌大学学报》（人文社会科学版）2022 年第 5 期，第 97 ~ 106 页。
⑩ 吴丹、彭羽丰：《新媒体时代城市社区空间风险与治理》，《青年记者》2021 年第 12 期，第 43 ~ 44 页。

（二）话语与空间：批评性话语分析与空间文化社会学

批评性话语分析是一种对话语及语言进行社会分析的方法，肇始于语言学研究。1979 年，Fowler 等在《语言与控制》中首次提出批评语言学的基础性概念。① 而后，Fairclough 在其基础上，明确提出 CDA 的研究范式。② CDA 认为语言中总或明或暗地显现着社会、政治、文化及阶级的各类意义，通过多模态的表现形式进行呈现，人们却习惯而不自知。因此，CDA 的主要作用便是揭示语言背后暗含的意识形态，对不公正、不平等的话语、权势在自然化、合法化过程中进行祛魅。在批评性话语分析领域，研究者在具体操作上出现分野，常见的有 Fowler 的批评语言学，Fairclough 的社会文化分析法，Vandijk 的社会认知分析法以及 Wodak 的语篇—历史法。尽管在方法论上各有不同，但 CDA 基本均遵循 Fairclough 的"描述""阐释""解释"三个步骤。而空间文化社会学（CSS）的话语分析框架旨在在政策制定的背景下考虑话语和社会空间实践，以分析话语冲突和权力理性。

为探索空间性在空间政策话语中是如何被"建构"的，关注理性和权力之间的关系，在连接话语分析和文化理论的基础上，空间文化社会学的理论及分析框架由此生发。在参照 Foucault 和 Hajer 的话语方法以及 Lefebvre 和 Castells 的空间理论后，Richardson 和 Jensen 将空间政策话语定义为可重复的语言表达、社会空间物质实践和权力理性配置的实体，并由此确定语言表征、空间实践和权力理性三个分析维度。③ 在语言表征层面，CSS 框架立足于质询语言中的空间、行动、关系、态度的表达。在空间实践层面，CSS 框架着眼于特定的空间实践（如禁行空间）是如何在一个政策施行过程中导致利益相关者的话语冲突的。在权力理性层面，CSS 提出在空间政策辩论中语言和空间实践结合的路径，在政策制定中嵌入不同的价值规范、意识形态和权力关系。

（三）话语即权力：政策与民意间的话语冲突与调适

政策话语平衡是凝聚传播主客体共识、实现政策落地的先决条件，亦

---

① R. Fowler et al. , *Language and Control*, London：Routledge & Kegan Paul, 1979.

② N. Fairclough, *Language and Power*, London/New York：Longman, 1989.

③ Tim Richardson, and Ole Jensen, "Linking Discourse and Space：Towards a Cultural Sociology of Space in Analysing Spatial Policy Discourses," *Urban Studies* 2003（40）, pp. 7 – 22.

是构建政策施行异质性行动者网络的强制通行点（Obligatory Passage Point, OPP）。① 作为媒介的政策话语，连接着政策文本和政策实践，也连接着行政部门与社会公众。由此，便生发出公共政策话语传播的两条路径。

其一，行政部门作为政策施行的核心行动者，通过体系内的程序化互动和联动，保障政策话语有效转化为政策实践。在此路径下，政策话语的冲突与调适大多仅限于各级行政部门间的内部沟通，信息与意见的流通依赖于运行机制、科层机制和职能属性。诸如基层政策传播与执行过程，各级行政部门通过自上而下的压力型行政命令、政策行动者间的协调性话语（coordinative discourse）进行政策建构，借助政治征召贯彻上级政策，形成单中心或多主体相结合的新型治理结构。② 毋庸置疑，遵循此路径的政治话语空间张力较小，所产生的话语冲突多隐没于后台，且多化解于行政部门的"搁置与模糊执行"③ 及"主动加码"④ 等非正式政策施行策略中。综上，行政部门所采取的正式与非正式交缠的政策执行策略，往往令政治话语冲突在内部消解以实现"共识式变通"。

其二，行政部门与社会公众通过各种形式的交互对公共政策进行话语协商，形成"一核多元"的协同共治理念。政策规划的实效落地不能摒弃社会公众的意见与意志，多元主体协同共治有利于在空间政治话语中产生张力，通过话语竞合与权力博弈实现行政部门和社会公众的有机连接。在此路径下，多元主体有利于政策话语与其他话语实践的接合⑤和延展，也使政策话语从早期单一的政府意志扩大为社会主体共享的意义结构和共同施行的"观念权力"⑥。已有研究主要从政治话语冲突的产生、传播、激化和

① 吴莹、卢雨霞、陈家建等：《跟随行动者重组社会——读拉图尔的〈重组社会：行动者网络理论〉》，《社会学研究》2008 年第 2 期，第 218～234 页。

② 符平、卢飞：《制度优势与治理效能：脱贫攻坚的组织动员》，《社会学研究》2021 年第 3 期，第 1～22 页。

③ 崔晶：《基层治理中政策的搁置与模糊执行分析——一个非正式制度的视角》，《中国行政管理》2020 年第 1 期，第 83～91 页。

④ 凌争：《主动"加码"：基层政策执行新视角——基于 H 省 J 县的村干部选举案例研究》，《中国行政管理》2020 年第 2 期，第 87～93 页。

⑤ 刘涛、吴思：《中国环境治理的本土实践及话语体系创新——基于"河长制"的话语实践考察》，《新闻界》2022 年第 10 期，第 4～24 页。

⑥ M. B. Carstensen, and V. A. Schmidt, "Power through, over and in Ideas: Conceptualizing Ideational Power in Discursive Institutionalism," *Journal of European Public Policy* 2016 (23), pp. 318-337.

化解角度展开。话语表达歧义、话语理解割裂①、话语地位不同②是产生话语冲突的主要诱因，而社交媒体的信息阶流、边界激活机制③等使话语冲突显现于前台，并由本土流向外部，如邻避运动一类的集体行为也迅速转移至现实物理空间④。在话语冲突化解机制中，"回应式议程设置"是中国政府考量公众诉求的主要方式。在话语制度主义视角下，公众话语类型会影响政府回应结果，如程序正义和地域保护话语更易获得地方政府回应。⑤此外，政府回应过程也会对话语冲突规模产生影响。已有研究通过细化公众诉求话语和政府回应话语的框架类型，对话语冲突化解研究进行补充。⑥

概言之，当前关于政策话语冲突的研究多聚焦话语冲突的产生、传播和化解，较少运用到空间文化社会学及批评性话语分析结合的视角，对相互影响的话语及空间实践关注不够。而杭州与西湖城湖融合、城湖合一的城市传播目标与空间社会学理论不谋而合，使空间政策话语恰如其分地成为西湖政策话语冲突的理论依据。基于此，本文以《总规》为切入点，经由空间政策话语视角，运用空间文化社会学的分析框架，探讨西湖政策话语冲突中的语言表证、空间实践，以及如何唤醒主体的权力理性。

四 研究设计

（一）研究方法

本研究以《西湖风景名胜区总体规划（2021—2035）》为研究对象，搜

---

① 马原：《基层信访治理中的"法治"话语冲突——基于华北 S 县的实证观察》，《环球法律评论》2018 年第 1 期，第 110～128 页。
② 杨露、周建国：《基层政策执行中的话语冲突与调适策略——基于 Y 区 M 村的案例研究》，《河南社会科学》2023 年第 1 期，第 79～88 页。
③ 王国勤：《结构、制度与文化：群体性事件的动力》，《中共天津市委党校学报》2013 年第 1 期，第 42～47 页。
④ 杨银娟、柳士顺：《三元空间场域中的邻避运动：以珠三角 X 镇的危废中心为例》，《国际新闻界》2020 年第 9 期，第 43～61 页。
⑤ 王宇琦、曾繁旭：《社交媒体上的公众表达与政府回应——基于风险事件的模糊集定性比较分析（fsQCA）》，《新闻记者》2022 年第 10 期，第 16～27 页。
⑥ 虞鑫：《话语制度主义：地方政府回应公众意见的理论解释——基于"意见-政策"连接理论的多案例比较分析》，《新闻与传播研究》2019 年第 5 期，第 21～40、126 页。

集相关文本、公众评论、视频资料作为原始样本，并将批评性话语分析和空间文化社会学分析框架相结合，分析西湖空间政策话语冲突的语言表征，具体而言，基于对词汇、文本结构以及衔接手段的分析对媒体文章和政策文本进行阐释。针对公众评论，则借助词频分析和情感分析进行阐释。由此，阐述不同政策立场的利益相关者的各类空间实践，以探索各方利益相关者的权力理性的建构路径。

（二）数据搜集与分析

本研究通过搜集《总规》的政策原文（$N=1$）、媒体报道（$N=9$）和公众评论（$N=429$），进行三角资料分析，并通过影像民族志分析的方式，将《我们圆桌会》关于《总规》的探讨内容作为补充样本，纳入数据样本库的范畴内。同时，以此回溯词频分析和编码结果，以达成理论饱和度检验的目的。上述资料均可为描绘空间政策话语的冲突提供生动而重要的视角，正如 Hajer 所言，在政策讨论中不同文本内出现的语言规律均是研究的对象。[①]

在数据分析阶段，本研究以空间文化社会学的分析框架为阐释基底，并借助语料库软件和 Nvivo 进行分析。具体而言，经由语言表征、空间实践和权力理性三个维度，对《总规》的拥护者和反对者间的话语冲突、权力博弈及秩序重构进行解读。在语言表征层面，通过词频分析，对媒体报道、公众评论的高频词、态度等进行描述性分析。在空间实践层面，通过采取已有研究的方法论干预方式[②]，结合 Hajer 的 CDA[③] 和 Shanahan、Jones 等学者的叙述政策框架（Narrative Policy Framework，NPF)[④]，将西湖政策话语中

---

① M. A. Hajer, *The Politics of Environmental Discourse: Ecological Modernization and the Policy Process*, Oxford: Oxford University Press, 1995.

② A. Kroepsch, "New Rig on the Block: Spatial Policy Discourse and the New Suburban Geography of Energy Production on Colorado's Front Range," *Environmental Communication* 2016 (10), pp. 337 – 351.

③ M. A. Hajer, *The Politics of Environmental Discourse: Ecological Modernization and the Policy Process*, Oxford: University Press, 1995.

④ E. A. Shanahan, M. D. Jones, M. K. Mcbeth, and C. M. Radaelli, "The Narrative Policy Framework," in C. Weible, and P. Sabatier (eds.), *Theories of the Policy Process*, Boulder, Co: Westview Press, 2017, p. 173.

的政策判断、角色定义和实践建议作为阐释的主要部分。最终，在权力理性层面，通过对《我们圆桌会》栏目相关会议进行影像民族志分析，探讨围绕西湖空间政策的话语竞合对政策落地和话语调适的作用与意义。

五 三重面向：空间文化社会学的话语分析

（一）语言表征：词汇与结构作为空间话语的阐释符码

在空间文化社会学的语境下，文本通常被编码为空间的表示和框架。故而，本研究围绕《总规》及相关的 9 篇媒体报道和 429 条公众评论进行文本分析。针对前者，文本分析围绕词汇、文本结构以及衔接手段等内容；针对后者，则运用词频分析、情感分析等方式进行具体呈现。

1. 媒体报道与政策规划的文本分析

针对 9 篇媒体报道与政策文本，本研究以阅读量作为衡量标准，选取"浙江新闻"、《钱江晚报》、《都市快报》及《杭州日报》等主流媒体的报道，同时将自媒体"we我们"报道文本作为补充。由于不同文本在语言表征层面的典型属性不同，本研究选取媒体报道、政策文本中较为突出的语言表征，如分类、文本架构及衔接手段进行展开分析。

分类是人类基本的认知方式，是个体认识外部世界并建构其秩序的重要手段。个体对语言的分类，虽表现出自身主体能动性，但受语言本身及认知主体的多重影响，在意义阐释过程中会呈现出异质性、非理性和拟真性。质言之，文本的分类建构过程便是词汇选择的过程，而词汇的选择往往暗含意识形态、利益关系和权力争夺。在新闻建构理论的视角下，新闻媒体能够通过词汇的选择、分类，植入机构的意识形态和态度意志。每一条媒体报道都可能是真实或接近于真实的，但媒体通过凸显部分事实、遮蔽细节，从而完成建构。各类媒体对于《总规》的相关报道文本大致可分为政策传播文本、政策解读文本和政策协商文本三类。基于此，媒体报道呈现出词汇凸显和过分词化的文本建构策略。一方面，词汇凸显是指在新媒体跨渠道传播的当下，媒体报道已然摒弃过往的陈旧形式，在多模态话语传播的当下，文字、图片、视频、音频的有机融合，为新闻媒体凸显事实内容提供新的路径。在政策传播文本中，媒体报道对政策原文几乎没有改动，基本是对政策的全文转载。"限制机动交通进入""这些路段只能通过景区内部公交或慢行"等类似语言凸显了政策的禁行特征，进而引发公众的广泛关注。而在媒体报道的延伸内容中，此类现象更为明显，媒体报道通过加粗、更改字体颜色等方式着重呈现自身观点。此外，自媒体的报道文本更是借助数据图表、专家音频，表达自身的态度意图并争夺话语权力。另一方面，过分词化主要指相同或相近词汇密集出现，强调和凸显被修饰客体的某些特征，[①] 从而进入受众的注意力信道。这一特征在自媒体新闻报道中较为典型，《总规》作为被修饰的客体，被"诡异""含糊不清""无概念界定""误以为"等修饰词层层包围。诸如此类的负面修饰，体现出自媒体对《总规》的不理解、不认同的态度立场，由此进一步扩大政策上的话语空间，动态影响着政策规划与公众意见的话语冲突。

文本架构和衔接手段是生产主体建构和排列文本的重要方式，彰显文本生产者的意识形态和态度意图。区别于词汇凸显与过分词化，文本架构是以整体性视角将生产主体的态度情感和盘托出。基于此，考察文本中被凸显和遮蔽的部分及其衔接，便成为语言表征分析的重要路径。根据前文分类，媒体报道的文本架构在同类范畴内呈现出较高的一致性，而在不同范畴的比较中则泾渭分明。政策传播文本与政策原文具有相同的呈现逻辑，主要包括规划时间、规划空间范围、规划亮点以及具体举措，对规划的整体性举措、规划重要性进行前景化阐释，而具体措施采取模糊化、背景化处理，如"打造富有深厚文化底蕴的城景交融的慢行公共空间""规划目的在于加强杭州西湖风景名胜区的严格保护和永续利用"，从而遮蔽景区交通问题、城市公共空间问题等。政策协商文本和政策解读文本则将公众意见和专家评论移至前台，使公众感知到当前社会围绕该议题的意见存在差异，成为揭示空间政策话语竞合的生动注脚。

2. 公众评论的文本分析

本研究通过数据爬取软件搜集得到 429 条有关《总规》的公众评论，并在情感、词频层面展开分析。在情感分析维度，笔者通过批判性阅读评论文本，揭示语句背后公众的态度意图，并选取其他编码员进行独立编码

---

① 朱桂生、黄建滨：《美国主流媒体视野中的中国"一带一路"战略——基于〈华盛顿邮报〉相关报道的批评性话语分析》，《新闻界》2016 年第 17 期，第 58～64 页。

分类，最后通过霍尔斯提信度系数进行可靠性检验。在词频分析维度，通过自建语料库，刨除"杭州""西湖""景区"三个重复性较高的无意义词语，基于情感分析进行高频词提取。

情感分析维度，包括笔者在内的三位编码员对评论文本进行"支持—中立—反对"情感框架的编码。通过霍尔斯提公式对独立编码结果进行信度检验（见表1），并根据三位编码员的编码数和编码一致数，计算出相互同意度。

表1 编码信度检验

	编码一致数（$N=429$）	相互同意度
编码员 A 与编码员 B	402	0.94
编码员 B 与编码员 C	382	0.89
编码员 A 与编码员 C	351	0.82

依据三位编码员的平均相互同意度，可得信度为 0.957（ >0.8 ），信度检验达成。而后，编码员通过内部讨论达成共识，得到"支持"评论 111 条，"中立"评论 102 条，"反对"评论 216 条。

词频分析维度，本研究在情感分析的基础上，对公众评论文本进行高频词提取（见表2），并由此绘制《总规》的"支持—中立—反对"词云图（见图1）。

表2 基于公众意见态度的词频分析（前十名高频词）

态度	1	2	3	4	5	6	7	8	9	10
支持	支持	私家车	公交	赞同	绿色	安静	游客	车辆	出行	早就
中立	公交	节假日	建议	私家车	环湖	自行车	旅游	交通	规划	公交车
反对	规划	公交	私家车	道路	城市	交通	节假日	杨公堤	生活	限行

根据表2、图1和原有文本可知，在支持政策的公众话语中，公众通常提及以下三个方面。其一，西湖文化景观的旅游拥堵嘈杂问题，是积重难返的空间问题。其二，公交慢行空间符合绿色出行的低碳理念。其三，禁行限行空间及景区公交通行空间的设立，有利于西湖环境资源保护。而在中立态度的话语呈现中，提出各类政策建议成为公众进行话语权力争夺的

图1 《总规》的支持—中立—反对态度词云

主要策略。最后，在反对政策的话语视角下，公共交通和私人交通的矛盾、西湖空间的公共属性和文化属性的平衡、政策的模糊不当与公众利益诉求的冲突等则被提及。

（二）空间实践：认知矛盾成为实践取向的基底

语言表征层面的文本分析为政策支持者、中立者与反对者的空间实践提供了行为依据。在空间实践层面，本文通过先前的文本分析与对《我们圆桌会》的影像民族志考察，得出态度各异的利益相关者主要呈现出对两个主题的认知矛盾，即对西湖空间的竞争性表述、对政策的主观性解读。

1. 对西湖空间的竞争性表述

杭州西湖自身所具有的公共生活空间和旅游文化空间的双重属性，造就了利益相关者们对于西湖空间的竞争性表述。在政策支持者的视角下，文化遗产、城市发展和环境保护是中心议题。西湖作为世界文化遗产，必然要体现自身的文化景观属性，支持者以"西湖是杭州的，也是中国的，更是世界的"类似的叙述进行意见表达。而且城市的经济发展也离不开旅游产业的稳定支撑。西湖作为杭州旅游景观空间的显著代表，《总规》的施行有利于西湖的文化属性维护。此外，"绿色出行""环境保护""造福后代"等环境话语的叙事策略，亦成为支持者在话语竞争中的有力手段。

而政策反对者则主要从空间权利的剥离和永久性缺陷出发。针对《总规》对西湖内部道路进行分类、构建私人交通的禁行空间，反对者用"一刀切""封闭式管理""外围交通拥堵"等语句对西湖空间权利进行话语争夺，并直接运用西湖空间"不只是景区旅游路线，也是城市交通路线""景区拥堵没有到非解决不可的地步"等表述，通过将政策制定者和政策支持者塑造成"不体察民情""不亲身体验"的"无知者"形象，把握自身空间话语权力。

2. 对政策的主观性解读

个体自身的认知框架、生活体验和理解视角影响政策的主观性解读，进而产生政策话语的冲突。政策反对者从政策细节模糊、个体利益侵犯的视角出发，一方面，指出《总规》未能明确西湖空间的禁行限行时限，导致湖城融合的概念被瓦解，并用"新的围墙""西湖不再是杭州人的大公园"等表述，将政策支持者描述为湖城割裂的缔造者。此外，景区公交的售价、公交系统管理的模糊，也为反对者提供遐想空间，进一步激化政策话语冲突。另一方面，出于对集体记忆消解、弱势群体出行、市民生活质量的担忧，政策反对者将自身设置为无能为力的受害者。

而政策支持者则关注政策主旨积极性和整体利益维系等维度。支持者以《总规》仅是总览式规划，会进一步细化为由，对反对者关于细节模糊的质疑进行回应。在影像民族志考察中，亦有支持者以国外案例为借鉴，指出西湖可成为社会资本聚集空间。而针对个体利益的侵犯问题，支持者则持整体利益先行的观点，指出公众应有"魄力"、有"牺牲精神"，并将反对者塑造成"不顾大局者"的形象。

总而言之，空间语言的认知矛盾也为各方的空间实践建构基底，从而形成不同类型的建议处方。反对者利用市民作为受害者的政策叙述，援引空间管制建议——节假日管制、工作日适度开放。中立者则对政策模糊处采取非空间的问责手段——通过民意渠道，提出问题以期弥合规划漏洞。支持者则针对利益侵犯和规划细节，提出混合性的解决方案——深化交通路线空间划分、细化禁行限行的标准考量等。

此外，在《总规》公示后，围绕空间政策话语的争论持续进行，《我们圆桌会》栏目为促进话语调和达成与利益共识，开展有关《总规》的多方协商座谈会。在这次公开协商会议上，政策制定者、专家学者、职能部门及市民公众等多元主体共同探讨几乎所有的冲突主题。规划制定者通过解释《总规》的模糊不清处、阐释西湖文化景观重要性，以期获得其他群体的支持。而反对群体则担忧城湖融合的崩塌、个体利益的损害、空间话语权力的剥夺。质言之，协商会议并未使任何一方的利益最大化，关于空间政策话语的竞合仍在继续。但诸如此类的空间实践，体现着政策叙述者由自说自话到协商共治的转变，也呈现出政策话语调和的积极趋向。

（三）权力理性：异质主体的立场差异

在空间文化社会学框架下，分析语言表征和空间实践旨在明确其所揭示的权力理性，即价值观、规范、理性、意识形态和通过政策话语而形成的权力关系。① 西湖空间的政策包含着利益相关方的各种话语及利益诉求，体现着话语冲突和权力博弈的生动展演。质言之，在空间政策话语探讨中，公共政策话语的民主协商质量是关键。在公共政策协商的异质性空间中，唤醒各方行动者的权力理性，是提升民主协商质量、化解话语冲突的重要路径。

1. 政策话语冲突中的角色塑造

在《总规》所产生的政策话语冲突中，各方行动者均不由自主地将模式化的角色冠于对立面及自身的形象上。受害者、施暴者和英雄（意见领袖）的角色设定，在各方有关政策话语的表达中不断出现，映射着规划制定者，在善恶的二元道德框架、个体整体的二元利益框架中的冲突。对于政策制定者而言，政府和群众的关系链接将影响官方的角色塑造。在情感链接的维度，政府回应迟缓、政策规划模糊不清、"一刀切"的禁行规定，将影响政府公信力、权威性，使政府陷入"塔西佗陷阱"。而在利益链接的维度，针对《总规》焦点——禁行空间问题，政策制定者未能全面考虑各类公众的利益诉求，从而导致利益联盟的瓦解。公众的意见抒发和态度表达无可厚非，但其亦需提升自身政治素养，理解政策的整体性考量和紧迫性需要，理性指出政策的问题。

在空间政策话语的冲突中，话语双方的角色塑造行为也由此生发。但沉溺于对立人设的形塑，将不利于政策探讨中的民主协商质量的提升，亦不利于凝聚共识。反而会进一步加固对立圈层壁垒，激化空间政策话语的冲突，不利于惠民利民政策的落地。

---

① Tim Richardson, and Ole Jensen, "Linking Discourse and Space: Towards a Cultural Sociology of Space in Analysing Spatial Policy Discourses," *Urban Studies* 2003（40）, pp. 7 – 22.

2. 政策解读中的选择机制

在空间政策话语的冲突中，利益相关者的立场态度、文化水平和所处的社会关系不同，选择性接触机制借此生发。对政策信息的解码过程，亦是对信息内容的再生产过程，话语冲突的双方均会在解码过程中加入主观因素，造成对政策存在多重标准的认定，进而造成认知错位和利益矛盾。

在围绕《总规》展开的话语冲突中，各方利益者均以不同视角，对政策进行选择性注意。政策支持者倾向于关注西湖景区的文化属性和社会影响力，从而得出"西湖不应只是杭州的西湖"相关的结论，但其亦忽略了政策公示时，需要明确各处细节、考虑西湖的城市公共空间属性等立场诉求。而政策中立者的话语实践则更多指向政策建议和自身体验，发出"政策何时施行""再也没法体验杨公堤的六连坡了"一类态度模糊的评论，进而漠视政策施行后所产生的社会影响。政策反对者聚焦于政策模糊处、个体利益层面，质疑慢行公交空间的责任分配、禁行空间的时限等问题，而忽视西湖景区拥堵的既定事实，以及慢行公共空间的正向功能。

对政策的主观解读导致态度立场的分歧，选择性接触机制亦弱化各主体权力理性的形成可能。跳脱出选择性理解，是建构利益相关者权力理性的重要环节。

3. 政策民主协商中的互动失灵

双向互动是促进政策民主协商、化解话语冲突的重要前提。在关于《总规》的相关研究样本中，各方行动者间的互动失灵现象显著，主要有单向流通、异频互动和互动迟滞三种表现形式，阻碍了主体建构自身的权力理性。

其一，政策文本的发布呈现出信息的单向流通现象。公众意见反馈渠道的缺失和门户网站影响力式微，使得政策未能直达目标公众的信息视野，亦未能形成有效的双向互动和流通。其二，媒体报道的相关文本呈现出异频互动的现象。不可否认，政策规划者的确通过媒体报道，对部分政策模糊处进行解释，但并未能回答所有问题，亦未能进行持续的互动沟通。此外，异频互动也进一步激化公众的反对情绪，仍然未能实现有效协商。其三，协商平台的缺失使互动迟滞现象时有发生。在公众评论中，经常出现已有观点和政策建议重复的情况，大量重复的政策意见、政府回应的迟滞又强化公众的负面态度情绪。

六 协商平台：建构权力理性的必由之路

湖城融合、湖城合一是杭州与西湖在空间维度的逻辑关系，西湖相关政策触及多方利益，易引发话语冲突。在西湖空间政策话语中，多元主体通过意见表达输出语言符码、展示态度立场。围绕西湖空间的竞争性表述、政策的主观性解读构成政策话语的对立面，进而形成空间或非空间的解决方案。由此，在语言、空间语言和空间实践综合分析框架下，多元主体的空间话语冲突过程和生发机制得以明晰化，进而协商、平衡、理性等权力理性的必要建构要素亦借此呈现。《我们圆桌会》一类媒介化治理构建的空间实践，为权力理性的产生提供行动可能，同时也为政策的话语调和创造空间。

协商民主空间是政策话语激荡竞合的主要场域，既让各方利益相关者能够畅所欲言，也为弥散的话语冲突主题提供栖息之地。协商空间的设置，能够有效解决政策民主协商中互动失灵的问题。在场性的协商互动通过实现同频互动，摆脱过往单向流通、异频互动及互动迟滞的桎梏，有效实现利益相关者的即时沟通。由此，避免政策反对者在自身圈层中形成思维茧房和群体极化，也帮助政策制定者避免行政体系内部的"共识性"运动。从而，在协商空间中全方位、多角度地对西湖空间的政策问题进行商讨，平衡西湖景观的双重空间属性，实现多元主体利益的最大化。

协商民主空间应遵循议事规则的基础原则，即"谨慎仔细地平衡组织和会议中个人和群体的权利"[1]。多元主体虽无法如罗尔斯"无知之幕"一般，从生活中的真实情况退回到一个消除了所有角色和社会差异的隔离物后面的"原始位置"[2] 进行理性商讨，但在各方意见的聚合与交锋中，政策的冲突焦点便被置于前台，共识形成的效率亦得以提升。

《我们圆桌会》为空间政策的话语竞合提供媒介化治理的范本。在政策

---

[1] 文小勇：《协商民主与社区民主治理——罗伯特议事规则的引入》，《河南社会科学》2021年第 7 期，第 106~115 页。

[2] 展江、彭桂兵：《从中庸之道到"无知之幕"：四种媒体伦理理论评析》，《南京社会科学》2014 年第 12 期，第 106~114 页。

制定者和公众间，媒介组织的嵌入将有利于化解政策话语冲突，探寻话语冲突双方的利益平衡点，进而唤醒各主体的权力理性。社会分歧需要理性沟通，社会参与需要搭建平台，而将媒介嵌入治理，可有效促进政策话语冲突的化解。

由于本研究基于个案，缺乏更多向度的样本，所以在空间政策话语的竞合表征以及协商平台对政策话语冲突的化解上，仍有待深入。综上，本文立足于西湖空间属性的政策话语冲突，运用空间文化社会学的分析框架，对围绕政策的话语冲突与调和进行分析，并提出协商平台能够在政策话语上提供空间张力，有利于民主商谈、民主参与和政策切实落地，从而为城市空间治理开辟新的路径。

走出"单向度困境":新闻类脱口秀节目在时政类重大主题报道中的困境与破局[*]

戴冰洁　汪如月　卢　卓^{**}

摘　要　近年来,主流媒体应用"脱口秀"形式创新"两会"报道理念与实践,实现严肃话题的"软传播",但也面临"不对味""不好看"的舆论质疑,以至于陷入"传不开""叫不响"的窘境。由此,本文以内容分析与话语分析为研究方法,选取2017~2023年"两会"期间国内主流媒体公开播送的7个新闻类脱口秀节目,进行宏观结构、微观主体及内容、传播效果层面的考察。本文发现,新闻类脱口秀节目在"两会"报道中的实践,存在结构上的"事先安排"、话语上的"单向输出"、反馈上的"官方效果"三个方面的"单向度"困境。因此,本文提出创新"认同"话题与形态,践行"俯就式"互动,突破传统报道框架等探索性建议,为新闻类脱口秀节目在时政类重大主题报道中的未来发展提供思路。

关键词　新闻类脱口秀节目;时政类重大主题报道;短视频

一　问题的提出

数字时代,重构主流媒体在实现价值引领过程中的专业能力,已经成为媒体深度融合转型的重要任务。^①社会舆论生态的多元化、受众"媒介时

---

* 本文系浙江省哲学社会科学规划课题"网络技术背景下基层社会治理智能化的互联困境及应对"(项目编号:21NDJC114YB)的阶段性成果。

** 戴冰洁,浙江传媒学院新闻与传播学院副教授,硕士生导师;汪如月,浙江传媒学院新闻与传播学院硕士研究生;卢卓,浙江传媒学院新闻与传播学院硕士研究生。

① 尹敏:《语态、时态与生态:数字语境中主流媒体价值引领的三个维度》,《青年记者》2022年第8期,第68~70页。

间"选择权的复归等新的传播语境，要求主流媒体在内容建设、语态变革各个维度进行创新与探索。近年来，在时政类重大主题报道中，主流媒体应用更适应移动传播的全媒体报道方式，由严肃深刻的硬新闻报道向娱乐幽默的软新闻转化。① 尤其是主流媒体的"两会"报道以生动的新闻实践有力地推动着我国新闻改革的进程，在我国新闻史上书写了精彩的篇章。② 其中，最为主要和亮眼的，就是对新闻类脱口秀的本土化应用，在报道政治、经济、科技等严肃话题时强调互动性与观赏性。

实际上，自 2017 年"四川观察"推出《洋洋大观·主播脱口秀》，脱口秀在时政类报道中的应用初见端倪。此后，主流媒体纷纷在"两会"期间推出新闻类脱口秀节目，如 2018～2019 年湖南日报社融媒体中央厨房推出的《筑梦新时代——柳小 Q 脱口秀》、2019～2020 年《河南日报》推出的新闻评论节目《问"侯"两会》与 2021～2022 年人民网推出的短视频节目《百秒说两会》等，以更适应移动传播的短视频形态呈现，使全媒体报道更加立体生动。但问题在于，即使穿上"脱口秀"的外衣，新闻类脱口秀节目的评论留言区仍然一片沉寂，难以取得预期的引导与宣传效果。目前，新闻类脱口秀节目存在两个方面的舆论质疑：一是"不对味"，受众普遍在网络脱口秀节目的认知框架下理解新闻类脱口秀节目，认为新闻类脱口秀节目达不到"脱口秀"的标准；二是"不好看"，在引导与宣传基调下，利用脱口秀形式解读时政热点，可能仅仅是一种"噱头"，而难以达到"贴近性""接地气"的传播效果。综上，本文通过梳理 2017～2023 年主流媒体公开播送的新闻类脱口秀节目，探究以下问题：1. "两会"报道中新闻类脱口秀节目有何特点？2. "两会"报道中新闻类脱口秀节目在构成、内容及效果层面可能存在的不足。3. 新闻类脱口秀节目在时政类重大主题报道中的未来进路。

二　文献综述

新闻类网络脱口秀节目，是指节目制作团队通过精心策划，选择在固

---

① 董偌闻：《我国电视新闻软化现象研究》，硕士学位论文，东北师范大学，2014，第 38 页。
② 张正其：《〈人民日报〉全国"两会"报道方式的探索与思考》，硕士学位论文，广西大学，2008，第 45 页。

定时间段内将新近发生或变动的、关注度高的话题性新闻事件作为素材，进行整合编排，用诙谐幽默的语言做艺术处理，巧妙地把新闻事件以及与其相关的背景资料、外延意义等深度报道内容串联起来，并在传播新闻资讯的同时，由一名或多名主持人围绕某个话题直接发表具有个人风格的主观评论的互联网节目形式。① 本文聚焦于主流媒体制作的新闻类网络脱口秀节目，核心研究对象是以互联网为传播平台，以新闻为传播内容，以短视频为传播形态的新闻类脱口秀节目。

脱口秀节目的兴起与发展，基本与广播、电视这两大媒介的发展同频，至20世纪80年代后期，成为西方最主要和重要的广播电视节目形式。在我国，脱口秀的出现标志是20世纪90年代初《东方直播室》和《实话实说》的播出。2011年，凤凰卫视推出的《倾倾百老汇》开创了"用娱乐精神说时政"的新范式，将脱口秀与"说新闻"结合起来，也是我国"说新闻"节目形态的一次重要发展。② 对新闻类脱口秀节目的研究也开始涌现，主要可以分为以下几类。

国内外新闻类脱口秀节目的现状与特点研究，主要对国内外新闻类脱口秀节目进行分析或对比，总结新闻类脱口秀节目的定义、特点、发展历程、表演形式等。其中，《一种鼓舞人的力量——美国新闻脱口秀及其对我们的启示和借鉴》对美国广播新闻类脱口秀节目的形态、流行原因、成功因素、节目特点、本质特征与社会功能进行了深入分析。而关于国内新闻类脱口秀节目的研究有《刍议新闻脱口秀节目主持人的语境设计》和《我国电视新闻脱口秀节目研究》等。

新闻类脱口秀节目的问题与发展策略研究，主要是通过挖掘传播内容与策略方面的现存问题，对新闻类脱口秀节目发展提出建议。例如，《广播新闻脱口秀节目面临的问题分析及解决路径》《关于新闻脱口秀节目的现状与未来分析》《电视新闻脱口秀节目主持人如何发挥"质感"与"魅力"》等。

---

① 常亚飞：《对新闻类网络脱口秀节目〈暴走大事件〉的叙事分析》，硕士学位论文，中央民族大学，2017，第58页。
② 王志达：《"说新闻"节目在我国的新发展——以凤凰中文台〈倾倾百老汇〉为例》，《新闻世界》2011年第8期，第73～74页。

对具有代表性的新闻类脱口秀节目的个案研究，主要是对具有代表性的新闻类脱口秀节目进行深入剖析，以期对其他新闻类脱口秀节目的制作起到参考和借鉴作用。其中，包括对新闻类电视脱口秀节目的个案分析，如《"语用原则"视角下新闻脱口秀主持人话语策略研究——以凤凰卫视〈倾倾百老汇〉为例》；对新闻类网络脱口秀节目的个案分析，如《对新闻类网络脱口秀节目〈暴走大事件〉的叙事分析》。个案研究主要集中于《倾倾百老汇》《暴走大事件》《笑逐颜开》等热门节目。

总的来看，我国新闻类脱口秀节目起步较晚，优秀新闻类脱口秀节目较少，既有研究大多讨论少数早期的热门节目，对国内媒体在各类报道中对新闻类脱口秀节目的创新实践关注不足，相关研究较为欠缺。

三 研究方法及数据分析

（一）研究对象及设计

本文选取 2017～2023 年"两会"期间，中央广播电视总台的《"冠"察两会》、《人民日报》的《百秒说两会》、《南方日报》的《两会 TALKS》、《四川日报》的《首席脱口秀之小徐有约》、《洋洋大观》"两会"特别版、《河南日报》的《问"侯"两会》与《湖南日报》的《筑梦新时代——柳小 Q 脱口秀》等 7 个系列短视频节目共 92 条短视频作为研究样本。其典型性在于，一是在各平台上的播放量、点击率与影响力靠前，二是形成了较为成熟的节目体系，具有稳定的制作周期。

首先，笔者对 92 条短视频进行内容分析，概括性地呈现 7 个新闻类脱口秀节目在报道频次与时长、报道信源与体裁层面的特点，以及重点梳理节目的主题、倾向与话语主体身份、视角。其次，笔者以诺曼·费尔克拉夫（Norman Fairclough）提出的话语分析框架为基础，期望呈现新闻类脱口秀节目在主持人特质、话语策略等方面的特点，并归纳新闻类脱口秀节目的结构特征。笔者将 92 条短视频转录成书面文本，共约 15 万字，并筛选语料，按照类目建构进行分类与解读。

一个成功的脱口秀节目必须依赖主持人自身的条件，如幽默感、人格魅力、与听众交流的素质等，① 而话语文本是承载话语传播的文本形态，在一定程度上能够反映主持人的话语特征。由此，本文以话语字数与关键词次数为统计变量，对主持人专业性、权威性、幽默感、对象感及互动性进行评估，探索性建构特质条目（见表1）。

表1 主持人特质条目建构

字数统计	专业性、权威性	数据支持
		直接与间接引语
	幽默感	网言网语
		民间俗语
次数统计	对象感	你们、大家、朋友们、咱们、大伙
	互动性	问题提出式互动
		引用评论式互动
		满足需求式互动

话语策略是指在交际过程中交际参与者为实现话语目标而采取的手段和方法，是说话者为实现交际目标，对话语内容、话语形式、话语风格与话语技巧有意识的选择和使用。② 本文尝试从话语结构、说理技巧、修辞手法三个方面，摘录典型话语文本，归纳7个新闻类脱口秀节目的话语策略。

（二）数据分析及结果

总体而言，从2017～2023年报道数量的分布形态来看，新闻类脱口秀节目在"两会"报道中的应用近年来呈现波动上升趋势，表明此种形式创新在一定程度上受到主流媒体认可与重视。因"两会"会期一般控制在10～12天，新闻类脱口秀节目发布频次为每周3～8次，报道时长以1～3分钟为主，短小精悍、形式丰富。因报道体裁局限，较常见的是消息与评论。具体而言，本文主要关注新闻类脱口秀节目的主题与结构、话语主体与策略层面的分析。

---

① 朱克奇、刘景妍：《一种鼓舞人的力量——美国新闻脱口秀及其对我们的启示和借鉴》，《中国广播》2009年第9期，第67～69页。

② 代树兰：《电视访谈话语研究》，博士学位论文，上海外国语大学，2008，第166页。

1. 节目主题与结构

节目主题上接政策、下接地气。根据 2017～2023 年的主题统计，研究发现新闻类脱口秀节目的议题呈现多样化的特点，国家政策规划类主题如"改革与经济建设""团结民主与法治"分别占 16.6% 与 8.4%；民生类主题如"就业与社会保障""医疗卫生""三农问题"分别占 12.5%、4.4% 与 4.4%。通过绘制主题词词云图，发现议题涵盖政治、经济、文化、生态与科技等，议题向子主题如"减税""农业"等深入，总体呈现横纵延展，这也表明，新闻类脱口秀节目的选题在时政类报道中得到拓宽与细化。

节目视角权威官方，内容流程框架化。研究发现，7 个新闻类脱口秀节目的主体内容是围绕节目主题展开评论与谈话。"两会"政府报告是最主要引用的信息源，其次是记者在"两会"会场获取的一手信息，以连线访谈形式向群众公开。此外，代表、委员的发言作为直接或间接引语在视频内容中被阐释与表达，以佐证节目主题，而群众提供的信息基本未有呈现。

在节目结构设计层面，按照主要节目模块可分为四类：日常话题、故事引入＋政策报告回顾＋主持人评述；时事政策引入＋数据信息回顾＋主持人解读、互动；主持人互动引入＋政策报告回顾＋嘉宾评论＋主持人解读。按照节目角色设定可分为三类：主持人＋嘉宾模式，主持人负责引出话题、串场、推进流程，嘉宾则围绕主题阐述观点；单一主持人模式，主持人既阐述观点又推进流程；单一嘉宾模式，主持人功能大大弱化，仅仅在开场与结束时短时间出现，由嘉宾承担主要的热点评述任务。

2. 话语主体与策略

话语主体性别、身份不平衡，视角、倾向偏正向。新闻类脱口秀节目主持人的男女比例基本均衡，而嘉宾中男性嘉宾所占的比例是女性嘉宾的两倍多，分别为 68.8% 与 31.3%。经多响应变量分析发现，在身份层面，电视台的主持人/记者出现 108 人次，代表、委员出现 10 人次，同时有 7 次为人工智能完成主持任务。看似身份类别具有多样性，但主要是官方姿态，群众的声音极少出现。在话语视角层面，代表、专家占 72.9%；记者 6 人次，占 12.5%；其他类型加总也仅占 14.6%。

本研究补充调查了嘉宾的发言倾向，91.3% 持正面态度，8.7% 为中立，无负面立场，与总体报道倾向吻合。脱口秀应当为思想的交流和碰撞提供自由空间，① 而应用于"两会"报道能在多大程度上发挥其作为"私人化的公共话语空间"的功能，实现主流引导的报道目的，为后续探究两者结合方式提供了思考路径。

主持人专业性、语态亲近性差距显著，整体互动性弱。通过梳理 92 条视频样本，统计符合评价条目的语料的出现次数、字数及占比，最后取其均值、极差以描述整体特征。《两会 TALKS》与《"冠"察两会》平均每条视频数据支持的文本字数占比较高，分别达到 26.5% 与 24.2%，《洋洋大观》"两会"特别版平均每条视频直接与间接引语的字数占比为 20.8%。数据与引语使新闻报道更加客观与权威，虽然 7 个节目都应用了这两种话语手段，但差距仍然显著。

主持人的幽默感是重要的情境渲染方式，② 媒体报道的语态革新也重视叙述表达的"亲民"与"网感"，主持人要有"网缘"，两者在对幽默感的强调上不谋而合。本研究通过分析民间俗语与网言网语的使用发现，《首席脱口秀之小徐有约》平均每条视频民间俗语字数的占比达到 36%，甚至其中一篇报道全文中俗语有 778 个字，占全文字数的 77.57%。而《洋洋大观》"两会"特别版在网言网语层面更胜一筹，其单条视频中网言网语的字数最高占比达 72.85%，最低占比达 35.7%，其他五个节目中主持人未能在这两个层面发挥话语优势。

听众是否积极参与节目，是决定脱口秀节目的活力乃至"生死"的关键性因素。③ 本研究统计"你们""大家""朋友们""咱们""大伙"等称谓出现的平均次数。7 个节目每条视频的平均互动次数在 0~3 次，互动方式中比较常见的是"问题提出式互动"（$N=92$，$M=0.7$）④，"引用评论式互动"（$N=92$，$M=0.09$）与"满足需求式互动"（$N=92$，$M=0.08$）出现次数可以忽略不计。脱口秀在主持人与嘉宾、现场观众和电视机前观众的双向交流模式中完成，从称谓出现次数与互动次数可见主持人互动与交流

① 郭晋晖：《"脱口秀"在中国——试评近年兴起的电视谈话节目》，《文艺争鸣》2002 年第 2 期，第 77~80 页。
② 毕一鸣：《谈话节目中的"场效应"和"场控制"——论谈话节目主持人的调控作用》，《现代传播》2004 年第 4 期，第 68~70 页。
③ 雷建军：《电视谈话节目与脱口秀辨析》，《电视研究》2004 年第 5 期，第 40~41 页。
④ N = 视频数量；M = 每条视频互动次数的平均值。

的能力较为欠缺。

新闻类脱口秀节目在话语策略的运用上，不仅继承了传统电视访谈节目的新闻式叙事特点，还积极向脱口秀戏剧形式靠齐。在话语结构上，表现为"逐级深入，环环相扣""以小见大，总结升华"的特点；在说理技巧上，表现为"旁征博引，演绎归纳""感同身受，引人深思"；在修辞手法上，惯用"排比押韵，设问对比"。但不容忽视的是，在 7 个系列短视频节目中，话语层面的冗余、随意拼凑以及存在专业壁垒等情况非常显著。

综上所述，根据对节目主题、节目结构、话语主体与话语策略的分析结果，本研究发现，新闻类脱口秀节目在"两会"报道中的特点有：节目主题宏观与微观兼顾；节目视角权威官方，流程模块化框架化；话语主体性别、身份不平衡，视角、倾向偏正向，且整体互动性弱。7 个新闻类脱口秀节目在"两会"报道中的共性问题在于，未能发挥脱口秀的开放性与双向互动优势，固化于官方立场的"单向度"引导，具体表现为结构上的"事先安排"、话语上的"单向输出"、反馈上的"官方效果"。

四 三重"单向度"：新闻类脱口秀节目在时政类重大主题报道中的实践困境

（一）节目模式：强调"事先安排"，内容与结构灵活性不足

节目的内容、形态与结构是构成节目模式的基础元素，模式风格通过三者之间的有机组接而显露出来。[1] 节目内容是基础，包括节目主题、参与主体等；节目形态是节目的各种表现形式，具体而言有场景建构、模块设置；节目结构作为有机系统，由活动、模块形成的一个个环节按照顺序程序化运作而成。就内在结构而言，节目层层递进、环环相扣，离不开对内容的精心打造，紧扣当前民众关切的热点，而节目形态、结构的设计与安排能够传达内容的核心思想；就外部关系而言，节目需要保持稳定的律动

---

[1] 宋亚晴：《电视节目模式的理论模型构建研究》，硕士学位论文，曲阜师范大学，2019，第62页。

与生命力，强调不断调整、多变多新，而本研究分析的“两会”期间7个新闻类脱口秀节目，在内外两个方面都未能发挥应有的效应与价值。

1. 内在结构：话题内容无趣，要素功能弱化

根据对7个系列短视频节目的话语主题统计，新闻类脱口秀形式应用于“两会”报道以国家政策规划类为主，其次是民生类主题，策划选题总体出于正面引导需要，较少基于对受众心理需求、兴趣的洞察与分析。一方面，宏观要求在于围绕政策做出“接地气”的解读，而这对主持人语态、风格等提出极高的要求，一旦其特质不达标，节目就有可能落入枯燥呆板、单向输出的窠臼。另一方面，根据消息来源的情况，代表委员、电视台主持人/记者占据主体地位，各界群众仅占5.8%，民间话语力量较弱，使话题叙事切入口并不能有效引起兴趣、调动共鸣。本研究梳理的92条视频，节目内容需要在趣味性与观赏性层面提升，而在“两会”报道中，节目的导向与基调对多样化形式的应用形成限制。简单来说，62%的视频时长在1～3分钟，强调短而精，试图容纳与堆叠尽可能多的要素，这就需要在各个要素之间不停地切换。实际上，如此走流程般完成节目设定，就有可能弱化各个要素的作用。一是要素功能简化与机械化，2021年《百秒说两会》节目由主持人承担固定的开场与总结任务，有限时长的视频并未包含有价值的信息。现场评述较多引用代表、委员、中央领导的话语以及政府报告的文本，连线记者的观点以正面鼓舞为主，且为描述性话语。

> 我在现场有三个没想到。首先没想到第一个提问机会给到了我，心情很激动……第二个没想到是现场的气氛这么热烈……第三个没想到是发布会的内容如此丰富，发言人积极回应了有关中国宏观经济预期、疫情防控动态清零、全过程人民民主等热点问题，干货满满。
> ——2022年《百秒说两会》第一期《记者的三个“没想到”》

二是要素功能形式化。如多个节目采用虚拟画面融合主持人的形式，“叠加”技术与音效彰显“科技范”，此类附加效果费时费力，且不为中心表达服务，报道难以达到预期效果，反而挤压了内容升华的空间，使新闻类脱口秀节目空有“噱头”，缺乏应该具备的“精神质量”。

2. 外部关系：环节设置固定，整体结构封闭

电视节目模式和环节的结构主要有三种类型：拼盘式的模块组合、层递式的环节链接以及前两种类型的混合型。① 大环节套小环节，彼此存在逻辑递进而非跳跃关系。本研究涉及的7个新闻类脱口秀节目，在环节结构上大致分为三部分，在开场借助讲经典故事、拉家常、互怼等方式引入主题、论证观点，紧接着结合政府报告做解读，最后互动总结。节目环节自第一期开始基本固定化、程式化，仅仅是视觉元素如背景、图片稍稍变化，缺乏创意性的设计调动用户注意力。脱口秀的场是开放的，主持人通过不断地与观众交流，使脱口秀拓展到场外，现场和观众结合起来才能形成一个完整的脱口秀场。② 然而新闻类脱口秀节目在"两会"报道中的实践大多存在环节"闭合"问题，更强调"事先安排"。《百秒说两会》节目以100秒内"主持人脱口秀+《人民日报》现场评述+主持人总结"模式为创新之处，但就结构而言，整体报道由记者预设的提问、委员凝练的观点铺设，环环相扣、衔接紧密意味着主体结构具有封闭性，未有容纳观点交流的空间，而更侧重自上而下的观点输出与引导。新闻类脱口秀节目在环节设置上安插的互动点，也仅为求关注、参与竞答的模式，老套且生硬，难以调动观众参与积极性。

（二）话语主体：一味"单向输出"，解读存在专业壁垒

话语主体，即话语的讲述者与话语信息的传播者。在新闻类脱口秀节目中，有单口秀，也有两个及以上人的交谈，后者主要分为主持人和嘉宾两种话语主体，主持人是节目的核心，而嘉宾是节目的重要组成部分，二者相辅相成、互为表里。在单口秀中，两种角色则由主持人一人扮演。但本研究发现，话语主体虽不在"其位"，却仍谋"其职"，对身份转换并未完全适应，仍停留在原本的身份框架中。

1. 主持人："过"是"说教新闻"，"不及"是"播新闻"

新闻类脱口秀节目是"说新闻"，而不是"播新闻"，更不是"说教新

① 谭天：《论电视节目形态构成——一种用于节目研发的理论模型》，《现代传播·中国传媒大学学报》2009年第4期，第71～74页。

② 雷建军：《电视谈话节目与脱口秀辨析》，《电视研究》2004年5期，第40～41页。

闻"。但在本研究选取的样本中，鲜有节目能够把握好其中的尺度，主持人仍保有单向度的话语与风格。节目若一味进行单向度的信息传递，就成了"播新闻"；若一味进行单向度的观点表达，则成了"说教新闻"。

新闻类脱口秀节目主持人多由从业经历丰富的主持人或记者担任，如《"冠"察两会》的王冠和《洋洋大观》"两会"特别版的王洋，均为台内翘楚。但对于经验丰富的新闻主持人而言，采用诙谐、轻松的语言风格与观众互动，是一个几近"重塑"的巨大挑战。一是从"播新闻"到"说新闻"的挑战，"播新闻"呈现的是书卷语体，而"说新闻"属于口语语体。[①] 脱口秀是口语化的"说新闻"的语言风格，而新闻主持人已经形成了严谨固定的"播新闻"的语言风格。脱口秀正是因为不备稿或看似不备稿，而被译为"脱口秀"，而新闻主持人存在备稿、读稿、念稿感强的问题。二是"说新闻"易成为"说教新闻"。新闻类脱口秀的知识点量多且密集，极易造成长篇大论、数据堆砌，有说教之嫌。

此外，根据本研究对主持人话语特征的分析，在7个节目中，6个节目对网言网语的运用低于15%，6个节目对民间俗语的运用低于10%，主持人网感、幽默感和亲切感有待提升；6个节目每条视频称呼性词语出现的平均次数均在2~6次，语言的对象感弱；7个节目中主持人对象性的话语表达接近0，节目的互动性较差。整体来看，节目形式偏向于单向度的"一言堂"，缺乏脱口秀的漫谈感、幽默感和对话感。

2. 嘉宾：专家变"砖家"，无效解读反筑专业壁垒

在新闻类脱口秀中，专家解读具有提供专业观点、提高可信度的重要作用，能够为观众提供更全面和深入的信息，帮助观众更好地理解新闻事件。若未对专业知识和术语进行通俗化解读，反而高筑专业壁垒，阻隔与观众的双向对话。

在研究样本中，专家在对热点事件进行讲解时，缺乏对"文化事业""文化产业""石墨烯新材料研究""产学研协同创新"等专业术语的通俗化解读，书面表达多于口语表达，可能对节目的传播效果造成负面影响。一方面，传播效果受限。观众无法从专家的专业解读中获得实质性的信息，

---

① 尹敬媛、顾宗云：《"说新闻"及其语言学观照》，《语言文字应用》2005年第S1期，第97~99页。

甚至可能会误解或曲解原信息，造成信息的失真和误导，无法达到专家解读的预期效果。另一方面，传播反效。新闻类脱口秀节目通常面向广泛的观众群体，多为非专业人士。专家过于专业化的解读，可能会使观众产生疏离感，从而对节目失去兴趣，进而导致观众流失和收视率下降。

过去 5 年，作为一个全国人大代表积极地履职尽责，结合国家的有关政策，我们提出了 1 份议案和 24 份建议。第一还是扶持民营企业发展，第二还是文化产业，第三是文化事业，第四是高质量共建"一带一路"。

——2023 年微记录·代表说《吕建中：拥抱数字技术 共建文化丝路》

通俗化的专业解读，是专家的观点和分析被广大观众理解和接受的基础，由此才能实现信息的有效传达和观众的积极参与。

（三）传播效果：追求"官方效果"，民众反馈可见度低

传播效果在狭义上指的是具有说服或宣传意图的传播活动在传播对象身上引起的心理、态度和行动的变化。[1] 当媒介内容触达观众视野的时候，才会产生接收者解码这个过程，其中对抗性或非对抗性的解读也将直接影响受众对信息的认知、态度和行动。在新媒体时代下，用户对于某一内容的"转评赞"成为核定传播效果的一种可视化标准，但是新闻类脱口秀节目在具体的实践中依旧没有改好"官方与民间叙事"这一身"衣服"，使得媒体实践面临"传不开""叫不响"的窘境，用户反馈度低，热度难以维持。

1. 态度建构上：政治意识鲜明，易产生对抗性解读

时政短视频肩负着方针政策解读、领导人形象传播等政治意义，在融合背景下的新媒体平台上将严肃新闻传达给观众，在生产内容上具备鲜明的政治服务意识。[2] 在"两会"新闻类脱口秀节目中，则多表现为宣读《政

---

① 郭庆光：《传播学教程》（第二版），中国人民大学出版社，2011，第 172 页。
② 柳爽：《时政短视频创作及传播的创新路径——基于 2017 年十佳新闻短视频获奖作品的分析》，《电视研究》2018 年第 3 期，第 55～57 页。

府工作报告》与相关条例、邀请代表委员在镜头前进行观点阐述，以制造出官方的政治传播效果。一方面的确符合主流媒体向中央看齐的宣传理念；另一方面却容易让观众怀疑媒体是否仅仅是套着脱口秀的"新皮肤"，内核仍旧是传统的媒体。

实际上，新闻类脱口秀节目呈现出要素拼凑、内容松散的缺点。特别是在《两会 TALKS》第二季的委员采访板块，可以明显发现后期剪辑拼凑痕迹，媒体对同一位委员的采访素材被切成多个小片段，分别被运用在多期节目中来佐证报道观点。委员的意见在该节目中仿佛只是一道程序，他们的话语表述只要有一句符合节目主题就可以被采用，不需要有鲜明、完整的观点表述，这样的素材仅仅是增加了视频的长度，而非提高报道的深度，甚至让报道结构变得松散，即难以实现短时间内讲好一件事的效果，造成大众进行对抗性解读，以致反馈效果甚微。

2. 行为驱动上：受众意识与交互意识薄弱，话题讨论度低

受众意识是时政短视频生产的根本，交互性则是媒体融合发展的一大趋势。脱口秀在语言表达上具有诙谐幽默的特点，大多时候还会根据台下观众的反应进行节奏的调整，以实现最大的喜剧效果。主流媒体期望借鉴该形式实现与年轻受众再一次深度"连接"，但实际情况是，点击量虽然可观，但是用户生产度和用户参与度较低，实际传播效果和引发的讨论热度与播放量并不成正比。

与线下的脱口秀或综艺类的脱口秀节目有所不同，新闻类脱口秀节目的观众仍然处于看不见的台后。尽管类似《首席脱口秀之小徐有约》节目，主持人会引导嘉宾积极思考普通大众所面临的现实问题，同时在每一期的视频结尾号召观众对视频主题进行后台留言与讨论，但不论是在微信、微博平台上还是在其客户端内，观众的留言数量也是少之又少。在下一期的节目中也并未就精选或者高频讨论进行回复，互动成为固定程序，并没有实现与观众的积极对话。部分节目为强调交互感，会在较短的视频时长中提到大量流行词语与事件，对观众的信息检索能力要求高，极有可能导致观众理解困难，成为节目难以驱动观众参与互动的原因之一。

五 走出"单向度"困境：新闻类脱口秀节目在时政类 重大主题报道中的未来进路

（一）节目模式：创新"认同"话题与形态，适当剧情化表演化

社会性话题往往是从现实社会中提炼出的社会广泛讨论的问题，每个人都能从中投射出自己的生活。① 既然报道选择应用当下年轻受众青睐的"脱口秀"形式，就应精准分析该群体的信息消费偏好，关注现实生活中的痛点、感动与温情。如《非正式会谈》中各国代表围绕青春、爱情、职场、社交与教育等问题分享自己的看法，使观众通过这面巨大的"社会之镜"照射自身，从而产生"共情"，与节目建立起心理上、情感上的认同与纽带关系。

形式与内容巧妙融合能够塑造节目的生命力。以《热点早茶》为例，作为泛时政热点评论栏目，其采用"吃播+脱口秀"的创新形式，为用户解读国内国际时事热点。② 从舆论反馈来看，时政评论节目并不只能是单一讲述式、对话式的结构，融入受众喜闻乐见的表现形态，如表演剧场、推理解密、视觉游戏等，都能在主流定位下推动内容产品出圈。但也要看到的是，《热点早茶》在观点质量、场景呈现上的用心与深耕，不断根据受众反馈调整摄制方向与选题，采用实景场地配合内容阐释与表达，并且跟随舆论焦点、热点的迭代出新出彩。

适当地融入艺术化手段能够为新闻类脱口秀节目，尤其是短视频形态"增色"。制造冲突、矛盾等戏剧性环节，为平淡的观点阐述增加"看点"甚至"槽点"，可以持续吸引受众的注意力。以设悬念、设预告等影视技巧，留下话题讨论的空间。"脱口秀"形式本身就是以"娱乐"吸引受众，这是新闻类脱口秀节目迈向大众的"第一步"。要培养受众对节目的好感与忠诚度，在内容、形态、结构方面不仅要紧密配合，还要做精做优，调动

① 景义新、韩雨坤：《非正式语境下的多重话语共存与文化认同——〈非正式会谈〉对谈话类节目的创新分析》，《中国电视》2020年第7期，第50~54页。
② 曾子瑾：《创新表达形态 精细运营提高触达率——深圳卫视评论脱口秀栏目"热点早茶"的出圈秘籍》，《中国记者》2023年第2期，第26~27页。

共情共鸣，这才是形成稳定的节目模式、保持发展动力的长久之道。

（二）话语主体：践行"俯就式"互动，专业术语"重新语境化"

基于话语主体层面的"单向度"问题，显性的话语主体（主持人和嘉宾）与隐性的话语主体（制作方）都可以从自身在节目中的角色定位出发，与观众建立双向联结。主持人可以参考《罗辑思维》中的"俯就式"叙事风格，如主持人罗振宇在节目中时常"自黑"，喜欢用"罗胖"来称呼自己，让节目好笑又不失分寸。这种"自黑"精神让他很容易融入受众。同时，罗振宇还时常使用"你看""你想想"等口语词和受众交流，创造亲密的讨论氛围，让受众产生场景感与代入感。[①]

针对专业术语理解门槛较高的问题，主持人、专家及节目制作方都需承担起对专业术语进行"重新语境化"的任务，使专家解读真正成为"可被观众理解的解读"。例如将专业术语转换成更加通俗、具体的词语，或辅以图画或者动画。这不仅考验媒体的耐心、用心，还考验一家媒体是否真正站在受众的角度制作节目。

（三）传播效果：突破传统报道框架，实现线上线下交互

媒介形式创新最怕的就是"旧酒装新瓶""旧人穿新衣"，在新闻类脱口秀节目的实践中就怕看到的还未必是新的瓶子与衣服，因为新闻的框架固化正在撕碎这一件本就难以合身的衣服。在时政类新闻报道中，不可避免地要进行相应的政治意识宣传，而业界常用的报道框架是让官方下场讲述，如"两会"会议片段、代表人物，甚至不惜在破坏节奏美感的情况下强硬加塞官方话语。在实际的操作中，应该将内容表达精练放在第一位，如果仅仅依靠现有素材就能讲好观点，大可停止创新，还可以给予受众更大的表达空间。

从传统新闻框架在新闻类脱口秀节目的不适中还能看到节奏封闭的问题。时政新闻与脱口秀节目的节奏不同，前者会事先进行相应的文本、情节设计，但后者通常在与受众面对面的开放性空间中展开，根据实时反馈

---

① 梁军童：《自媒体脱口秀节目的叙事话语分析——以〈罗辑思维〉为例》，《出版广角》2020 年第 20 期，第 74～76 页。

进行调整。反观当前的新闻类脱口秀节目，听不到交流带来的"笑声"。为制造出交互式的场景，节目可以设计"连麦"环节，考虑加入线上话题发起、街头随机采访等形式，提高观众参与程度。此外，可以设置素人类节目，使观众真正从台后走向台前，例如，可尝试设置"观众说"子节目，征集观众观点。当然在实际的操作中，可能会存在观众表述不够专业、内容难以过审等困难，但媒体既然尝试应用脱口秀来赢得观众的心，那么创新不妨再大胆一些。

主流媒体年轻化叙事路径探索*

——以央视新媒体账号"玉渊谭天"B站作品为例

沈菁洋　范文韵**

摘　要　在西方舆论战强势的媒介背景下，主流媒体应重视并加强对国家宏大议题的讲述，牢牢把握网络原住民"Z世代"的舆论阵地。本文选取了中央广播电视总台旗下央视新媒体账号"玉渊谭天"的B站热门作品作为研究对象，对其进行内容叙事层次的考量，以探索宏大叙事语境下主流媒体面向年轻人讲述宏大议题并形成认同的可行路径。本文发现，主流媒体可以通过叙事主体个体化、叙事视角多维切换、叙事元素年轻化以及叙事空间实景化四个维度贴合年轻人的观看习惯，以实现宏大议题的内容及价值观传达。

关键词　宏大叙事；重大主题报道；年轻化传播；"玉渊谭天"

一　问题的缘由

当前，中国正面临百年未有之大变局，国际局势不确定性急剧增加，国际话语权斗争也更加复杂激烈，信息全球化进一步增加了西方媒体侵入我国舆论空间的可能性。习近平总书记在主持十九届中共中央政治局第三十次集体学习时强调："要加快构建中国话语和中国叙事体系，用中国理论阐释中国实践，用中国实践升华中国理论，打造融通中外的新概念、新范

＊　本文为四川传媒学院研究类青年教师专项项目"宏大叙事语境下主流媒体年轻化表达探索"（X20220930）的阶段性研究成果。

＊＊　沈菁洋，伦敦国王学院数字文化与社会硕士，现就职于四川传媒学院；范文韵，伦敦国王学院数字资产与媒体管理硕士，现就职于上海证券报社有限公司。

畴、新表述，更加充分、更加鲜明地展现中国故事及其背后的思想力量和精神力量"。①

西方话语和叙事体系起步早，发展较成熟，在国际舆论场上提前占据了主导位置。随着新媒体技术的发展，各类新闻报道传播边界的扩展更是为西方媒体侵入我国舆论空间提供了潜在机会。

在国际形势复杂化与新媒体迅速发展的双重背景下，我国舆论引导也面临更为复杂的局面。如此一来，讲好中国故事，传播好中国声音，展示真实、立体、全面的中国，成为加强我国国际传播能力建设的重要任务。在此背景下，主流媒体应牢牢把握宏大叙事的话语权，在以习近平同志为核心的党中央对传播工作的全面部署下，巩固和壮大主流媒体舆论阵地。

在巩固和壮大主流媒体舆论阵地工作中，对"Z世代"阵地的坚守不容小觑。从时间维度上，"Z世代（Generation Z）"主要是指出生在1995～2010年的青年群体，也被称为"95后"②。作为"网络原住民"的一代，"Z世代"自小生活在电子虚拟世界与现实世界的原生世代，因而对互联网生态十分熟悉。③ 同时，"Z世代"群体也十分重视社交媒体的深度参与，并将其视作自己生活中极为重要的部分，受到媒体传播的影响较大。④

青山资本2021年统计显示，"Z世代"在中国共计2.8亿人，占总人口的18.1%，⑤ 其传播声量大，网络舆论影响力不容小觑。"Z世代"作为高文化素质的代际群体，其中52%的"Z世代"接受了高等教育，80%的"Z世代"完成了高中阶段教育，其中"00后"（2000～2003年出生者）有93.7%的人完成了高中阶段教育。⑥ 随着新媒体快速发展，"Z世代"对政

① 习近平：《讲好中国故事，传播好中国声音》，求是网，2021年6月2日，http://www.qs-theory.cn/laigao/ycjx/2021-06/02/c-1127522386.htm，访问时间：2023年12月26日。

② 陈家洋、袁玥：《面向"Z世代"的主流价值引领研究——以B站新华社官方账号为例》，《青年记者》2023年第21期，第86～88页。

③ 董书华、张雪宁：《断联与再联：社交媒体可见性调整与自我形象管理——基于对Z世代微博小号的使用行为研究》，《青年记者》2023年第22期，第55～59页。

④ 赵颖新：《主旋律如何走进"Z世代"——主旋律视听内容创作与传播路径》，《南方传媒研究》2022年第3期，第15～19页。

⑤ 零售商业评论：《Z世代定义与特征｜青山资本2021年中消费报告》，雪球网，2021年7月13日，https://xueqiu.com/1495091500/190310655，访问时间：2023年9月22日。

⑥ 李春玲：《社会经济变迁中的Z世代青年：构成、观念与行为》，《社会科学文摘》2022年第12期，第99～101页。

治议题的参与度也不断提升，社会影响力逐渐显现。①

"少年富则国富，少年强则国强"，"Z世代"是宏大议题的讨论参与者与观点输出者。在多重身份下，探索我国主流媒体对宏大议题年轻化叙事的重要性不言而喻。因此，主流媒体在对宏大议题进行传播时，不应忽视"Z世代"群体，应积极探索年轻人喜闻乐见的叙事路径，在媒体融合不断深入、内容类型日趋多元、青年群体接受传播渠道日趋广泛的媒介背景下，应以年轻态的表达方式向"Z世代"传递主流价值观，增进"Z世代"对宏大议题的理解与认同。

综上，本文尝试通过对央视新媒体账号"玉渊谭天"B站作品展开个案研究，探索主流媒体直面宏大议题时，如何以年轻人喜爱的叙事方式传递新闻。

二　文献综述

（一）宏大叙事

宏大叙事，也称为"宏伟叙事"，特指对文化叙事规划的一个无所不包的和整体的有条理、知识和经验的解释，是"关于自身地位的合法化话语"②。作为法国思想家让–弗朗索瓦·利奥塔尔在《后现代状态：关于知识的报告》（*The Postmodern Condition：A Report on Knowledge*）中提出的一个关键概念，"宏大叙事"在西方后现代主义思潮中占有重要地位。利奥塔尔认为，在人类知识的积累过程中，知识话语依赖宏大叙事来证明科学知识与社会和国家之间的关系。他在书中指出，历来的知识合理性表现为两种叙事：一种是政治的解放叙事，另一种是哲学的思辨叙事。美国著名历史学家阿兰·梅吉尔认为，在历史学语境中，"宏大叙事"指代的是一种无所

---

① 王峰、臧珈翊：《面向海外"Z世代"做好国际传播的主流媒体新策略》，《对外传播》2022年第10期，第46～50页。

② 〔法〕让–弗朗索瓦·利奥塔尔：《后现代状态：关于知识的报告》，车槿山译，南京大学出版社，2011，第2页。

不包的叙事，具有主题性、目的性、连贯性和统一性。① 宏大叙事，在内容方面往往通过伟岸的英雄、巨大的险情、壮阔的航程及远大的目标建构来表现，具有集中的主题和目的，其叙事能达到连贯性和自身内在的统一。②

"宏大叙事"这个概念在后期出现了泛化的趋势，因而在学术界难以有一个确定的定义。中国学者吴玉军、顾豪迈在《国家认同建构中的历史记忆问题》中对宏大叙事概念的泛化展开解读，总结为以下四类：一是具有统一性与一致性的叙事；二是完整的、全面的、十全十美的叙事；三是意识形态色彩浓厚的叙事；四是与总体性、普遍性相关，而与细节分析、差异性、多元性相对立的叙事。

宏大叙事作为一种较为完满的设想，对人类历史发展进程构建了一个有始有终的型式，无论是在农业社会还是在工业社会，宏大叙事在维持社会稳定和既定制度方面，都起着不可替代的作用。③

在现代大众媒介的叙事体系中，新闻事件的叙事不仅讲述了新闻事件本身，而且体现了事件的价值和观念，同时还表达了社会文化乃至意识形态。中国主流媒体以"宏大叙事"的新闻路径构建主流价值观，主要以国家、民族、改革、建设等观念为核心进行传播，维系着具有整体性、同一性、共生性的意识形态体系。④

学者罗坤瑾、许嘉馨在《国际性共同媒介仪式：体育精神与国家形象的建构》中指出，宏大叙事是国家形象建构的一个重要叙事技巧，从整体性的历史、民族、文化切入，为国家打造了一个具有凝聚力、吸引力和号召力的形象。中国学者杨剑峰有相似的看法，他在《体育新闻与宏大叙事》中指出，体育新闻不仅体现了事件本身，同时也蕴含中国体育的精神和价值所在，这种对于社会文化和意识形态的传递和表达，起到维系社会成员之间情感联系的作用，从而也成为一种宏大叙事。学者范杰逊指

---

① 程群：《宏大叙事的缺失与复归——当代美国史学的曲折反映》，《史学理论研究》2005年第1期。
② 王庆、王思文：《"小叙事"何以"载大道"——主流电视媒体对社会热点的价值引导》，《当代电视》2020年第6期，第102～106页。
③ 马立明、高雨宁：《从宏大叙事到个体叙事："乌卡时代"全球赛事建构国家形象的全新维度——以2022年卡塔尔世界杯足球赛为例》，《对外传播》2023年第2期，第33～37页。
④ 顾亚奇、王薇：《电视节目对"宏大叙事"与"家国情怀"的视听新表达》，《中国电视》2019年第6期。

出，新闻的宏大叙事在不断的挖掘、报道、传承中，塑造了集体记忆，并提炼出相应的国家精神。①

在呈现后现代特征的个体网络化时代，宏大叙事在新闻叙事讨论中被消解和解构，通过"自我"来进行新闻讲述。"自我"是微不足道的，但它并不孤立。它处于比过去任何时候都更复杂、更多变的关系网中。② 用个体叙事化解宏大叙事，是当前新闻在面对宏大议题时的主要做法。这种叙事形式不同于以往的宏大叙事，基于网络个人主义的个人叙事特征高维凸显，③ 个体叙事的关注点更加个体化。

周海燕在《亲历者口述：从个体叙事到社会行动》中指出，在记录"大写的历史"时，应当看到个体叙事的价值，事件亲历者的个体叙事应该成为新闻中"无可替代的一手材料"。观照每一个"我"的口述史研究的兴起，说明个体叙事在当下越来越受到学界的重视。④ 学者马小龙、底云飞在《基于宏大叙事下个人视角的扶贫口述史出版》中提出，读者内心对国家概念的思考需要用个体故事的讲述潜移默化地唤醒，他们认为个体获得的成就与荣誉，更容易让读者产生情感共鸣，这些情感共鸣能够使国家政策和意识形态的传播由内及外、由抽象至具体、由个人到国家层层展开，从而使得新闻取得更好的共情和传播效果。在《宏大叙事模式中的样态创新》中，学者罗庆东、赵华琳也强调要用小故事让受众感受到中国共产党历经百年而风华正茂、饱经磨难而生生不息的精神。

综上所述，在探索宏大叙事与新闻传播的关系文章中，中国学者普遍认为宏大议题的新闻讲述应当去宏观化，由小人物切入，以消解"宏大议题"来达到传播目的。由此可见，在对中国重大议题破题传播困境的方法研究上，学者们对宏大叙事的新闻传播研究都跳脱了宏大叙事的框架，通过小切口的微观叙事进行表达，缺少在宏大叙事的语境中对主流媒体如何

---

① 范杰逊：《从宏大叙事到日常生活的集体记忆塑造——以南京长江大桥恢复通行交汇点新闻〈离开大桥的日子〉报道为例》，《记者观察》2020 年第 35 期。

② 〔法〕让－弗朗索瓦·利奥塔尔：《后现代状态：关于知识的报告》，车槿山译，南京大学出版社，2011，第 32 页。

③ 彭兰：《新媒体用户研究》，中国人民大学出版社，2020，第 15～18 页。

④ 周晓虹：《口述史作为方法：何以可能与何以可为——以新中国工业建设口述史研究为例》，《社会科学研究》2021 年第 5 期，第 1～8 页。

对重大议题本身进行传播的探索，也忽视了技术发展过程中主流媒体可借助新媒体进行宏大叙事的新的可能性。

（二）年轻化表达

"年轻化"传播一般是指媒体在传播活动中将年轻人或年轻群体作为预设受众，依照年轻人的喜好调整媒体自身的定位、策略、内容、形式，包括对选题内容、媒体话语、传播策略等方面做出改变，从而使媒体在年轻群体中获得更大的关注。[1] 有学者提出，在新媒体言论传播主体中，年轻网民所占比重是最高的，主要在于年轻网民对新传播载体的熟悉度和运用度较高，对新的传播现象的反应力和判断力较强。[2]

当前，中国学术界已经有不少学者对主流媒体年轻化表达展开研究，研究领域主要分为以下两个方面。

在主流媒体的选择上，研究对象多为央视新闻。学者马腾瑞对《央视新闻》入驻 B 站这一事件进行了细化研究，他在《全媒体时代下主流媒体在青年文化社区的传播研究》一文中指出，中央电视台作为主流媒体入驻年轻社区这一行为具有可行性和必要性，这不仅满足了党和国家拓宽宣传渠道的要求，也增强了重大新闻议题在年轻用户群体中的传播力、引导力、影响力。学者邹鹏认为，康辉作为《新闻联播》的主播，加入 Vlogger 的行列中，以主播身份出镜短视频作品，也是主流媒体年轻化表达路径的一次成功探索。

从方法策略上看，学者赵敏在《新媒体时代下央视新闻品牌年轻化问题研究》一文中从品牌定位、传播渠道、传播内容三个角度展开了对央视新闻品牌年轻化的研究。《主流媒体通过垂类报道吸引年轻受众的策略探析——以中央广播电视总台央视农业 B 站账号为例》从发散平台选取思维、创新多元运营方式、精确瞄准发力领域三个方面进行了年轻化表达的解读。靳畅栋在《电视时政评论的青年视角和创新表达——以评论专栏〈新青年，有态度〉为例》中指出，年轻化表达可以从以下几个维度进行打造：打造

---

[1] 赵敏：《新媒体时代下央视新闻品牌年轻化问题研究》，硕士学位论文，黑龙江大学，2021。

[2] 殷俊：《论新媒体言论传播的主要结构》，《西南民族大学学报》（人文社会科学版）2013年第6期，第169～170页。

青年观察员 IP、话语创新、探索主流价值的年轻化表达、形式创新、丰富视觉元素让现场评论"活起来"。

由此可见，目前国内学界主要聚焦在主流媒体品牌 IP、运营、内容选题等方面，并没有从宏大议题的内容角度进行叙事分析。本研究意在弥补学界对此的研究空白，探索在宏观叙事的语境中，主流媒体如何进行年轻化的叙事表达。

三　案例介绍："玉渊谭天"
——在 B 站平台与年轻人同频共振

B 站创建于 2009 年，凭借其专业的 UGC 内容生产模式与高度灵活的粉丝社群运营，逐渐成为拥有大量多元文化爱好者的成熟网站。其中，"90后"用户占比高达 77. 64%。[①] 在 B 站这个年轻用户聚集的平台，2023 年新增用户平均年龄为 20. 2 岁，且用户普遍认同"Z 世代"这个身份标签。[②]

"玉渊谭天"，创办于 2019 年 3 月，作为中央广播电视总台旗下的新媒体账号，其媒体矩阵布局较为完整，在抖音、微信视频号、微信公众号、B站、微博中均设立了账号，其 B 站作品内容大多聚焦"中美关系""国际会谈""中国式现代化"等宏大议题。截至 2023 年 11 月 13 日，其 B 站账号粉丝数达 135. 6 万，获赞数达 719. 9 万，播放数达 9186. 8 万，相关视频多次登上 B 站首页推荐榜，这无疑体现了其在年轻社区中具有较强的影响力。

在"玉渊谭天"的 B 站留言区，不少网友将以宏大议题为主题的系列视频称为"连续剧"，将关注"玉渊谭天"的视频发布称为"追剧"，并通过留言等方式持续"催更"。由此可见，"玉渊谭天"在 B 站广受年轻人追捧，产生了较好的舆论引导效果，成为与年轻人同频共振的主流媒体。在影响力背后，是其以区别于原有时政类节目的年轻话语样态创新新闻讲述的叙事途径，从而传递了主流价值观。

---

① 彭峰、戴世富：《破圈与互动：B 站品牌的年轻愿景与价值共创——以〈后浪〉事件为例》，《东南传播》2020 年第 10 期，第 1~4 页。

② 于箫音、马双佳、朱东树：《主流媒体通过垂类报道吸引年轻受众的策略探析——以中央广播电视总台央视农业 B 站账号为例》，《新闻研究导刊》2023 年第 14 期，第 81~83 页。

基于上述情况，本文选择以中央广播电视总台央视新媒体账号"玉渊谭天"的B站作品为研究对象，探索主流媒体对宏大议题年轻化叙事的可行路径。

四 宏大议题的年轻化叙事路径

在面对宏大议题的抽象性和宏阔性时，"玉渊谭天"的作品直面深刻的内涵和宏大的场面，用年轻化的语态构建了新闻叙事。在用户本位的叙事逻辑下，本文从叙事主体、叙事视角、叙事元素、叙事空间四个维度探索"玉渊谭天"如何形成与"Z世代"贴近的路径，并形成一个具有同一性的主流价值观传递空间。

（一）叙事主体个体化：以"我"凸显个体，实现共情链接

当下媒体在进行宏大议题新闻叙事时，往往从平凡个体和生活碎片的小叙事角度切入，聚焦百姓生活中的小人物、小事件和小场景，通过日常生活反映大时代背后的主流价值观。[①] 然而，对于"玉渊谭天"的主要内容而言，这一叙事逻辑并不能自洽。当主流媒体面对"中国式现代化""中美关系"等主题时，仍需直面大场景、大议题。因此，在叙事主体上，"玉渊谭天"通过个体化人设打造，以"谭主"这一去媒体化的朋友形象出现在"Z世代"面前，在一定程度上消弭了宏大议题与年轻群体的距离感。通过平视的个体讲述，"玉渊谭天"塑造了贴近年轻人生活的"谭主"形象，以年轻化、网感化的文本讲述新闻故事，扩展了对宏大议题新闻的讲述路径。

在首页介绍上，"玉渊谭天"在B站的认证信息为"bilibili知名UP主"，直接点明个体化身份。在内容上，"玉渊谭天"的视频多以"我"作为讲述主体引入新闻。

如"2022年底，通过北京语言大学乔姆斯基研究所的朋友，我联系到了一位重磅嘉宾""B站网友让我去'夜闯'德堡，一路上吃到的瓜都在这期视频里了。这一次，我用649万条数据让德堡无处遁形""在这场今年以

---

① 顾亚奇、王薇：《电视节目对"宏大叙事"与"家国情怀"的视听新表达》，《中国电视》2019年第6期，第48~53页。

来国内最大规模的线下外长会，我发现了不一样的细节"等文本都是围绕"我"展开的。

从叙事技巧上看，口头程式也在不断加强"玉渊谭天"个体化人设的打造。由特定的一组词或短语组成的口头程式在相同的条件下被运用时，有利于表达相对稳定的意义。① 在视频中，"玉渊谭天"利用口头程式话语来强化个体化人设的符号印象，如视频中"出来谈谭""谭主的老朋友"等固定的人设话语的反复提及和使用都有助于强化受众对个体人设的记忆。

除此以外，在 B 站留言区，"玉渊谭天"也在口头程式话语中加强个体化人设打造。如"谭主刚被安利了《山海情》""谭主今年过年不能回家了，回顾了一下去年印象比较深刻的瞬间，想跟大家分享。大家或许平时也会随手记录，比如相机里的视频、聊天记录、qq 空间的日记…这些我们眼中的'黑历史'，回过头看，却都变成了删不掉的回忆。这个特殊的春节，来跟谭主分享一下你的故事吧～""谭主持续追踪美国常务副国务卿舍曼访华"等留言区的人设话语与视频内容形成呼应，再一次打造了"朋友"的身份。

观照媒体讲述，以"个体"身份讲述新闻，有利于新闻以更日常的话语再现宏大议题中的鲜活纹理，贴近当代年轻人的阅读心理。同时，"玉渊谭天"在宏大议题中以个体身份讲述新闻，更易产生与年轻受众共鸣的情感势能，实现新闻的情感转化。

（二）叙事视角多维切换：以"转述"保证新闻客观，以"我述"增强情感

叙事视角作为文本叙事研究的核心，参照法国结构主义批评家热奈特的三分法，可分为如下三类。其一，是指没有固定聚焦视角，叙事者可以通过任意视角看待事件，且不作为事件人物出现的零聚焦模式。其二，是指视角受限，只能聚焦单个人物的想法和感受，以单个人物视角讲述，并向受众呈现的内聚焦模式。其三，是指叙述者不参与故事发展，不掺杂私人情感，作为一个记录器独立于故事外，机械传递故事的外部聚焦叙事。②

---

① 安海燕：《〈阿诗玛〉的口头程式特征探析》，《剑南文学》2012 年第 7 期，第 52～53 页。
② 肖伟：《全知视角对几类新闻报道真实性的影响》，《暨南学报》（哲学社会科学版）2006 第 1 期，第 122～126 页。

在外部聚焦叙事中，由于叙述者呈现的内容较少，会在故事的讲述中激发受众充分发挥想象力。①

在上述三类叙事视角中，零聚焦视角因无固定叙事者，如一个全知上帝洞察一切，又被称为全知视角。② 全知视角叙事让记者位于一个较为灵活的位置，这样就可以通过多层次、多角度的叙事，对新闻事件进行报道，挖掘受众欲知、未知的新闻事实。③ 全知视角通过贴合新闻记者多角色、多方位、多角度的采访叙事，还原一个完整的全知现场的实践场面。因此，大多数新闻在叙事过程中使用零聚焦的叙事视角，没有将叙事者身份聚集在新闻故事中的某个个体身上，而是多人看见、多人叙事，记者则作为旁观者还原新闻的完整性。

"玉渊谭天"在新闻讲述过程中，隐去"媒体"性，作为个体"UP主"出现的身份使全知视角不再适用于新闻讲述。因此，在叙事视角上，"玉渊谭天"也创新了多聚焦视角切换进行新闻叙事，其作品不局限于一种叙事视角，而是在多视角的转换中实现对新闻的客观呈现。在保证新闻客观性的基础上，叙事视角的切换可以助力主题的情感立意，让情感在讲述中逐步累积，最终透过紧密的逻辑线完成对宏大议题中主流价值观的传递。

在"玉渊谭天"的作品中，为贴合"个体"人设身份，主要采用内聚焦与外部聚焦切换的方式。首先，在以个体身份切入新闻时，叙述视角只来自"谭主"本人，此时的讲述采用只聚焦个人的想法和感受的内聚焦叙事；其次，在主题切入后寻找新闻故事的过程中，叙事角度切换为叙述者不参与故事发展，只作为一个固定记录器独立于新闻之外传递事件的外聚焦叙事，从而达到客观传递新闻内容的目的。此时，"我"只作为旁观者搬运相关信息，并不发表评论，以保证新闻的客观性。这一点在"起底美国""溯源美国"系列尤为突出。

以《揭露涉疆谎言的美国记者离奇死亡，我找到了目击证人……》这条视频为例，该视频主要讲述美国记者弗尔切克之死之谜，这位曾揭露涉

① 范颖：《多重叙事聚焦——论〈地下铁道〉的叙事技巧》《内蒙古电大学刊》2023年第4期，第48~52页。
② 李和风：《从新闻叙事学视角看国际传播类获奖作品》，《新闻世界》2021年第11期，第61~64页。
③ 齐克因：《新闻叙事的视角分析》，硕士学位论文，苏州大学，2005。

疆谎言的美国记者，2020 年私人旅行时在土耳其的汽车里离奇去世。从作品整体上看，故事根据讲述视角的切换分为三个阶段。一开始，新闻叙事采用了内聚焦的叙事方式，围绕"我"寻找记者死因展开，以个体视角推进整个故事的讲述。在对新闻真相的寻找中，"我"收集了外媒报告，并采访了弗尔切克的妻子。在呈现这类信息时，"我"又独立于事件之外，仅作为资料和采访对象讲述的传声机。如，在与受害记者妻子通过邮件交流探索真相的过程中，"我"只将与妻子的邮件如实贴出，并不对转述内容发表评论。视频结尾，在呈现弗尔切克之死的种种疑点后，叙事视角又切回内聚焦叙事，以"我"的个人感悟和发问作为结尾："我不知道他们受到过怎样的死亡威胁，也不知道他们在死前那一刻会不会后悔，但他们都对着镜头说过遗言，我不敢想象你们说的注意安全背后，会是这样一个又一个活生生人的故事。"如此一来，在确保新闻客观性的基础上，新闻也给受众留下了更多的想象空间，让受众在自我发问中参与该新闻的情景，在情感的递进中接受新闻所传递的主流价值观。

（三）叙事元素年轻化：视觉图景与听觉元素反哺年轻样态

对于视频新闻叙事而言，其作品组成元素为视觉元素与听觉元素，两者相辅相成共同促成了新闻故事主题的再现与建构，实现了新闻故事与价值观的呈现。在"玉渊谭天"的作品中，视觉与听觉元素均呈现年轻风格化的特点。这类表面上看似偶然出现的年轻元素，其背后体现了"玉渊谭天"对"Z 世代"受众兴趣的准确把握。分析该类元素本身所具有的特点，具有一定的借鉴意义。

在听觉元素上，其一，"玉渊谭天"的 B 站作品大量运用网络流行语，以年轻化、口语化、网感化的听觉元素消弭了宏大议题与受众的距离感，生动形象地向"Z 世代"传播主流价值观，如视频中出现的"卷""谢邀""注意看，这个男人叫阿日"等语句均是网络热门用语。

其二，"玉渊谭天"视频多用口语化叙事，以接地气的方式讲述人物故事，拉近与年轻人的距离。如在《我们在人民大会堂打开了党代表们的"话匣子"》视频中，在介绍党的二十大代表林占熺时，文本信息为："朱院士等的这个爷爷"，视频文本以"爷爷"这一去官方化、接地气的口语进行叙事，更显年轻语态。

其三，"玉渊谭天"的配乐也多使用年轻人耳熟能详的影视剧音频，如在"起底美国"系列中，视频多次出现《神探夏洛特》《哈利·波特》《纸牌屋》等影视作品的音乐。从音频响起时"熟悉的 BGM""哇，神探夏洛特"等弹幕的出现中可以看出年轻人对此较为敏感，在听觉元素上贴合了年轻人的话语样态。

在视觉元素上，视频通过使用年轻人熟悉的表情包生成视觉"刺点"，以达到更好的传播效果。"刺点"一词，由罗兰·巴尔特提出，他认为刺点指能够从照片中如箭般射出，让人敏感的点。[①] 对于一部分节目而言，"刺点"就是作品的内核所在。刺点通过对年轻观众的情感进行影响和引导，进而引发年轻观众的群体性认同。[②] 如在《不抹黑中国就难受？特朗普复读机纳瓦罗爆红原因揭秘》作品中，出现了猫与老鼠的表情包辅助主题的表达；在《又双叒乱了！这些日子，白宫发生了什么?》中，以海绵宝宝的表情包传递新闻情绪。这类视觉符号形成了良好的"刺点"记忆，有助于作品有效传播。

（四）叙事空间实景化：消弭距离感，增强新闻张力

在新闻叙事中，空间作为建构叙事文本的场域而存在，是主流媒体探索叙事样态创新的重要突破口。[③] 随着新媒体技术的不断发展，主流媒体也致力于借助技术延展叙事，从空间维度拓展用户对新闻故事的认知与接受途径。

"玉渊谭天"的作品呈现多样态的叙事空间，如游戏互动、VR 新闻、虚拟模型搭建、模拟场景等。虚拟空间为其对宏大议题的叙事搭建了可视化场景，勾勒出更为贴近年轻用户的叙事轨迹，延展了年轻用户对宏大议题的感知路径。如《爆肝48小时，我还原了抗美援朝志愿军的真实战场》作品中，

---

① 〔法〕罗兰·巴尔特：《明室：摄影札记》，赵克非译，中国人民大学出版社，2011，第34页。

② 郝丽娟：《5G 生态下，主流媒体应该怎么玩——浅谈中央广播电视总台的年轻化传播策略》，《中国广播影视》2021 年第 10 期，第 93～95 页。

③ 张馨：《主流媒体新闻叙事空间的构建与延展》，中国社会科学网，https://www.sklib.cn/c/2022 - 08 - 05/648181. shtml。

"玉渊谭天"以微缩模型还原上甘岭之战中国志愿军的坚守，在实景的渲染之下，向年轻群体呈现爱国情怀这一宏大主题。

对此类叙事空间的沉浸式打造再一次消弭了年轻受众与宏大议题之间的距离感。借助技术可供性，"玉渊谭天"加强了新闻叙事空间的沉浸式体验，年轻用户与新闻本身的空间距离也在丰富多样的样态下缩减。在沉浸式的空间维度之中，"玉渊谭天"构建了新闻故事的情感空间，丰富了新闻故事的主题内涵，并在积极调动用户对新闻本体的感知和理解中加强了年轻用户对主流价值观的认同。

当前，世界百年未有之大变局加速演变，在时代之变与媒介之变的双重背景下，主流媒体更应重视其对"Z世代"的舆论阵地坚守。央视品牌"玉渊谭天"的B站作品，探索出一条主流媒体通过个体化的叙事主体、多维切换的叙事视角、年轻化的叙事元素、实景化的叙事空间多维度发力的路径，有效地与年轻用户建立情感话语链接，唤起共情，增进了年轻群体对国家的理解与认同。在此意义上，"玉渊谭天"对于在宏大叙事语境下实施的主流媒体年轻化叙事策略的开创和引领价值，远远超过了节目内容本身。后续研究者可以持续关注主流媒体在年轻化叙事表达中的创新，以及如何以兼具网感与质感的年轻化叙事样态，实现在新媒体平台上的价值观引领。

·媒介与平台治理·

管理、治理、善治：政府在网络上的角色定位与功能展开[*]

张爱军^{**}

摘　要　政府在网络政治发展的不同阶段，扮演着不同的角色，承载着相应的政治功能。政府治理在每一个发展阶段既具有相同的政治运作逻辑，又具有不同的政治运作逻辑。网络发展阶段大致可分为管理阶段、治理阶段和善治阶段。这三个阶段从主体上说，分别是单一主体、治理多元主体、善治多元主体，其承担的相应责任是无限责任、有限责任和伦理责任。网络主体交互，管理、治理、善治三者责任叠加，对及时化解网络政治带来的政治风险和社会风险具有重要的理论意义和现实意义。

关键词　网络；政府；管理；治理；善治

中国政府是在中国共产党领导下的政府，具有党政合一的根本特性。这一根本特性在网络管理、网络治理、网络善治各阶段中得以体现。在这三个发展阶段中，政府解决网络政治问题的角色不断调整，功能不断转换，政治责任由无限责任到有限责任，治理角色由一元主导到多元引领实现共治善治，逐渐适应网络政治发展规律，并按网络政治发展规律进行有效治理。

一　政府在网络管理中的角色定位：单一主体

政治管理是少数人对多数人的管理。政治管理对象和范围是群众的政

---

　*　本文系国家社会科学基金重大项目"互联网发展与国家治理体系和治理能力现代化研究"（项目编号：22&ZD028）阶段性成果。
　**　张爱军，西北政法大学新闻传播学院教授，博士生导师。

治性行为和公共政治生活。管理是政府的职能，解决的基本问题是政府与人民的关系问题，追求的目标是效率与公平。基于政治角度，政府对网络的管理是对网络政治内容的管理，这包括政治方面的制度、价值、意识形态、言论和群体性事件等。政府对网络管理的主要目的是维护政治安全和政治稳定。

（一）政府对网络管理是全方位的管理

政府对网络的全方位管理具有"纵向到底、横向到边"的特征。政府对网络的管理是现实政治管理的逻辑位移和延伸，采取的是现实政治管理的模式和路径。[①] 在网络治理的早期阶段，中国主要遵循传统管理的理念，即以政府为中心，依靠政府的权威和强制力来管理互联网，具有刚性、封闭和单一等特征。政府是唯一主体。政府对网络的管理具有单一性、垂直性、权威性特征，在权力上具有扩张性，政府角色定位是无限权力主体与无限责任主体的统一。

（二）政府对网络是自上而下的管理

自上而下的网络管理体现了政府的权威性，这与政府的现实政治管理并无太大区别，是政府对现实政治管理在网络上的延伸，延展了政治管理的范围。我国网络采用的是由政府主导、基于业务许可、从上到下的传统的管理模式。这种管理模式具有以下特征：以规范化为主，较少考虑网络的发展问题；政府扮演主要角色，进行自上而下的管理，其基本思想是制定管理办法，实行事前审批、事后惩罚。[②] 政府对网络的管理主要是对网络技术和行政业务的管理，是外在性的管理。网络管理的核心是构建良好的外部管理环境，网络管理并不属于独立管理的范畴。

（三）政府对网络管理以行政手段为主

政府对网络管理的手段主要包括行政手段、法律手段和经济手段。以

---

① 郑振宇：《改革开放以来我国互联网治理的演变历程与基本经验》，《马克思主义研究》2019 年第 1 期，第 62 页。
② 南瑞：《治理互联网，权威管理模式遇挑战——访国务院发展研究中心企业研究所副所长马骏》，《中国经济时报》2011 年 7 月 26 日，第 1 版。

行政手段为主，以法律手段和经济手段为辅，法律手段和经济手段是行政手段的工具，行政手段支配法律手段和经济手段，法律手段和经济手段围绕行政手段运行。尽管"长期以来，我国对互联网管理主要依靠的是法律手段和行政手段。依法管理互联网是依法治国的题中之义"①，但政府对网络的管理也会采取相应的经济手段。网络映射着现实社会结构。法律管理应超越网络伦理的自我管理占据主位，但其因滞后性与程序性而对网络突发性问题无法实现应急介入。行政手段的优点是及时有效，能够解决突发性问题，又因其具有权威性、强制性和直接性等特点，在网络社会中已逐渐成为政府维持秩序的一种重要方式。在处于转型期的国家中，法律手段与行政手段都是最基本的网络管理方式，但是这两种方式都是刚性的，如果太过依赖于刚性的方式，则管理很难与动态的网络相适应。② 基于政治角度，政府对网络管理的三个手段利弊共存，一方面，提升了政府对网络管理的效率，甚至立竿见影，有效地防止了网络无政府主义的影响和破坏，减少其对网络空间和现实社会稳定秩序造成直接或间接冲击的可能性。另一方面，政府对网络管理得过多过死，出现了管不好也不好管的情况。政府对网络实行管理与传统的计划管理体制有关。我国采取的是"政府主导的传统权威管理方式"③，即在现有国家行政管理体制中默认、授权或者指定某些传统的行政管理机构，来行使对互联网的各种政府管理职能。④ 这不仅体现在经济和社会上，还体现在政治上。政治管理是计划管理的一部分。政治是经济的集中表现，政府不但通过政治管理来实现政治目的，而且通过经济管理实现政治目的。

（四）政府对网络管理是对政治资源的管理

政府对网络政治资源的管理主要通过政府集中网络政治资源、管控网

---

① 郑振宇：《改革开放以来我国互联网治理的演变历程与基本经验》，《马克思主义研究》2019 年第 1 期，第 63 页。
② 郑振宇：《改革开放以来我国互联网治理的演变历程与基本经验》，《马克思主义研究》2019 年第 1 期，第 63～64 页。
③ 岳爱武、苑芳江：《从权威管理到共同治理：中国互联网管理体制的演变及趋向——学习习近平关于互联网治理思想的重要论述》，《行政论坛》2017 年第 5 期，第 61～64 页。
④ 岳爱武、苑芳江：《从权威管理到共同治理：中国互联网管理体制的演变及趋向——学习习近平关于互联网治理思想的重要论述》，《行政论坛》2017 年第 5 期，第 61～64 页。

络政治资源、分配网络政治资源来完成，政府在网络管理中具有不容置疑的权威性。政府对全社会政治资源的权威性分配是传统计划管理的组成部分。传统计划管理体制实际上是反映在政治、经济和社会管理的方方面面的。政府的一元中心地位非常突出，它的管理活动涉及社会生活的各个方面，其是一个全面的社会生活组织者，是一个公共物品直接提供者，是一个强大的社会稳定维护者。同时，在所有的危机与冲突中，政府又是唯一的解释者，它以一种从上到下的行政方式将责任进行分解，以维持整个社会的有序运行。其中，"行政命令"、"硬性控制"和"直接向上级负责"是传统政府制度运作的主要特点。[①] 政府对网络政治资源进行管理，同样体现着这一逻辑和特征，其通过行政命令、硬性控制和直级向上级负责对网络进行管理。政府掌握着网络政治资源的分配，政府的一元管理提高了网络业务的准入门槛和运行规则。但也正因如此，政治安全性能高使网民在网络上发表政治诉求的难度提高，这造成网络多元主体的政治诉求通过各种论坛、博客、微博等平台不断扩散，体现了网络的"百家争鸣"，但也导致网络的百家"乱鸣"，破坏了网络自身的健康政治生态。

（五）政府对网络管理目的在于控制政治风险

政治控制是过程性控制，是在全过程控制中保证社会稳定，防止网络政治社会风险。政治控制是社会控制的一部分，控制是指"控制的整个过程"[②]。政府对网络政治控制既有正式控制也有非正式控制，法律控制、规范控制、权力控制、语言控制是进行网络政治控制的基本方式。通过这些方式可化解网络政治风险，尤其可以减轻网络政治风险对现实政治制度和政治主流意识形态的冲击，以及降低由此带来的政治制度风险和政治主流意识形态风险。

学术界和政府部门对网络管理的认识经历了一个从技术到内容的过程。在信息化、网络化的背景下，网络管理问题被提上了议事日程。网络空间

---

① 季燕霞：《论我国的社会管理创新及其体制运行基础》，《理论探讨》2012 年第 2 期，第 150 页。

② 岳爱武、苑芳江：《从权威管理到共同治理：中国互联网管理体制的演变及趋向——学习习近平关于互联网治理思想的重要论述》，《行政论坛》2017 年第 5 期，第 61~64 页。

具有很强的神秘性和不可控制性，虽然不能说它是一个政治治理的"盲区"，但也应该承认它是一个"软肋"。要以高科技为平台，以高科技为手段，全方位地对低质冗杂信息进行治理。一方面，应当保障公民的合法权利，不得对公民的合法信息交换进行干预；另一方面，要坚决制止不良政治信息的传播与扩散。李景治指出，政治信息的传播与扩散是西方国家分化与"西化"我们国家的一项重要措施，对此，我们要提高警惕，做好防范。① 即便如此，政府对网络的管理基本还停留在对信息内容的管理上，还没有上升到网络政治安全层面。

二　政府在网络治理中的角色定位：多元主导

政府对网络的管理与治理混同在一起，管理就是治理，治理就是管理，从政治管理中强调政治治理，从政治治理中强调政治管理。之所以出现这种情况，是因为治理还没有成为学术界和政府部门的主题词，在讲管理时实际上是在强调治理的内容。据此，有学者认为，政治管理指的是充分满足公民的政治要求，努力捍卫公民的政治权利，不断增加并合理分配政治资源，有效维护政治秩序与政治安全并积极调适政治制度。政治治理的根本职能是为人民群众的政治生活服务，对人民群众起到引导、调节的作用。政治管理的目的，就是最大限度地激发并维护全体公民的政治积极性、主动性和创造性，从而实现社会政治生活民主与国家政治安全的协调统一。② 尽管这涉及大部分治理的内容，但进行管理的主体仍然是单一的政府主体。正因为是单一的政府主体，所以在管理的过程中可能会出现层层扭曲和变形，背离了管理的初衷。

政府的网络管理成本巨大，且边际收益呈递减趋势。网络空间的政治稳定则现实政治稳定，网络空间的政治不稳定则侵蚀现实政治社会的稳定。网络空间的政治稳定是现实政治稳定的风向标和晴雨表，政府对网络的政治治理是对经济、社会进行治理的前提和基础，网络空间的政治不稳定影响经济发展和社会进步。网络群体性事件冲击现实政治，网络意识形态去

---

① 李景治：《从政治领导到政治管理》，《中国人民大学学报》2008年第5期，第103～106页。
② 李景治：《从政治领导到政治管理》，《中国人民大学学报》2008年第5期，第103～106页。

主流和去中心化的特征直接影响政权的权威性和合法性，从而引发权力行使与权利使用的矛盾，导致政府进行网络治理的困局。政府对网络治理必须采取不断吸纳社会资源的措施，并由单一主体管理向多元主体治理转变，实现政府与社会互动的格局。一方面有利于降低网络管理成本，增加治理的收益；另一方面有利于激活社会的活力，形成政府与网络社会的良性互动。

（一）政府网络治理是对网络管理的质的飞跃

治理是党委、政府、人大、政协、社会组织、社区居民等多元主体一起进行的，而不是仅仅依靠一种力量。① 由此，政府对网络的治理形成了两个中心，一个是政府，另一个是社会，政府中心与社会中心互相推进，形成了网络互动式的全过程民主。虽然官方话语对"治理"的解释是以国家为中心的，但是在特定的领域，特别是在社会治理和全球治理等国家所面临的新领域中，却存在"社会中心"的态度。② 政府对网络的治理，一方面延伸了所有治理内容的特征，另一方面也具有治理的独特性。政府对网络进行治理的独特性，就在于通过政府主导、引导、引领、掌控，让网络成为全过程民主的组成部分，形成政治输入与政治输出良性循环的网络政治格局，培育网络社会的全过程民主，尤其是形成全过程民主的网络民主监督，使政府的权力在阳光下运行。

（二）政府进行网络治理是满足国内"多利益攸关方"诉求的必然要求

政府进行网络治理一方面是适应网络国际化的要求，另一方面是本土化的必然要求，同时也是网络政治诉求多元化的必然要求。网络政治诉求多元化是现实政治利益多元化的必然反映，也是公民权利保障在网络政治社会中的实现。一方面，政府要对传统的自上而下的管理模式进行改进；另一方面，也要探索与自下而上机制的融合，以此来促进网络的发展，保

---

① 汪碧刚：《从管理走向治理：摆脱社区治理现代化"三低"困境》，《中国建设报》2021年2月25日，第6版。
② 杨雪冬、季智璇：《政治话语中的词汇共用与概念共享——以"治理"为例》，《南京大学学报》（哲学·人文科学·社会科学）2021年第1期，第77~88、160页。

持程序与网络之间的多元化、自由化的平衡，对言论自由和隐私权进行保护，并尊重市场自由竞争。① 经济基础决定上层建筑，社会主义市场经济必然决定社会主义上层建筑，社会主义市场变化必然带来政治上的连锁反应。"多利益攸关方"不但是经济问题，而且是政治问题。政府对网络治理既要考虑经济上的"多利益攸关方"，又要充分考虑政治上的"多利益攸关方"。"多利益攸关方"的引入是互联网影响日益扩张的必然结果，也是互联网治理变革的必然趋势。② 因此，"多利益攸关方"的治理还可以更有效地确定网络资源中存在的不同利益集团，使得真正的利益相关者更容易被找到，因为可以在技术上和竞争上更直接地说明它们是如何被管理并被控制的，而不必再像往常一样，由一个多边或超国家的政府代表来充当代言人。③ 赋权社群和赋能社群的双重模式是"多利益攸关方"的治理模式的基本标志，体现的是依法治理、系统治理、源头治理、综合施策，④ 是基于国家中心与社会中心的合作协同治理模式。

尽管在这个时期，政治话语体系借助"国家治理"全面接管了对治理概念的解释权，⑤ 但构建政府与社会互动格局和协同治理格局成为网络治理的目标，政府由单纯的对网络技术与信息的管理转变为对网络的全方位治理，其中内容治理成为治理的重中之重。网络内容的海量性和复杂性使得政府对网络管理显得力不从心，刚性管理跟不上网络内容的动态性变化，必须实现管理模式向治理模式转变，同时可以让政府对网络管理承担的无限责任变成有限责任。随着互联网的发展，尤其是移动互联网的发展，社会治理的方式也发生了变化，从单一的管理方式转变为双向的互动方式，从线下的形式转变为线上的形式，从单一的政府监督转变为社会协同治

---

① 方兴东、张静、张笑容：《即时网络时代的传播机制与网络治理》，《现代传播》2011年第5期，第67页。
② 邹军：《从个人管理到全球共治：互联网治理的历史变迁与未来趋势》，《现代传播》（中国传媒大学学报）2017年第1期，第80~84页。
③ 邹军：《从个人管理到全球共治：互联网治理的历史变迁与未来趋势》，《现代传播》（中国传媒大学学报）2017年第1期，第80~84页。
④ 《让老百姓过上好日子》，《人民日报》2014年7月10日，第8版，第3页。
⑤ 杨雪冬、季智璇：《政治话语中的词汇共用与概念共享——以"治理"为例》，《南京大学学报》（哲学·人文科学·社会科学）2021年第1期，第77~88、160页。

理。① 习近平强调："要提高网络综合治理能力。"② 借助多种科技手段相结合的方式，实现综合治网格局。中国政府的网络治理需要构建以政府为主体、多元主体参与的治理格局，并使政府由无限责任主体转化为有限责任主体。

（三）网络治理呈现不同维度

政府对网络的治理是多维度的并符合现代文明价值观。治理是多种公私组织处理共同事务的方法的总和，是协调矛盾或不一致的利益，并通过共同行动来维持这种关系的过程。③ 政府对网络的治理是文明治理，文明治理以良好的政治制度为背景，良好的政治制度是对网络文明治理的制度性保障。没有文明制度，就不会有对网络文明的政治治理，这是与传统治理最根本的区别。"治理"一定是政府与非政府组织共治的治理模式。④ 这是基于国家发展格局所提出的，对网络的文明治理即政府与网络社会共创共治共融性治理。

（四）政府对网络治理的目的是实现共治

在共治的情况下，政府与网络社会互相治理，政府与网络社会共治的过程也是互治的过程，不存在政府治理网络社会和网络社会对政府的单向度治理过程。企业、社会团体、社会自治组织以及其他组织，甚至个体，都是政府治理的对象。因此，政府不仅仅是治理的主体，更是治理的客体；社会不仅是被统治的客体，而且是统治的主体。⑤ 网络治理是指在网络社会中，各治理主体之间通过一种博弈规则、一种信任进行资源的交换、妥协

---

① 《习近平在中共中央政治局第三十六次集体学习时强调 加快推进网络信息技术自主创新 朝着建设网络强国目标不懈努力》，《中国广播》2019 年第 11 期，第 4 页。
② 《习近平出席全国网络安全和信息化工作会议并发表重要讲话》，《信息技术与信息化》2018 年第 4 期，第 2 页。
③ 岳爱武、苑芳江：《从权威管理到共同治理：中国互联网管理体制的演变及趋向——学习习近平关于互联网治理思想的重要论述》，《行政论坛》2017 年第 5 期，第 61~66 页。
④ 任剑涛：《奢侈的话语："治理"的中国适用性问题》，《行政论坛》2021 年第 2 期，第 6 页。
⑤ 岳爱武、苑芳江：《从权威管理到共同治理：中国互联网管理体制的演变及趋向——学习习近平关于互联网治理思想的重要论述》，《行政论坛》2017 年第 5 期，第 61~66 页。

与互动。① 政府对网络的治理也必须适应这一转变，构建政府与社会协同治理的格局。网络空间充斥着阴谋论和政治谣言，社会主义主流价值观与非主流价值观、主流意识形态与非主流意识形态等遍布网络空间，直接威胁到网络安全和现实安全。政府对网络的治理同样需要企业、社会、网民等多元主体参与，形成网络安全的多元治理样态，防止网络非主流意识形态、非主流价值观形成群体极化。

三　政府在网络善治中的角色定位：价值引领

政府对网络治理的过程是不断调整政治伦理以实现善治的过程。对网络的治理就是把"以人民为中心"纳入政治治理的轨道、运行与结果的全过程，以善治制约政府的管理、治理。政府对网络必须实行善治，这是因为善治是实现良好治理的关键，要想获得良好的治理，就必须在实践中施行良好的治理。自从有了国家和政府，善治就成了一种理想的政治治理方式，无论在古代还是在现代，都是如此。② 善治就是"以人民为中心"的治理。在我国互联网治理实践中，有一条主线是坚持人民立场，把"为了人民、依靠人民、服务人民、保护人民"作为互联网治理的出发点和落脚点，体现出鲜明的人民性。③ 习近平不断强调网络治理过程中"以人民为中心"的善政与善治问题，他强调，网信事业要发展，必须贯彻以人民为中心的发展思想。④ 习近平还强调了网络善政和善治的具体内容，即保障公民在网络上的基本权利，"国家网络安全工作要坚持网络安全为人民、网络安全靠人民，保障个人信息安全，维护公民在网络空间的合法权益"。⑤ 习近平还强调了网络自由的辩证关系。认为网络空间同现实社会一样，既要提倡自

① 张康之、程倩：《网络治理理论及其实践》，《新视野》2010年第6期，第37页。
② 俞可平：《善政：走向善治的关键》，载黄卫平、汪永成主编《当代中国政治研究报告Ⅲ》，社会科学文献出版社，2004，第17页。
③ 郑振宇：《改革开放以来我国互联网治理的演变历程与基本经验》，《马克思主义研究》2019年第1期，第65页。
④ 郑振宇：《改革开放以来我国互联网治理的演变历程与基本经验》，《马克思主义研究》2019年第1期，第66页。
⑤ 《习近平对国家网络安全宣传周作出重要指示 强调坚持安全可控和开放创新并重 提升广大人民群众在网络空间的获得感幸福感安全感》，《中国信息安全》2019年第9期，第28页。

由，也要保持秩序。① 自由是秩序的目的，秩序是自由的保障。我们既要尊
重网民交流思想、表达意愿的权利，也要依法构建良好网络秩序，这有利
于保障广大网民合法权益。

（一）政府对网络进行善治的必要性和迫切性

政府对网络管理的单一性影响了社会治理的积极性，政府对网络治理
的多元参与需要网络政治价值的约束。以人民为中心的政治治理移位到以
网民为中心的网络治理更需要新的网络政治道德和网络政治伦理的约束。
政府无论是对现实生活的治理还是对网络的治理，都不仅是过程和目的性
治理，而且也是善治性治理，不但需要治理的行为模式转变，也需要治理
的价值转变。

政府网络治理是解决主要矛盾的组成部分。"中国特色社会主义进入新
时代，我国社会主要矛盾已经转化为人民日益增长的美好生活需要和不平
衡不充分的发展之间的矛盾。"② 我们国家已经稳定地解决了十多亿人口的
温饱问题，已全面建成小康社会。人们对美好生活的需求越来越多，不但
在物质和精神上的需求越来越高，同时在民主、公平、法治、环境、安全
等方面的需求也在不断提高。社会主义的主要矛盾既体现在现实中，也体
现在网络中，因为网络是现实的位移和扩展。网络的美好政治生活表现为
网络社会对政治诉求、政治利益、政治情感、政治认知、政治价值等方面
的美好向往和追求。网络美好政治生活是现实美好政治生活的复制、映衬、
扩展。在现实和网络中，政府都扮演着重要的角色，担负重要的使命和责
任。政府需要为人民谋福祉，其所肩负的责任越来越大，因此，人民的幸
福感应该是衡量一个国家民主管理水平的重要标志。但政府对人民福祉所
承担的责任是有限的，并不是无限度的一味付出。③ 网络公民的幸福，主要
体现为言论自由得到保障的幸福。从最低限度来说，主要体现为不影响他
人和社会边界的幸福，他人言论和社会舆论不伤害自身的幸福。政府对网

---

① 《习近平在第二届世界互联网大会开幕式上的讲话（摘要）》，《共产党员（河北）》2016 年
第 3 期，第 4 页。

② 习近平：《决胜全面建成小康社会　夺取新时代中国特色社会主义伟大胜利——在中国共
产党第十九次全国代表大会上的报告》，人民出版社，2017。

③ 俞可平：《善治与幸福》，《马克思主义与现实》2011 年第 2 期，第 31 页。

络技术尤其是网络政治言论和舆论的保障，就在于保障网络公民言论的幸福。

政府对网络实行善治。"国家治理体系和治理能力现代化"的核心便是"能治"和"善治"，涉及"社会事实"与"精神事实"。[1] 能治与善治是辩证统一的关系，能治是善治的根本标志，善治是对能治的根本约束，在善治的约束下，能治就是善治，离开了善治的约束，能治就会被滥用，就会归位于传统之治、野蛮之治。善治就是为网络社会提供自治的空间，提升社会自治的能力，发挥网络社会多元主体自治的积极性，不断体现"全过程民主"，不断强化网络监督，形成良好的网络监督能力，增强网络社会多元主体的政治幸福感和自豪感。每个人都有意愿、有能力也有机会过一种整体性的好生活。[2] 整体性的网络政治生活既是每一个网民生活的一部分，也是虚拟政治共同体生活的一部分，网民个体政治生活与虚拟的政治共同体生活体现了良好的政治意愿。

政府迫切需要实现网络善治。这是因为在公共舆论中，价值理性的丧失实质上是一种信念体系的迷失。官僚主义的"工具理性"使政府的"能动性"丧失，是政府效率低下的根源。[3] "工具理性"将网络舆情控制、舆论引导等工作看作一种流程化的工作，而贝克提出的"深层次的体制危机"正是隐藏在这样一种工具理性下。[4] 对此必须保持充分的警惕性，防止网络治理走向误区，即为了治理而治理，为了治理采取简单粗暴的手段而失去价值信仰和人文关怀，造成"电子官僚主义"和网络治理上的官僚主义困局。

（二）善治的价值逻辑

善治的价值逻辑是"以人民为中心"，在网络上表现为"以网民为中心"。严峻的现实问题给社会管理者带来了极大的挑战，应提高社会管理者

---

[1] 晏辉：《构建能治与善治的政治伦理基础》，《江苏社会科学》2021年第1期，第129~141、243页。

[2] 晏辉：《构建能治与善治的政治伦理基础》，《江苏社会科学》2021年第1期，第129~141、243页。

[3] 陈龙：《超越工具理性：舆论"善治"路径反思》，《学术界》2021年第1期，第60~68页。

[4] 陈龙：《超越工具理性：舆论"善治"路径反思》，《学术界》2021年第1期，第60~68页。

的现实治理能力，使其能够在价值理性中起到更好的作用，为其提供新闻报道，并对其进行舆论监督，以促进其创造力的充分释放，并充分发挥其主观能动性。① 政府对网络善治就是遵循"以人民为中心"的逻辑。应强化政府网络善治的合法性，使之成为现实政府合法性的重要生成渠道和来源。政府通过法治对网络进行管理，既能防止政府网络权力的滥用，又能保障网民的正当权利。政府对网络的透明治理，既能让政府网络权力在阳光下运行，也能让网民在行使权利的过程中自我纠错和自我净化。善治就是使公共利益最大化的社会管理过程。② 政府网络治理体现为责任与权力的统一性而非分裂性，对网络治理的责任限度也是网络治理权力的限度，不负责任的网络治理会影响网络的健康生态。"以网民为中心"就是让网民合理合法的政治诉求得到有效满足，对网民提出的政治建议要及时有效地回应，即让网民的政治诉求得到合理的解决。保障网民的全过程参与是全过程民主的组成部分，体现了人民当家做主的实质。善治是政府与公民对社会公共生活的共同管理，是国家与公民的良好合作，是两者关系的最佳状态。③ 稳定是网络和现实的基本诉求，是政府治理网络的重要目标和职责。对网络实行廉洁的治理是政府权力在阳光下运行的重要组成部分。网络治理的成效取决于权力分配网络资源的公正与否，取决于网络政治内容是否与宪法内容一致。

政府对网络的善治是包容性善治。网络言论、舆论、思想、观点都是平等的，网民都可以以平等的身份参与到善治的过程中。除了网络极端言行之外，网民都有宪法和法律保障的平等言论自由。由于网民个体和群体经验、政治教育、政治认知、思维方式等不同，且所处的政治结构、社会结构不同，网络政治言论必然不同，呈现出多元化和多样化特征。美国社会心理学家丹尼尔·托德·吉尔伯特认为："人类虽然天生轻信，但也具有强大的自我纠错能力。"④ 只要人们拥有了最基本的逻辑思考能力，拥有了追寻真理的动力与资源，那么虚假的消息就不会无时无刻地欺骗每一个人。

---

① 陈龙：《超越工具理性：舆论"善治"路径反思》，《学术界》2021年第1期，第60~68页。
② 俞可平：《治理和善治分析的比较优势》，《中国行政管理》2001年第9期，第15页。
③ 俞可平：《善治与幸福》，《马克思主义与现实》2011年第2期，第31页。
④ 转引自陆屹洲编译《Daniel T. Gilbert：人天生是轻信的动物 | 政观编译》，"政文观止 Poliview"微信公众号，2021年4月14日，https://mp.weixin.qq.com/s/j7gC-J_StYDs5q9HYHiaxg。

所以，思想市场的存在还是有其合理性的。相反，如果我们提倡从根源上消灭那些不正确的想法，当我们面临新的问题时，我们就不能提出新的解决方案。总之，知道得太多只会导致一时的混乱，而知道得太少才是真的无可救药。只要人类能够掌握基本的逻辑思维并且具备追求真相的动机和资源，那么错误的信息是不可能在所有时候欺骗所有人的。因此，观念市场的存在仍然具有一定的合理性。反过来，如果主张从源头上扼杀错误观念，那么思想贫乏的人类很有可能在遇到新问题的时候无法想出新办法。

对于网络的善治必须是基于法治的包容性治理，以此提升政府网络治理的合法性。

政府对网络的善治是开放性善治。政府对网络的治理必须体现开放性。改革开放的过程是实践检验真理的过程。通过实践检验真理，要求保持开放性。政府对网络实行善治既要体现实践是检验真理的必然要求，是解放思想、实事求是、与时俱进、求真务实的必然要求，也要求政府主导的意识形态呈现开放状态，不断汲取各种不同思想观念的合理内核，使自身具有鲜活的生命力。在一定程度上，公共权力对其他价值观念和意识形态都保持着容忍和默许，这就让其他价值观念和意识形态拥有了存在和发展的空间，从而提高了政治发展的稳健性、渐进性和开放性，让政治发展的紧张和平衡得以维持。① 政府在对网络开放性治理的同时，也体现了吸纳性治理，不断从网络中汲取有利于维护政权稳定的政治资源和有利于推进政府善治的意识形态资源。

政府对网络的善治是回应性善治。政府对网络善治的回应性主要体现为对网络政治诉求尤其是网络政治利益诉求的回应性。网络的全过程民主也是回应性善治民主。没有回应性的网络治理不是善治。回应性善治体现为对网民的经济诉求、社会诉求具有充分的回应性。回应性善治是政治输入与政治输出的良性互动过程，也是政府与网民良性互动的过程。在这个过程中，回应性善治充分体现人民民主性和以网民为中心的政治伦理，推动优化"以人民为中心"的公共决策，提升政府对网络善治的质量。

① 张爱军、刘姝红：《自媒体的政治传播功能研究》，《现代传播》（中国传媒大学学报）2017年第12期，第66~72页。

（三）善治的路径逻辑

政府需要在"全过程民主"建设的基础上，对网络虚拟政治公平正义规则、技术向善的伦理与网民的网络道德进行建构和强化，实现网络善治，维护网络社会稳定。

加强网络"全过程民主"建设。网络全过程民主主要体现在对政治权力的全过程参与、全过程舆论监督、全过程批评与质疑等方面。网络全过程民主是差序性的全过程民主，往往体现为对宏观权力的强烈支持和对微观权力的强烈批评。网络善治把宪法的公民权利落实为网络具体化的公民权利，实现公共权力与公民权利在宏观上的良性平衡和公共权力与公民权利在微观上的互动与改进。

加强网络虚拟政治公平正义规则建设。正义包括程序正义与实质正义，程序正义优先于实质正义，实质正义制约着程序正义，但程序不正义影响甚至破坏实质正义。网络善治必须通过网络的程序正义来实施和体现。网络善治要通过宪法和法律来实行，使得网络难以成为法外之地。网络的虚拟性带来了网络公共权力和公民权利的虚拟性，必须通过构建网络的虚拟规则体系来处理网络虚拟的公共权力和公民权利的虚拟关系，使二者的虚拟关系通过虚拟的公平规则得到保障。网络虚拟公共权力对虚拟公民权利的制约规则，主要表现在销号、删帖、禁言等方面，但并没有因此对现实公民产生直接的影响，而只是带来间接的影响。如果没有虚拟的公平正义规则，虚拟的公民权利会遭到损坏，比如不恰当地屏蔽敏感词导致"网络黑话"和政治隐喻盛行，影响网络公民言论的正常表达，甚至导致对传统文化的破坏。

加强技术向善的伦理建设。网络技术向善的伦理建设包括网络技术设计、开发、推广、应用等方面的建设。网络技术设计要避免政治价值歧视，网络技术推广和应用不能挖掘、侵犯、公布个人政治隐私。大数据、人工智能、算法、生物识别等都不能以侵犯个人政治隐私为目的。

加强网民的网络道德建设。网民的网络道德建设的核心就是加强网络公共权力与公民权利的边界建设。对于网民来说，不能因为网络的虚拟性、自由性和平等性而滥用公民权利，使网络公民权利越界。

需要处理好"稳治"与善治的关系。从一般意义上来说，善治与"稳治"具有统一性，即维护社会政治稳定。善治带来"稳治"，"稳治"推进善治。从特殊意义上来说，二者又具有矛盾性和内在冲突性。"稳治"并不必然带来善治，善治并不必然带来"稳治"，处理好二者的关系需要高度的政治智慧。

加强政府对网络的治理，突破"一放就乱，一管就死"的困局。政府对网络的治理面临着强社会与弱政府的可能困境，造成政府难以治理的局面。政府对网络的善治面临着民族主义、民粹主义等其他非主流意识形态的挑战和去政府中心化的问题。管理、治理、善治手段的内在运行逻辑和外在行为表现存在异质冲突，这是全世界国家面临的普遍性问题。这些问题随着互联网对政治、经济和文化的影响日益凸显，成为权力斗争的重要场域。[①] 解决这些问题需要经历漫长的发展过程，需要政府、社会、公民共同努力，不断从历史和现实中汲取经验教训，持续变革并优化网络政治生态。政府对网络的管理、治理、善治都不是完美无缺的，需要发挥管理、治理、善治的互补性优势，进而实现政府在解决网络问题上的安全、稳定的目的。

---

① 邹军：《从个人管理到全球共治：互联网治理的历史变迁与未来趋势》，《现代传播》（中国传媒大学学报）2017 年第 1 期，第 80~84 页。

网络公共空间介入乡村公共性再生产实践研究

——基于鄂西南地区 K 村乡村微信群的考察

王武林　向　斌　谭儒烨*

摘　要　乡村媒介化进程加快，以微信群为代表的网络公共媒介深度嵌入，使得传统乡村社会"以人为媒"的媒介场域和传播生态发生改变。本文以鄂西南地区 K 村乡村微信群为考察对象，分析村民如何利用微信群参与乡村管理和乡村交往，搭建适用于乡村地区的网络公共空间，并再生产乡村公共性。本文发现基于乡村微信群的信息交流空间和共有平台在多元主体共同在场、议题嵌套和集体行动方面具有明显实效，为处于"脱域"状态的村民提供了"在场"的条件，使村民通过网络公共空间组织参与乡村公共性再生产。

关键词　网络公共空间；乡村公共性；乡村微信群；乡村治理

一　引言

改革开放以后，随着城市化进程不断加快，城市的"虹吸效应"也进一步提升。与东部地区相比，中西部地区的乡村仍然以劳务输出为主，大量青壮年选择进城务工，乡村地区的人口流失致使乡村空心化加剧，导致中西部地区村庄内部的个体关联弱化，村庄的"离散化"趋势凸显，"原子化""疏离化"已经成为乡村治理和乡村交往的重要困境。以往的乡村交往空间从"共在"收缩为"私有"，乡村参与由"集体参与"收缩为"个人

---

* 王武林，浙江传媒学院新闻与传播学院副教授，硕士生导师；向斌，浙江传媒学院新闻与传播学院硕士研究生；谭儒烨，重庆外语外事学院国际传媒学院助教。

观望"，在这样的转变过程中，乡村社会的整体性和乡土性已经逐步弱化甚至消解，这也成为当前乡村振兴和乡村治理研究中不可忽视的方面。如何重新整合与重塑乡村社会共同体和公共性，是当前乡村治理与乡村振兴需要回答的问题。

随着移动互联网以及社交媒体迅速发展，新媒介技术的嵌入大大提升了信息传播的速度和广度，信息传播的载体多样化程度和社会公开透明化程度逐步提升，在乡村地区也是如此，这是公共文化传播模式中媒介主体多元性、渠道开放性、内容多样性最大化的一种积极表现。本文聚焦中西部少数民族聚集区的新媒体使用情况，重新审视以微信群为代表的网络公共空间与乡村再生产的关系问题，在此过程中强调中西部乡村地区的特殊性，探究村民借用网络公共媒介如何强化村落团结和情感联结，搭建乡村网络公共空间，助力乡村公共性的再生产。

二 理论梳理与研究综述

（一）乡村公共性再生产的当代价值

"公共性"是指公民由私人区域走向社会区域，与他人协作、共事的过程。① 汉娜·阿伦特、哈贝马斯与桑内特三位学者对于公共性的研究最为深刻。汉娜·阿伦特区分了私人领域、公共领域与社会领域，② 强调从政治视角开展社会理性交往的活动；③ 哈贝马斯认为公共性就是公共领域，在资本主义条件下与私人性相对，其研究视角充满社会批判的政治意涵，具有阶级性；④ 桑内特则认为公共性应当建立在群体差异性特征的基础上，超越小群体社区和个人小圈子，是对某些个人情感因素的摒弃。从乡村社会的特殊环境来看，公共性并不涉及资本主义视角下社会政治批判意涵，并且个

---

① 郑晓迪：《传播"公共性"视角下的城乡数字鸿沟》，《华中农业大学学报》（社会科学版）2017年第4期，第139~144、151页。
② 汉娜·阿伦特：《人的条件》，竺乾威等译，上海人民出版社，1999，第38~46页。
③ 哈贝马斯：《交往行动理论·第二卷——论功能主义理论批判》，洪佩郁、蔺青译，重庆出版社，1994，第7~16页。
④ 李世敏：《经典"公共性"理论辨析——兼谈中西差异》，《理论与现代化》2015年第1期，第62~66页。

体并非超越乡村，而是置于乡村之中，个人情感也并不需要被摒弃。以上三位学者的观点都具有一定的特殊性和局限性，并不适用于本文的研究主旨。

在有关政治研究的历史语境中，西方世界所共同主张的主题"公共性"是一个汇集着众多激烈的政治问题论辩的重要公共领域。① 提及公共性，在西方语境下难以避开政治视角，更无法忽视其中充满的资本主义精英话语体系的内涵，公民参与国家与社会政治生活就体现着公共性的价值。而从以中国和日本为代表的东亚地区来看，由于独特的社会和文化构造，所谓"公共性"往往指涉由"公门""官府"所承载的公共事务，具有"行政主导的公共性"特质。② 回视中国乡土社会团结形态的历史变迁，在与乡村的深度契合之下，国家行政权力仍然是乡村团结的主导力量，自上而下的行政管理嵌入乡村社会的政治和乡土生活中，延续上千年的历史，成为乡村地区极具特色的管理模式。从西方社会充满政治意涵的公共性研究到以中国和日本为代表的东亚国家的"公共性"发展，不同的学者对公共性的价值和内涵的基础观点能达成一致，即公共性是区别于"私"领域的封闭性和排他性的，③ 个体与集体、村民与乡村的联结，是构成乡土团结和乡村公共性的重要因素。在国家行政权力之外，个体的社会参与仍然是公共性产生的关键动力，再造乡村公共性的过程中不能忽视个体价值，更不能忽视个体的参与和自愿的意志，村民如何参与到乡村社会的管理和日常维护中，发挥个体在乡村中的作用，这是研究乡村公共性需要重点关注的视角。

乡村与城市充满不同之处，无论是从传统的城乡二元对立的框架下来理解两者，还是从两者的发展历程来看，传统乡村的人文和自然环境充满特殊性，自然就需要管理者采用不同于城市的管理模式。以农业生产和农村生活为基础，中国传统乡村被理解为一个共同生活的乡村地域共同体和

---

① 吕方：《再造乡土团结：农村社会组织发展与"新公共性"》，《南开学报》（哲学社会科学版）2013 年第 3 期，第 133～138 页。

② 黑田由彦、单联成：《日本现代化进程中公共性的构造转换》，《吉林大学社会科学学报》2005 年第 6 期，第 73～79 页。

③ 田毅鹏：《东亚"新公共性"的构建及其限制——以中日两国为中心》，《吉林大学社会科学学报》2005 年第 6 期，第 65～72 页。

一个"多封闭社会边界的社会实体"，① 更是一个能够容纳村民生活的实体，以及乡村共同体与个体意志不断博弈的空间。公共性服务是未来乡村社区公共生活空间的一种核心属性，是决定未来我国乡村地区公共居住空间健康发展模式的最重要规划原则和方向。② 然而改革开放后，现代性对乡村地区产生全方位影响，在长期持续的影响下，以往彼此熟识的村民之间存在的社会关系和血缘关联正逐渐弱化，村庄社会离散化等现象已日渐严重，从而直接导致乡村"共同体"的衰落，③ 恢复公共性服务和乡村交往面临重重困难。乡村公共性的逐渐弱化和缺失，加剧了乡村社会"原子化"趋向，乡土社会的团结稳定之所以陷入困顿，有学者认为关键在于国家权力组织利益与当地普通农民利益诉求之间的交错，村"两委"班子和封建宗族组织都难以真正成功地扮演好"中间组织"这样的角色，④ 难以调节好各主体之间的利益关系。进入新时期以来，乡村社会服务组织快速发展壮大，更广泛多样的新乡村社会组织模式正在进一步为乡土社会"中间组织"体系的完善重建助力，为传统乡土文化团结机制的完善再造等提供了契机。正如一些学者指出的，重建中国乡村基本公共服务空间的核心目标就是进一步建构现代乡村公共性，着力点就是促进农村民间组织文化建设发展。⑤ 无论是建立一套行之有效的管理模式，抑或是组建能够适应乡村管理和乡村治理的"中间组织"，还是加大农村民间组织文化建设力度，都立足于传统的社会治理模式，重点在于契合乡村社会的特殊性。

以上研究揭示了当前乡村社会的现实问题，以及如何通过乡村组织的介入加强乡村公共性再生产，也表明以村"两委"为代表的行政力量构型和以宗族乡绅为代表的乡村礼俗力量，在维系乡村交往的过程中存在一定

① 毛丹、王萍：《英语学术界的乡村转型研究》，《社会学研究》2014年第1期，第194~216、245页。
② 张诚、刘祖云：《乡村公共空间的公共性困境及其重塑》，《华中农业大学学报》（社会科学版）2019年第2期，第1~7、163页。
③ 闫云翔：《私人生活的变革——一个中国村庄里的爱情、家庭与亲密关系（1949—1999）》，龚小夏译，上海人民出版社，2016，第217~218页。
④ 吕方：《再造乡土团结：农村社会组织发展与"新公共性"》，《南开学报》（哲学社会科学版）2013年第3期，第133页。
⑤ 张良：《乡村公共空间的衰败与重建——兼论乡村社会整合》，《学习与实践》2013年第10期，第91~100页。

价值。然而无论是传统行政管理模式，还是适合乡村管理的礼俗性组织建设，在当前的社会环境中仍然有提升的空间。这些研究只关注乡村交往以及乡村管理的传统主体，并没有看到新时期网络新媒体强大的社会重构力量，构建网络公共空间是媒介化乡村研究的一个重要方面，也是当今再生产乡村公共性的有力渠道。研究如何发挥新媒体在传统乡村社会中的价值，让媒介化乡村的价值得到充分的利用和发挥，搭乘新媒体的东风，提升乡村社会的治理能力和治理水平，具有现实价值。

（二）乡村公共空间演变与网络公共空间再造

利用新媒体参与再生产乡村公共性具有现实意义，牛耀红对甘肃陇南地区一个乡村进行田野调查，发现通过该村微信群的建立和"为村"平台的使用，新媒体平台与乡村成员实现深度融合，激发了村民对公共生活的参与热情与公共意见的表达。[①] 以微信群为代表的网络新媒体已经成为嵌入乡村生活的重要形式，并且依托这一新型的媒介形式，立足于乡村现实的网络社区得以再造，[②] 网络新媒体的社会联结作用在此过程中得以显现。内嵌并依托于乡村共同体的微信群等网络社交媒体平台建构出来的虚拟乡村公共空间，重新搭建了一个全新开放的公共空间形态，使构建乡村新型社会交往互动方式成为可能，推动实现了传统行政权力主体与村民群体沟通交往模式的更新。[③] 以上研究偏向于"网络公共性"的建设，但是立足于"共在"的现实网络，更加适用于本地网络的现实勾连，传统乡村社会的人际交往和生活环境能够满足以上条件，并且契合这种"共在"的"网络公共性"建设。但是随着乡村人员流动加快，乡村空心化加剧，"共在"的本地交往网络并不适用于新形态的乡村地区以及网络空间的社区建设。从呈现大杂居小聚居特点的传统民族地区来看，新媒体介入带来的改变更为显著，新媒体对民族地区的"乡村公共性"的影响也更加值得关注。高莉莎

---

① 牛耀红：《网络公共空间与乡土公共性重建——以西部农庄冯村为例》，《政治人类学评论》2020 年第 2 期，第 186～259 页。

② 牛耀红：《社区再造：微信群与乡村秩序建构——基于公共传播分析框架》，《新闻大学》2018 年第 5 期，第 84～93、150 页。

③ 时晨：《虚拟公共空间与基层乡村治理变革——基于一个中部地区村落的考察》，《四川行政学院学报》2022 年第 3 期，第 94～104 页。

通过研究少数民族农民工的微信使用情况，发现身在城市与家乡远离的少数民族群体在微信使用中仍然保持着与民族聚集区特殊文化情感的勾连，使得这些身处城市现代化生活中的人也仍然具有强烈的民族特色。① 少数民族群体在城市中"抱团取暖"，极少能够真正融入城市生活，他们通过在微信群中与家乡同伴进行情感交流才能得到一定的慰藉。回不去的乡村，融不进的城市，微信群成为城市中的一块"网络飞地"。

随着不少乡村社会环境逐渐趋向空心化，以往那些村民进行日常交流及交往的具有开放性的乡村公共休闲空间也逐步解体，使用频率大大降低，其以往具有的社会应然文化功能亦正慢慢消失，② 面临着被摒弃的危险。位于乡村社会横纵交错地的公共空间作为最后一种乡村公共空间形式，虽然还能继续存在，并在一定程度上发挥承载村民日常交往的功能，但其地位显然已经大大降低，同时由于微信平台（群）逐步嵌入整个乡村社会，乡村的公共空间逐步被重新划分为"实体公共空间"和"虚拟公共空间"，实体和虚拟两种形式共同构建了新媒体环境下乡村社会的公共空间，两者缺一不可，相辅相成，具有更大的治理乡村和联结村民的价值。在一个离散化的乡村社会中，乡土共同体的重建越发困难，更多村民分散于各地，乡村"实体公共空间"的联结价值大打折扣。有学者发现在现代化进程加快并不断影响乡村社会的过程中，乡村公共事务的治理从"集体化"转向了"个体化"，是导致中国农村集体行动与处置能力全面衰落并且几近破产③的关键问题。乡村发展要有稳定的环境，需要加强乡村公共性的重建，也就需要依托乡村微信群，重新组织乡村社会开展"集体化"行动。

以上研究充分考量了新媒介与乡村互动中值得关注的两个方面：一是媒介的"共在性"，即村民使用的媒介内嵌于共同生活的乡村社会场景，在这个现实公共空间中形成线上线下的交互性联结，这样的互动是"共在"

① 高莉莎：《"移动主体熟人社会"：基于少数民族农民工手机微信使用的研究》，《新闻大学》2018年第2期，第36~45、150页。
② 韩国明、王鹤、杨伟伟：《农民合作行为：乡村公共空间的三种维度——以西北地区农民合作社生成的微观考察为例》，《中国农村观察》2012年第5期，第70~79、96页。
③ 王亚华、高瑞、孟庆国：《中国农村公共事务治理的危机与响应》，《清华大学学报》（哲学社会科学版）2016年第2期，第23~29、195页。

的，是现实社会和网络社会的交互价值的体现；二是主体的"脱域性"，即微信使用的主体有远离乡村的村民，但其在长期的乡土文化浸润过程中，本身就已经形成了强烈的认同感和情感联结，生活在不同地域的人们达成"缺席的在场"，连接彼此的微信群就是不可或缺的中介因素。

三 研究方法

本文采用网络民族志结合实地调查的方法，对鄂西南地区 K 村的乡村微信群进行考察。研究者之一为 K 村成员，熟悉当地的自然环境和人文环境，同时长期在乡村微信群中观察，掌握一手资料。K 村位于鄂西南山区，距集镇 15 公里，距县城 58 公里，与湖南省湘西土家族苗族自治州以及重庆市酉阳土家族苗族自治县相邻，位于"一脚踏三省"之地，地理环境较为特殊。全村有 8 个村民小组，共 307 户 1376 人，大多数人为土家族，全村耕地面积 2101 亩，务农、养殖和外出务工是村民主要的收入来源。村内并不存在较为强势的宗族势力，但有着同姓氏族之分。该村近年来长期存在"不团结"问题，甚至成为所在乡镇有名的"问题村"，前两任村支书由于合作医疗收费、低保认定等工作开展不到位，在村内造成了负面影响。村支书与村民之间的矛盾日益激化，最终演变为直接冲突，大打出手。由于 K 村以劳动力资源输出为主，村内近几年外出务工的人数增多，乡村的整合性减弱，村民不愿意关心村内事务，久而久之造成村委会公信力下降。自镇政府下派了一名工作人员担任村支书以后，村内管理才逐渐好转。

2020 年因疫情防控需要，村支书为了及时传达上级指示建立了本村微信群，笔者也在其中。该村的微信群管理分为两个阶段，第一个阶段是全村部分成员加入村级微信群，村"两委"成员作为微信群的群主和管理员，负责在群里发布村内事务和重要通知。但是由于人数过多，微信群难以容纳全部村民，因此村支书"化整为零"，保留原有的村级微信群，分开建立各个小组的微信群，这就是该村微信群管理的第二个阶段。笔者现在主要参与的就是小组微信群，人数不多，只有 64 人，主要成员是使用微信的中青年村民。笔者于 2020 年 2 月~2022 年 12 月进行乡村微信群的日常交流观察，分别对 K 村村级微信群以及小组微信群进行记录，获得了大量一手资料。

四 网络公共空间介入乡村公共性再生产实践

乡村作为一个高度整合性的公共空间，具有学者所言的公共传播的特质。有学者提出移动互联网背景下的公共知识传播体系的基本功能和要素应包含以下几个具体的方面：多元化传播的社会主体；公共性的社会价值规范原则和公共实践规范准则；涉及公共议题及其背后隐藏的公共权力运行路径和重大公共利益的重要内容；公共讨论的场域范围和空间范围；引发各方认同和共同承认的具体行动的价值目标和可预期社会效果。[①] 以上内容总结起来就是"主体、内容、场域和共识"等方面，乡村社会的主体广泛，地域空间较为分散，并且乡村社会的日常交往内容和话题也具有特殊性和乡土性，茶余饭后的日常闲聊伴随家长里短构成了乡村社会的特殊议题。将村民联结起来，使其在共同在场的交往空间中重回传统的交往模式，以微信为代表的新媒体发挥了不可替代的作用。新媒体的广泛使用增强了乡村社会的整合性和情感联结，有助于解决乡村社会的现实问题，提升乡村治理的现代化水平，将改变落到实处。与社会高度组织化形成的某种具有集体身份意识模式或个体自我社会认同模式的"集体性行动"概念不同，基于移动互联网社交媒体概念的"行动"网络是以个体行动为表征，在社会化媒介的动员模式基础上形成的一种新的社交网络。特别值得注意的一点是当社交网络上的虚拟社区中的互动功能与传统的现实社区模式行动价值重合之时，在线的互动模式则可以通过增加网络社会资本，有效促进参与互动的主体之间的连接，以及促进线上线下有效的组织动员，最终还能真正促成集体行动。[②] 因此本文在学者提出的几个维度的基础上延伸提出"行动"，探析利用乡村微信群的深度嵌入如何再造网络公共空间以促进集体行动，进而再生产乡村公共性。

---

① 胡百精、杨奕：《公共传播研究的基本问题与传播学范式创新》，《国际新闻界》2016 年第 3 期，第 61 ~ 80 页。

② 王斌、古俊生：《参与、赋权与连结性行动：社区媒介的中国语境和理论意涵》，《国际新闻界》2014 年第 3 期，第 92 ~ 108 页。

（一）共同在场：集体沟通模式的回归

1. "饭市"与村民大会的传统沟通价值

中国农村地区作为一个高度集中的"熟人社会"，沿袭了长久的集体生活和协作方式，在日常生活与村民大会等方面都有着深刻体现，这种以"熟人社会"为基础建立起来的传统交往模式和礼俗观念一直延续至今，在乡村社会的治理和联结方面具有难以忽视的价值。在村民的日常交往过程中，从较为分散的田间地头到较为集中的村民大会，此类交往场景的转变不仅反映出来背后行政力量的内化和规训作用，同时也体现了乡村社会传统的交往方式和沟通模式。村民大会是一种正式但又具有自由属性的集体活动，在村民大会上村民能够畅所欲言，用家乡话表达自己的观念，这是传统的具有乡土性的集体沟通模式。在我国农村存在这样一种现象，吃饭时大家不约而同地端起饭菜出门，聚集在村中的某处角落，在相互交谈的过程中消解一天劳作奔波的劳累与辛苦，同时可以随时交流近来村内的各种家长里短、村里村外事务的最新消息，这种生活现象也就是"饭市"，是农村一种十分常见的集体生活现象，也是农村一种最活跃的信息传播方式和最为典型的一个村落的公共空间。[①] 无论是村民大会还是"饭市"，都与中国乡村地区的公共性和集体沟通模式深度契合，是乡村地区的重要场景。因而重建这样的交往和沟通场景，或许就是在新媒体时代再生产乡村公共性的重要渠道。

改革开放以来，中国社会发生剧烈变化，城乡二元结构的显在性进一步提升，农村地区的流动性加剧，乡村社会"共在"的乡土生活被现代化进程分解。吉登斯认为社会是一种组织形式，从根本含义上来说是由人类日常生活中的一些常规事件构成的，个体在社会日常生产活动进行过程中，在有具体组织定位的人际互动社会情境下，与那些身体和自己共同在场的他人进行着日常接触。[②] 但是随着人类社会现代性因素的逐步浸润，整个现

---

① 陈新民、王旭升：《电视的普及与村落"饭市"的衰落——对古坡大坪村的田野调查》，《国际新闻界》2009 年第 4 期，第 63～67、72 页。
② 安东尼·吉登斯：《社会的构成：结构化理论大纲》，李康、李猛译，生活·读书·新知三联书店，1998，第 138～139 页。

代世界中的村落社区结构呈现出"分化"与"断裂"的明显特征，主要可以概括为：社会组织自治需求增多，对政府行政管理的依赖性降低；现代乡村社会结构的分化与演变速度加快；新的社会组织和群体涌现速度加快；传统社会身份体系弱化，社会流动显著加快；主流价值观念趋于多元化。①以上几个方面的变化，不仅深刻影响了城市的基本格局和人际交往，在乡村地区也是如此，并且在很大程度上乡村社会所受到的影响更难以忽视。乡村的整体性面临分解和加剧的流动性已成为当前乡村生活的特殊图景，但是在以微信群为代表的新媒体的深度嵌入和影响下，这样的结果所反映出来的是，新媒体对于离散化村庄的意义主要在于它将处于"脱域"的离散人群通过虚拟空间中的"在场"进行重新聚合，将不同身份和特点的主体聚合起来，拉近了线上线下人际交往的距离，在虚拟空间中实现村民们的"共同在场"，使其回归集体沟通模式。

2. 多元主体参与的价值彰显与文化赋能

K村微信群的创建者和管理者是村支书，其属于镇政府直接介入村务管理的行政力量，不仅要承接上级的行政命令，也要负责乡村的日常服务与管理，其工作安排本质上仍是双重任务的整合。村支书的任务就是发布县、镇下达的文件，服务村内的管理。小组群建立之后，村支书J把管理权交给了各个小组中具有一定影响力的人，笔者所在小组微信群的群主变成了Y，其也担任过村支书，在村内日常生活中较为活跃。村干部扮演的这种双重的社会角色被直接映射在一个微信群里，其塑造出来的形象被置于社会公共的虚拟空间之中，在该公共虚拟空间里面兼具"国家在场"特性与"乡村自治"特性，兼具两种身份体现了乡村社会的公共虚拟空间构建中的高度复杂性。②重建乡村公共发展空间的战略核心问题是重新建构乡村公共性，关键就是要发挥好乡村积极分子的作用，组织乡村各类青年精英力量发挥积极带头辐射作用和示范引导效用。③在村内具有一定影响力的人被称

---

① 井世洁、赵泉民：《新型乡村社区治理模式构建——基于苏南Y村"村社协作型"的个案》，《南京社会科学》2015年第4期，第80～86、94页。

② 徐琴：《"微交往"与"微自治"：现代乡村社会治理的空间延展及其效应》，《华中农业大学学报》（社会科学版）2020年第3期，第129～137、175页。

③ 张良：《乡村公共空间的衰败与重建——兼论乡村社会整合》，《学习与实践》2013年第10期，第99页。

为村内的积极分子，是村务商议时发表意见的关键主体。F是村内从事客运的代表，经常在群内分享自己的看法和意见，在群里发布自己出车的日程安排，帮助村民及时获得外出用车的信息。因为经常在乡村与集镇、县城、市内之间往返，F的消息十分灵通，在一些村务上具有一定话语权。在外务工的S说："我每次回来看到一堆人围着打牌打麻将，我觉得这样不好，没得意思，还是打篮球又有意义又能锻炼身体。"于是他就在群里号召大家组建篮球队，积极参加篮球赛，并且说服家里人让出地方修建篮球场，主动为学生队员购买了篮球服装，这一做法获得了村民高度赞同。

乡村积极分子的作用需要得到发挥，这也是乡村微信群搭建集体沟通和意见表达的公共空间的价值。该村的外出务工人员占据绝大多数，同时也是微信群的主要参与者和意见发表者。不论是在村内生活的人还是外出务工的人，处于不同时空的主体在微信群内交换着彼此的意见，在流动中难以聚集起来的不同身份和特点的主体在乡村微信群中重新聚集，形成了多元主体参与的新型网络社区。同时超越了时空地域的限制，实现基层政府、村集体组织、普通村民、乡村积极分子的"共同在场"通信交流，将村民大会和"饭市"搬到微信群，线下的集体沟通在线上回归。

（二）多元议题：闲话消遣与信息传递的嵌套

1. 闲话家常参与拓展乡村政治生活

乡村是一个独特的社会场域，村民的日常交流有着强烈的乡土特色，以"饭市"为代表的意见交流场所，帮助村民在闲话消遣和信息传递的交互中增强了与乡村共同体的情感联结。除此之外，日常的闲话交流也具有乡村秩序维系和乡村管理的重要价值。闲话本身就是一种权力表达方式，处于村庄权力结构底层的普通民众，能够通过制造闲话的方式参与村庄政治生活，[①] 现代化进程中的乡村社会难以再形成如"饭市"般的交流场所，但是微信群的建立和使用能够将多元的乡土议题再次纳入网络社区，村民之间由线下的聚集交流变成了网络空间的对话，村务信息也能够在微信群发布，成为日常闲聊的话题。

---

① 仝志辉、贺雪峰：《村庄权力结构的三层分析——兼论选举后村级权力的合法性》，《中国社会科学》2002年第1期，第158~167、208~209页。

K 村小组微信群的建立是为了便于行政管理，也是为了方便村民之间的日常交流和问题的反映与讨论。微信群内的交流议题大致可以分为两种。一是公共性的严肃话题，这部分主要由村支书负责发起和组织引导，村民以重要的通知为主线索来开展共同交流。疫情期间的话题就是如何加强村内的疫情防控，发布高风险地区的划分情况，通知全体村民尽快完成疫苗接种。其他时间会发布养老保险费用缴纳、村委会换届选举等通知，带有一定的严肃性和政策性。J 在微信群内发布了 2021 年新一届村委会换届选举通知，在自上而下发布严肃通知的过程中，J 完成了作为村支书承接上级行政命令的任务，这也是微信群深度嵌入乡村治理的重要价值。二是日常话题，这部分由村民自发发起，包括就业信息沟通、日常寒暄、红白喜事、家畜销售等。通过这些看似毫不相关的日常交流和讨论，在地的村民和外出务工的村民之间形成了情感的联结，增强了共同体意识。以在外务工的 M、在外创业的 S、从事客运的 F、从事家畜贩卖的 Y、个体经营的 X、定居县城的 H 等为代表的村民，难以在线下见面却能在微信群中交换各自在日常生活中的经历和看法，相互调侃。

2. 闲话议题丰富乡村社会交往方式

公共性的话题得到了自上而下的传达和讨论，这是日常交往的渠道，也是纵向管理的有力举措。J 发布"所有 60 岁以上的村民每年都需要进行养老保险认证才能取养老金，程序很简单，在支付宝里搜索湖北智慧人社"的链接，紧接着群里出现一些闲话交流和咨询。W 提问："我爸已经六十几（岁）了，这两年应该可以领了吧？"H 打趣说："不晓得还等不等得到这一天哦。"接着是一些关于生活方式和家庭琐事的闲话，并成功吸引了十来人加入。农村地区闲话文化以乡村环境中形形色色的人和事等为广泛谈论的话题对象，这其实是"熟人社会"空间中一种带有明显乡土性特征的"社会交往方式"文化，闲话文化涉及的议题关乎农民日常生活以及与农业劳作息息相关的其他方方面面，是进一步理解当下农民生活状况的一个重要理论切入点。① 现实社会日常生活中出现的各种闲话现象并不都只是仅仅局限在某些特定的群体中，网络生活场景中出现的某些闲话

---

① 李永萍：《隐秘的公共性：熟人社会中的闲话传播与秩序维系——基于对川西平原 L 村的调研》，《西南大学学报》（社会科学版）2016 年第 5 期，第 46～53、189 页。

同样也有群体边界，只会在一定的空间中得到传播，参与农村闲话就是参与村民的生活。

微信群不仅能够助力乡村治理，在上传下达之间完成日常信息的发布和重要文件的解读，方便村务公开和工作开展，同时作为一个接洽了乡村现实生活的虚拟空间，提供了村民共同交流的场景。不论是在地村民的线下聚集，还是不同时空村民之间的线上调侃，村民都在参与闲话中不断加强彼此之间的情感联结，增强了共同体意识，进一步塑造乡村共同体。

（三）集体行动：媒介动员与社会价值的延伸

1. 集体行动与媒介动员的乡土特征

乡村的集体行动和媒介动员是乡村公共性再生产的重要落脚点，将乡村公共性的再生产与村民的集体行动结合起来，并且产生切实的现实效果，这才是再生产乡村公共性的价值和具体印证。吴忠民认为，社会层面的动员实际上是一个社会过程，这一过程旨在更有目的地引导本组织机构内各成员广泛积极参与各类具有重大意义的大型社会活动。[①] 乡村就是一个组织，微信群是一个网络虚拟空间，群内的成员能够参与到媒介动员的集体行动中。"乡土性"和"公共性"是中国乡村的重要特点，家庭关系、宗族关系、地缘关系等共同作用构筑出了农村社会普遍的社会关联和亲缘秩序，村民的各种日常交往活动和经济生活依旧受到费孝通先生提出来的所谓"熟人社会"社会规则秩序的直接支配，即构筑了农村成员之间的"强关系"。由于多数村民会在无意识中共享这样一套集体规范，他们在面对共同关注的生活问题时比较容易形成对于集体制度的认同，"熟人社会"为农村集体行动提供了现实基础。从"新社会媒介即关系媒介"以及"新的媒体本质也是一种关系媒介传播"[②] 的特点来看，"熟人网络—微信群"结构下的每一个用户都被变成了一个微型信息传播机构，实现了现实空间的人际网络关系的虚拟化和转场，创造出了新的社会空间网络与现实空间网络的互动模式与型构。

---

① 吴忠民：《社会动员与发展》，《浙江学刊》1992 年第 2 期，第 16～19、33 页。
② 陈先红：《论新媒介即关系》，《现代传播》（中国传媒大学学报）2006 年第 3 期，第 54～56 页。

有学者通过对疫情期间村庄的防疫过程中的媒介动员研究，发现农村的集体行动是"基层组织—高音喇叭"与"熟人网络—微信群"这两种媒介动员的结构互作振荡的结果。① 由此观之，乡村的媒介动员和集体行动并非单一存在，而是由传统"熟人社会"的关系传播与"网络公共空间"的媒介动员相互嵌套而成。媒介动员与集体行动研究发展到互联网技术赋权背景下，诸如运用社交媒介的抗争动员，再具体到其他如爱国主义、公益活动、主流价值认同倡导、环境保护宣传等社会领域内的共意行动，② 媒介动员机制被置于乡村的现实背景下，经由媒介介入，从线下社会动员发展到线上媒介动员，从充满政治性意涵的公共行动发展到带有乡土性的共意行动，这一系列的研究发展更加适用于当下的乡村社会。以微信为代表的网络新媒体技术载体的赋权，使村庄底层人群掌握了更大的话语权，形成了"由下而上"的信息传播新模式，更能借助社会化大媒体平台的组织动员的功能，延伸线下的社会实践行动，从而促成乡村发展过程中某项结果的改变，③ 网络空间中的媒介动员发展到现实中进行实践，促使乡村环境得到切实改变。

2. 网络公共空间媒介动员的实践价值

村民通过微信群组织了多次集体行动，比如公共卫生治理、为修建篮球场捐款、清理自来水池、道路修缮等行动，微信群在组织动员村民参与公共事务上发挥了积极作用。X 在群里发布消息："在群里面的，有人提议修一下路上的拐拐边（当地方言，转弯抹角处），大家出点钱的出点钱，出水管的出水管，能行的话就修一下。"这次活动没有村干部参与，由村民自发组织实施，并在微信群进行了一个星期的讨论，大家积极建言献策、捐款捐物，常年不在村内居住的人也积极参与，关心家乡的建设，最终筹集了近 2 万元的工程款。在 X 的组织以及群内成员的参与下，这段发生过多次车祸的道路终于得到彻底修缮。篮球赛是该村重要的集体活动，笔者所

① 刘庆华、吕艳丹：《疫情期间乡村媒介动员的双重结构——中部 A 村的田野考察》，《现代传播》（中国传媒大学学报）2020 年第 7 期，第 73～77 页。
② 郭小安、霍凤：《媒介动员：概念辨析与研究展望》，《新闻大学》2020 年第 12 期，第 61～75、120～121 页。
③ 王红红：《"上"与"下"：一项乡村虚拟社区公共领域的网络民族志研究——以湖北 Q 村微信群及其"抵制垃圾场"事件为例》，《视听》2021 年第 2 期，第 182～184 页。

在的队伍在村篮球赛中获得了第二名，在小组群内引起了热烈的讨论，笔者所在的小组积极筹建自己的篮球场地。S 在群里发言："各位老乡，不管是在外地的还是在屋头的，我们准备建一个我们队专属的篮球场，现在地址已经选好了，就是还需要一定的启动资金。请各位老乡积极捐款献爱心，过年回来了还可以打打球！"在村内生活的以及常年不在村内居住的村民都积极参与了这次捐款活动，最终共筹集 2 万元左右的启动资金并进行了初步建设，篮球场的雏形得以形成。在建设篮球场期间，微信群里大家对这一话题的讨论也最活跃，不在村内的人关心篮球场建设的进度、地点以及规模等，村内的人将相关信息及时发布在群里，就篮球场的建设形成了一个公共话题，由此将村内村外的人们连接在一起。

微信群不仅仅局限于当地或网络社区，而是一个集聚多元信息的共有空间，成员发表的意见和看法能够在微信群传播进而形成更大的社会影响力，带来社会延伸价值。笔者所在的小组面临的一个难题是如何获得篮球场的配套设施，直接购买则需要一大笔费用，在微信群内的闲聊很快演变为一场公共性的讨论。有人提出应该向镇里、县里反映这个问题，争取获得相关部门的支持，小组内的讨论结果经由村委会报呈乡镇政府，再由乡镇政府报呈县文体部门，最终得到了支持。

微信群深度嵌入乡村生活，成为人们参与融入整个村庄集体文化行动进程的一个重要的社会交往中介，居住于村庄内的广大村民通过借助现代移动终端与移动互联网技术几乎完全突破了传统物理时空的束缚，部分村民即使在"缺席"的情况下也都依然能够很轻松地实现同时性的"聚拢"。① 微信群建设不仅显著降低了村民参与公共组织建设以及乡村管理的成本，而且大大提高了村级集体行动的水平和效率，从线上线下两个层面有效连接了整个村庄组织内外的各类人员、信息等，促成了村庄内外的社会多元行动主体开展集体行动，加强了村民之间的人文社会经济关联，提升了网络公共空间的社会价值。

---

① 牛俊伟：《从城市空间到流动空间——卡斯特空间理论述评》，《中南大学学报》（社会科学版）2014 年第 2 期，第 143～148、189 页。

五 结语

城乡结构的变迁和发展使得乡村内部的宗族乡绅影响力式微，个体化、原子化和疏离化的乡村格局成为乡村治理和公共性重建的主要障碍，自上而下的行政管理难以有效落实，原有的横向管理模式也因为个体化的生存格局而面临困难。然而，利用微信群能够有效搭建一个容纳多元主体在场的网络公共空间，将分散于各地的村民凝聚起来，使"半熟人社会"回归到"熟人社会"，进一步拓展了乡村公共话语交流空间，为"脱域"的多元主体参与乡村事务提供了"在场"的条件。另外，微信群能够容纳多元议题，在闲话消遣与信息传递中实现内容的嵌套，微信群的价值在横纵交织的话语表达空间中得到切实体现，最大限度地巩固了微信群的存在合理性和乡土性，村民的日常交往也能增强微信群的生命力和凝聚力。基于"共同在场"的交往空间，聚焦现实生活，线下和线上交互作用促进集体行动，这是以微信（群）为代表的网络新媒体在与乡村的深度互动中产生的社会价值，促进了乡村公共性的再生产。

当然，新媒体对于乡村社会的治理和交往联结的价值体现，并不是一蹴而就的，更不能独立发生作用，乡村社会以往积淀而成的传统礼俗观念和具有乡土性的交往形式仍然在发挥巨大的作用，因而需要关注新媒体与乡村现实社会的联系，不可偏废。另外本文聚焦的地区是中国中西部地区的一个少数民族村落，研究对象是该村的微信群，此个案具有特殊性，并不能完全代表中国其他地区的乡村现实情况，需要后续的研究者开展更多更深入的研究，从更广维度探析以微信（群）为代表的新媒体对于乡村社会公共性再生产的适用性。

"夜间经济"议题中的政府意志和民众情感

——供需视角下的网络文本主题分析

何　方　王　延*

摘　要　夜间经济是城市经济和文化建设的新热点，政府和民众对其重视程度不断提升。本文通过对政府文件、新闻报道和网民讨论的主题分析，揭示了政府对夜间经济的规划和愿景，以及民众的印象、期待和担忧。本文发现，政府支持夜间经济发展，但民众存在一定顾虑；政府强调规范经营秩序，民众反对场所无序扩张；政府关注发展质量，民众看重便利性。结果表明，政策导向与民众需求存在差异，政府应关注民意、提供便利、平衡发展，以实现共享繁荣。

关键词　夜间经济；主题分析；政府意志；民众情感

一　背景与问题

（一）研究背景及缘起

夜间经济是指在当日下午 6 点到次日早上 6 点以当地居民、上班族和游客为消费主体，以休闲、旅游、购物、健身、文化、餐饮等为主要形式的现代城市消费经济。[①] 近年来，我国政府对夜间经济的重视程度不断提升，出台了一系列有关夜间经济的政策。例如，2019 年国务院办公厅印发了

---

* 何方，浙江传媒学院浙江省社会治理与传播创新研究院副院长，硕士生导师；王延，浙江传媒学院浙江省社会治理与传播创新研究院硕士研究生。

① 毛中根、龙燕妮、叶胥：《夜间经济理论研究进展》，《经济学动态》2020 年第 2 期，第 103 ~ 116 页。

《关于加快发展流通促进商业消费的意见》，要求"活跃夜间商业和市场"；①此外，上海自贸区临港新片区在 2020 年推出了"夜经济"试点项目，旨在通过延长营业时间和增加夜间服务来促进消费。② 与此同时，我国夜间经济规模也在不断扩大，根据艾媒咨询发布的《2022—2023 年中国夜间经济行业发展与消费者调研报告》，夜间经济市场规模将继续扩大，预计 2023 年，夜间经济市场规模将达到 4.5 万亿元，同比增长约 15%。③

然而，夜间经济在飞速发展的同时，也暴露出许多问题。比如，一些地方政府为了追求 GDP 指标，片面强调经济增长，导致夜间经济过度商业化、消费环境混乱，影响居民休息。还有一些地方夜间经济发展过热，导致治安、卫生、交通等方面出现问题，给居民生活带来不便。我们可以发现，夜间经济的政策导向与民众需求之间不匹配。

宏观经济学的供给侧与需求侧分析框架，为分析这一问题提供了重要视角。④ 夜间经济的供给侧以地方政府为主导，政府通过制定政策、提供资金扶持、开展宣传推广等方式推动夜间经济的发展。可以说，政府是夜间经济供给侧的主要影响因素。⑤ 夜间经济的需求侧则是普通消费者，他们的消费需求直接决定夜间经济的市场规模和发展前景。消费者通过实际的消费行为体现自己的偏好，这是夜间经济需求侧的关键。可以看出，政府是夜间经济发展的供给推动力量，而消费者是夜间经济发展的需求牵引力量。这两大力量共同推动着夜间经济的发展。因此，关注消费者及其意愿对于夜间经济的发展和可持续经营至关重要。

本文以夜间经济新闻报道和网民讨论的文本材料为分析对象，梳理有关夜间经济政府侧的政府意志以及民众侧的民众情感，对比其中的异同，

---

① 齐志明、王伟健、张文：《更好满足百姓个性化、多层次、品质化的夜间消费需求 推动夜间经济高质量发展》，《人民日报》2022 年 9 月 30 日，第 19 版。

② 《"夜经济"如何红火起来》，中国政府网，2019 年 10 月 16 日，https://www. gov. cn/xinwen/2019 – 10/16/content_5440381. htm，访问时间：2023 年 7 月 25 日。

③ 《2022—2023 年中国夜间经济行业发展与消费者调研报告》，艾媒网，2022 年 7 月 18 日，https://www. iimedia. cn/c400/86922. html，访问时间：2023 年 7 月 25 日。

④ 邱洪全、韩俊：《厦门夜间经济消费行为的影响因素与形成机制》，《厦门特区党校学报》2022 年第 4 期，第 44 ~ 52 页。

⑤ 于萍：《夜间旅游与夜经济：城市发展的新动力》，《改革与战略》2010 年第 10 期，第 32 ~ 33、128 页。

为夜间经济相关政策的制定提供建议和方向。

(二)研究问题及意义

在夜间经济快速发展的当下,如何协调政府与民众之间的关系,实现科学发展和公众利益的最大化,是一个亟待研究的重要议题。本文拟从理论和实践两个层面提出研究问题。

在理论层面,研究问题集中在政府与民众之间的沟通机制方面。作为一个新兴的经济现象,夜间经济事关广大民众的切身利益,在发展过程中也有可能产生一些负面影响,如果不能建立有效的沟通渠道,让民众充分表达对夜间经济发展的要求,则可能导致政策制定与民众需求脱节,影响夜间经济的可持续发展。因此,如何建立政府与民众之间的良性互动对话机制,是理论研究亟待回答的问题。这不仅关系到夜间经济领域的民主参与,也关系到经济政策制定的科学性。

本文的学术价值在于为政策制定或政策传播研究提供一个立足于政策接收方需求进行分析的视角。传统的政策制定和政策传播研究更多从政策供给方即政府的角度考虑,而忽视了公众在政策制定和传播过程中的重要作用。为此,克莱姆·布鲁克斯(Clem Brooks)等曾提出"意见 – 政策"连接理论,强调公众在政策制定和传播中的主体性,重视公众意见对政策的影响。[①] 这一理论为我们提供了新的分析角度,即在研究政策制定和传播时,既要考虑政府的供给,也要关注公众的参与,因为公众意见会通过各种机制影响政策制定,从而有利于我们形成整体性视角,提高对政策制定和传播过程的解释力。因此,本文立足于公众参与视角,试图通过对政策接收方需求进行分析,使政策制定和政策传播研究更加关注公众在这一过程中的作用,这对于提高政策制定的科学性和民主性、提升政策传播的效果、促进政府治理的现代化都具有重要的学术价值。

在实践层面,本文集中探讨政策供给与民众需求之间的匹配问题。这一议题不仅关系到夜间经济的发展质量,也关系到政府的治理能力。首先,本文评估了现有夜间经济政策与民众需求之间的匹配程度。夜间经济的快速崛

---

① 虞鑫:《话语制度主义:地方政府回应公众意见的理论解释——基于"意见 – 政策"连接理论的多案例比较分析》,《新闻与传播研究》2019 年第 5 期,第 21~40、126 页。

起使得现有政策可能与民众需求产生脱节，如文化场所关闭时间过早、公共交通不便等问题就反映了这种脱节。通过全面的匹配性分析，可以指导政府改进不足之处，提高政策供给对需求的灵敏度。其次，本文可以为政府制定新的夜间经济政策提供民意基础。除对现有政策进行评估外，还需要关注民众对夜间经济发展的新需求，如对绿色夜间经济的要求等。这需要政府建立对民众新需求的预判机制。本文可以通过分析公众情感，为政府制定符合民意的新政策提供依据。最后，从城市治理的角度来说，本文也有助于提升政府对夜间经济管理的能力。夜间经济可能产生一些负面影响，如治安、交通等问题，这需要政府采取积极应对措施。本文可以帮助政府准确把握民众在这些方面的诉求，以更好地进行夜间经济管理。综上所述，本文能够在多个层面提升政府对夜间经济的管理能力，使夜间经济政策制定更符合公众需求，推动夜间经济的可持续发展，具有重要的实践价值。

二 研究方法与资料来源

（一）研究方法概述

1. 主题分析法概述

主题分析法（thematic analysis）是一种常用的叙事分析法，用于人文与社会科学领域的质性研究。该方法首先以某个特定理论为研究框架，然后对大量的原始数据即采集到的叙事或者故事的内容本身进行文本分析，再从中找出可以串联起受访者及其提供的叙事的共同主题（common theme）来进行最终的解析。① 使用主题分析法对夜间经济相关的新闻报道和网民讨论进行分析，可以按照以下步骤进行。

①熟悉数据：阅读和重新阅读数据，以便熟悉数据并获得初步印象。

②生成初始代码：标记数据中的有趣特征，例如重复出现的词语、表达方式或情感。

③搜索主题：将代码组织成主题，并将相似代码组合在一起。

---

① 余洁：《叙事的研究方法》，《上海教育》2022年第6期，第65~67页。

④回顾主题：检查主题是否真正反映了数据及是否需要进一步细化或调整。

⑤定义和命名主题：对每个主题确定名称和描述。

⑥生产报告：将主题和相关数据转化为报告或文章。

在研究方法执行层面，本研究采用 LDA 主题分析法（latent dirichlet allocation，LDA；也称三层贝叶斯概率模型）。LDA 主题分析法是一种文本主题挖掘的无监督学习方法，其基本假设是每篇文档都包含不同比例的多个潜在主题，每个主题都以一定的概率生成词语。LDA 通过构建语料库级别的文档—主题分布和主题—词分布，对大规模文本进行主题发现。具体而言，LDA 先随机初始化一组主题分布，然后通过迭代学习不断优化文档－主题分布和主题－词分布，使同一主题中的文档内容相似，不同主题之间词语分布有明显差异。迭代终止后，LDA 模型可以产生每篇文档所含主题的概率分布，并输出每个主题的代表词。①

2. 方法辨析

LDA 最大的优点是无须人工标注就可以对未标注文本进行主题发现，效率高且可解释性强。这使其非常适合用来处理大规模文本数据，被广泛应用于文本主题挖掘、文本分类、文档聚类等领域。本研究采用 LDA 主题分析法主要基于以下考量。

第一，LDA 主题分析法可以有效识别海量文本中的潜在主题，自动抽取文本的主题特征，LDA 模型可以快速有效地完成主题发现和提取的任务。

第二，LDA 主题分析法无须人工标注训练数据，可以对未标注的文本进行无监督的主题学习，避免了人工标注的工作量大且存在偏差的问题。本研究中的网络文本也属于未标注的文本数据，适合采用 LDA 模型进行无监督主题提取。

第三，LDA 主题分析法可以处理词袋模型，自动学习词与词之间的关系，无须进行特征工程或人工构建词之间的关系。本研究中的网络文本规模较大，词与词之间的关系复杂，LDA 可自动学习这些关系。

①　张晨逸、孙建伶、丁轶群：《基于 MB－LDA 模型的微博主题挖掘》，《计算机研究与发展》2011 年第 10 期，第 1795～1802 页。

第四，LDA主题分析法可以发现文本的多主题结构，识别每个文本所包含的多个主题及其权重。本研究需要分析出网络文本中融合的多主题，LDA模型可以很好满足这一需求。

第五，LDA主题分析法可以产生每个主题的词分布，通过主题词分布来解释和标记主题的含义。本研究需要对挖掘出的主题进行解释，LDA模型的主题词分布为主题标记提供了支持。

综上，LDA主题分析法符合本研究对文本主题挖掘的要求，能够有效自动化地实现大规模网络文本的多主题发现与解释，是本研究选择的最佳文本分析方法之一。

3. 分析过程

采用LDA主题分析法旨在系统地挖掘政府和网民对夜间经济议题的情感态度和关注主题，其过程包括四个步骤（见图1）。首先，选择新闻网站、社交媒体平台的相关文本作为研究对象，对其文本数据进行收集、清洗与预处理。其次，运用SnowNLP模型进行文本情感分析，量化得分，并以此划分文本情感变化的各个阶段。再次，对文本数据进行词云绘制，并对其进行可视化呈现，捕捉政府和民众重点关注的内容。最后，使用LDA主题模型挖掘政府和民众在各个阶段对夜间经济的关注重点，为明确政府对夜间经济的设计与愿景和民众对夜间经济的印象、需求与消费期待提供有针对性的帮助。

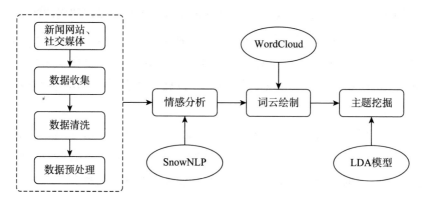

图1 分析过程

资料来源：笔者自制。

（二）数据选取及预处理

1. 数据选取

本研究选取了官方媒体的新闻报道和社交媒体的网民讨论两个主要的数据来源，通过分析不同层面和角度的信息，以全面了解政府对夜间经济的设计与愿景，以及民众对夜间经济的印象、需求和消费期待。

首先，针对政府对夜间经济的设计与愿景，本研究选取政府官方网站的政策公告和官方媒体的新闻报道作为数据来源。在新闻报道方面，鉴于新闻内容的覆盖面，我们选择了今日头条和新浪微博这两个知名媒体平台的新闻报道，报道包括政策文件的解读、领导讲话、城市规划和发展计划等。通过分析这些报道，本研究可以明确政府对夜间经济的设计与愿景，以及政府希望夜间经济给城市发展带来的影响。

需要特别说明的是，在中国新闻媒体体制下，主流媒体代表了国家和政府的立场，其新闻报道在内容上与政府主导的发展方向和重大战略规划高度一致，主流媒体的新闻报道内容在很大程度上反映了国家和政府的发展目标、价值取向和治国方略。因此，主流媒体的新闻报道在反映国家和政府的愿景规划方面具有一定效度。

其次，为了了解民众对夜间经济的印象、需求和消费期待，本研究选取社交媒体上的网民讨论作为数据来源。具体而言，本研究选择了微博、知乎和小红书这三个被网民广泛使用的社交媒体平台。这些平台汇集了大量用户生成的内容，包括用户对夜间经济的讨论、观点和评论。通过分析这些网民讨论的文本内容，可以深入了解民众对夜间经济的印象，探究他们的需求和消费期待，从而全面把握夜间经济对公众的影响和意义。

在数据选取过程中，本研究根据相关关键词（如"夜间经济""夜间消费""夜间娱乐"等）来检索和筛选新闻报道和网民讨论的文本数据，以确保数据的相关性和适用性。此外，为了提高数据的代表性和多样性，本研究选择了具有较高影响力和参与度的新闻报道和网民讨论。通过关键词检索，我们从今日头条和新浪微博两个媒体平台中收集了发表于2019~2023年的共计38篇报道样本。通过关键词搜索和相关话题跟踪，从三个社交平台上获得了共计875条有效网友言论样本。

2. 文本数据预处理

首先，利用 Python 的 jieba 模块对新闻文本数据进行分词处理；其次，通过过滤停用词、单字词的方式将新闻观点中一般出现的无特殊意义词语、无情感词语（如啊、了、吗、呢）及标点符号（如!、@、#、￥、%）等噪声剔除，以减轻噪声对新闻观点文本情感量化的影响；再次，提取关键词，通过 TF – IDF 加权法对文档词语建立词向量和进行加权处理，并计算出各文档的关键词以精简新闻观点；最后，计算情感指数，调用 SnowNLP 文本挖掘模块，在新闻总集内针对新闻文本内的每一条新闻计算情感指数。SnowNLP 模块中情感指数从 0 至 1 分布，代表该文本是正面情感的概率，如果小于 0.5 则认为该文本是负面情感；否则，认为该文本是正面情感。结果显示，在相关新闻报道和网民讨论内容的情感倾向中，正面情感占比较高，负面情感占比较低，且网民讨论中的负面情感比新闻报道中的负面情感占比高（见图2）。

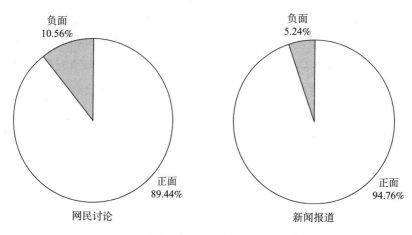

图 2 夜间经济网民讨论和新闻报道文本情感占比分析
资料来源：笔者自制。

三　分析结果与讨论

（一）夜间经济新闻报道主题分析

针对本研究收集的新闻报道数据，基于 Python 语言采用 TextBlob 中的 WordCloud 子包，绘制词云图（见图3）。在本研究所提取的新闻报道中，"消费""服务""产业""餐饮""娱乐"成为被提及较多的词语,"活动""商家""旅游""城市发展""文化""经济"等词也频繁出现在相关新闻报道中。把从新闻报道中提取出来的高频词利用 LDA 主题模型进行分类,得到 3个正面主题和 1 个负面主题,然后对所有词进行主题分类,得到各主题的关键词,最后根据关键词人工对 4 个主题进行命名,分别为"消费服务""文娱创新""城市发展"和"潜在问题"(见表1)。这些主题反映了政府对夜间经济的规划与愿景,分别代表了不同方面的政府意志。"消费服务"是政府期望在夜间经济领域达成的短期目标,"城市发展"则是政府希望在夜间经济领域达成的长期目标,"文娱创新"是在政府意志下推动夜间经济发展的潜在关键因素,"潜在问题"则是政府认为的在发展夜间经济时需要注意的隐患。

图3 夜间经济新闻报道词云图

资料来源:笔者自制。

表1 夜间经济新闻报道主题关键词展示

主题名称	情感倾向	关键词
消费服务		消费、餐饮、美食、营销、网红打卡地
文娱创新	正面	艺术表演、音乐会、文化、体验、娱乐、夜跑活动、夜市文化节
城市发展		产业、旅游、城市发展、经济、消费升级、政策扶持、公共设施
潜在问题	负面	环境卫生、噪声污染、治安问题、交通拥堵

资料来源:笔者自制。

首先，政府希望通过提供丰富多样的消费服务来推动夜间经济的发展。研究资料显示，各地政府期望通过延长夜间营业时间、丰富商品和服务供给等手段，推动地方经济发展。例如，北京市政府提出了"北京市夜间消费促进计划"，旨在通过扩大夜间消费场所、丰富夜间消费产品、优化夜间消费环境等措施，推动北京市夜间消费市场发展。[①] 消费、餐饮、美食、营销、网红打卡地等关键词表明政府重视夜间经济的消费体验和服务质量。政府希望通过引入各类艺术表演、音乐会等文娱活动，为市民和游客提供更多夜间娱乐选择，促进消费升级和经济增长。消费服务主题突显了政府在夜间经济领域的短期目标，注重提升消费者的夜间消费体验，推动相关产业的发展。

其次，政府将文娱创新视为推动夜间经济发展的潜在关键因素。艺术表演、文化、体验、娱乐、活动等关键词表明政府重视夜间经济的创新性和文化内涵。研究资料显示，各地政府通过开展丰富多彩的文娱活动，大力发展"夜间经济"，激发城市沉浸"夜间经济"活力。[②] 例如，广州市花都区"花都YES"夜间经济布局全面展开，打造"夜玩、夜健、夜食、夜购、夜游、夜学"六张夜间经济名片，以文娱助力夜间经济发展。[③] 政府鼓励文化产业的融合和创新，通过举办夜市文化节，推动夜间文化产业的发展，吸引更多的市民和游客参与夜间活动，提高城市的文化品位和吸引力。文娱创新主题体现了政府在夜间经济领域的长远目标，旨在打造具有独特魅力和文化特色的夜间场景。

再次，政府将夜间经济与城市发展紧密联系在一起。城市发展、经济、旅游等关键词显示政府将夜间经济视为推动城市整体发展的重要因素。研究资料显示，各地政府通过开展丰富多彩的文旅活动、优化城市环境等措

---

① 北京市商务局：《关于印发〈北京市促进夜间经济繁荣发展的若干措施〉的通知》，中国政府网，2022 年 7 月 15 日，https://sw. beijing. gov. cn/phone/zwxx/zcfg/zcwj/202207/t20220715_2772578. html，访问时间：2023 年 7 月 25 日。

② 王政淇、于子青、王潇潇：《中国为什么要发展夜间经济？》，人民网，2019 年 10 月 10 日，http://politics. people. com. cn/n1/2019/1010/c429373 - 31392321. html，访问时间：2023 年 8 月 20 日。

③ 冷霜：《"花都YES"夜间经济布局全面展开，2025 年打造"2 + 4 + 6"夜间经济示范区》，"羊城派"百家号，2023 年 9 月 26 日，https://baijiahao. baidu. com/s？id = 1778095715564459368，访问时间：2023 年 9 月 26 日。

施，推动城市发展。例如，杭州市政府提出"杭州市夜间经济发展规划"，其中提到"打造夜间经济样板城市"。① 其中缘由众多，但从长远考量主要在于提升城市国内外经贸交流水平和增加就业机会。政府希望通过夜间经济的发展提高城市的国际竞争力和吸引力，推动相关产业的繁荣，促进就业和经济增长。夜间经济被视为城市发展的重要引擎，通过夜间活动和相关设施的建设，提升城市的品质和生活水平。

最后，政府也意识到夜间经济发展中存在一些潜在问题需要注意。随着夜间经济的快速发展，一些问题也开始显现。例如，噪声污染、交通拥堵、治安问题等。为此，各地政府纷纷出台相关措施加以解决。例如，金华市政府提出建立完善的奖惩机制，并防范夜间经济消极影响。② 环境卫生、噪声污染、治安问题、交通拥堵等关键词揭示了政府对夜间经济可能带来的负面影响的关注。政府希望在推动夜间经济发展的同时，加强公共管理和规划，确保城市夜间环境的安全、整洁和有序，提高市民和游客的满意度。

综上所述，政府对夜间经济的规划与愿景围绕消费服务、文娱创新、城市发展和潜在问题展开。政府希望通过提供丰富多样的消费服务和文娱活动促进夜间经济的发展，并将夜间经济作为推动城市整体发展的重要引擎。然而，政府也意识到夜间经济发展可能会产生一些负面影响，需要通过加强管理和规划来解决相关问题。这些规划和愿景将为城市的夜间经济发展提供指导，并为利益相关者提供参考，以实现可持续发展和共享繁荣的目标。

（二）夜间经济网民讨论主题分析

针对本研究收集的网民讨论数据，基于 Python 语言采用 TextBlob 中的 WordCloud 子包，将数据根据正面情感与负面情感进行分类，分别绘制词云

---

① 《杭州两地入选浙江省首批夜间经济样板城市》，杭州市人民政府网站，2021 年 12 月 19 日，https://www.hangzhou.gov.cn/art/2021/12/29/art_812268_59046992.html，访问时间：2023 年 8 月 15 日。

② 陈涵：《擦亮城市"烟火气"下的文明底色，金华市区开展专项整治规范夜间经济》，浙江在线，2022 年 7 月 25 日，http://cs.zjol.com.cn/jms/202207/t20220715_24525640.shtml，访问时间：2023 年 8 月 15 日。

图（见图4、图5）。在本研究所提取的正面情感网民讨论中，"经济发展""消费升级""夜市""城市活力""夜景"成为被提及较多的词语，此外，"旅游业发展""文化交流""夜生活""创新创业""就业机会"等词也频繁出现在网民讨论中。在本研究所提取的负面情感网民讨论中，"噪声扰民""交通拥堵""治安问题""环境污染"成为被提及较多的词语，"身体健康""社会道德""夜闹""宿醉""工作压力"等词也频繁出现。把从数据中提取出来的高频词利用LDA主题模型和上文同样的方法进行处理，得到3个正面情感主题词"经济增长"、"生活消费"和"文化旅游"（见表2），以及3个负面情感主题词"身心健康"、"公共卫生"和"社会风气"（见表3）。

图4　夜间经济网民讨论（正面情感）词云图
资料来源：笔者自制。

表2　夜间经济网民讨论主题（正面情感）关键词展示

主题名称	关键词
经济增长	经济发展、消费升级、创新创业、就业机会
生活消费	消费多样化、生活品质、夜市、夜生活、夜购
文化旅游	城市活力、旅游业发展、文化交流、文化创意、夜景、夜游

资料来源：笔者自制。

图 5　夜间经济网民讨论（负面情感）词云图

资料来源：笔者自制。

表 3　夜间经济网民讨论主题（负面情感）关键词展示

主题名称	关键词
身心健康	身体健康、工作压力、家庭关系、睡眠不足
公共卫生	疫情防控、治安问题、环境污染、交通拥堵
社会风气	噪声扰民、社会风险、社会道德、夜宵、夜班、宿醉、夜闹

资料来源：笔者自制。

这些主题词分别反映了民众对于夜间经济的正面需求、期待和负面担忧。在正面需求、期待方面，"经济增长"反映了民众视角下夜间经济对城市发展的推动；"生活消费"表明民众对夜间经济作为生活方式和消费选择的需求；"文化旅游"揭示了民众对夜间经济与文化、旅游产业的关联性的认识。在负面担忧方面，"身心健康"反映了网民对夜间经济对身体健康的潜在影响的担忧，包括睡眠质量下降、生活作息紊乱等问题；"公共卫生"凸显了民众对夜间经济"脏乱差"的刻板印象；"社会风气"表明了民众对夜间经济与社会治安问题易发地带的关联性联想。

"经济增长"主题词显示了民众对夜间经济作为城市发展的推动力持有积极的观点。他们相信夜间经济能够为城市带来经济繁荣和发展机遇，增加就业机会、促进商业活动和吸引投资。民众期待夜间经济成为城市经济增长的重要引擎，为城市创造更多的财富和机遇。该主题词还反映了民众的主人翁意识和对城市发展规划与方向的关切。他们认为夜间经济的繁荣与城市的整体形象和竞争力密切相关，因此积极参与和支持夜间经济的发展。民众期待政府能制定有针对性的政策，确保夜间经济的可持续发展与城市的长远利益相协调，以打造宜居、宜业的城市环境。

"生活消费"主题词揭示了民众将夜间经济视为生活方式和消费选择的需求。他们希望夜间经济能够提供多样化的消费体验，包括餐饮、娱乐、购物等领域。民众渴望在夜晚享受到与白天不同的活动和服务，满足他们多样化的消费需求，让夜间生活更加丰富多彩。该主题词同时揭示了现代民众消费观念的变化和对更加新颖生活方式、娱乐方式的消费需求。随着社会的发展和个人价值观的演变，民众对于消费的期待已不再局限于满足基本需求，而是更加注重个性化、多元化的消费体验。他们渴望在夜间经济中寻找独特的娱乐形式、新奇的消费场景，以满足对于个性化、时尚化的追求。这种新型消费观也反映了当代社会对于丰富多样的生活体验和文化消费的重视。

"文化旅游"主题词显示了民众对夜间经济与文化、旅游产业的关联性的认识。他们认为夜间经济可以为文化艺术表演、夜间景点游览等提供平台和机会。民众期待夜间经济能够激发城市文化创新的活力，提升城市的文化形象和旅游吸引力，使夜间成为体验城市文化的重要时段。此外，该主题词也显示了精神文化娱乐和城市文化作为新时代消费驱动力的重要作用。这种对文化旅游的需求不仅体现了民众对精神享受的追求，也彰显了城市文化塑造城市形象和提升城市吸引力的重要力量。夜间经济的繁荣与发展有助于推动城市文化产业的创新发展，同时也为民众提供了更多体验城市文化的机会，促进了文化的传承与交流。

"身心健康"主题词反映了民众对夜间经济对身体健康的潜在影响的担忧。他们担心夜间经济活动的噪声、繁忙的生活节奏以及熬夜等行为可能导致睡眠质量下降、生活作息紊乱等问题，对身体和心理健康产生不利影响。"身心健康"主题词反映了当代民众对身体健康的重视。现代生活节奏快、压力大，人们越来越注重保持健康的生活方式。他们意识到夜间经济活动可能对睡眠质量和生活作息造成不利影响，因此对这些潜在影响表示担忧。身体健康已成为当代民众追求幸福和品质生活的重要方面。

"公共卫生"主题词凸显了民众对夜间经济"脏乱差"的刻板印象。他们担心夜间经济活动可能导致公共场所的卫生状况下降，包括垃圾处理不及时、环境脏乱以及卫生设施不完善等问题，给城市的整体形象和居民生活质量带来负面影响。这一刻板印象可能源于一些夜间经济活动中存在的实际问题。在一些场所，垃圾处理不及时、环境脏乱等情况确实存在，导致民众形成了这样的印象。然而，需要注意的是，并非所有夜间经济都存在这些问题，这种刻板印象可能忽略了夜间经济中一些积极的发展和管理努力。

"社会风气"主题词表明了民众对夜间经济与社会治安问题易发地带的关联性联想。他们担心夜间经济活动可能会增加一些社会问题，如治安问题、交通拥堵等，影响社会秩序和居民的安全感。对"社会风气"主题词的印象可能是通过新闻报道产生的。新闻媒体通常倾向于报道夜间经济中发生的一些治安问题，这样的报道可能引发民众对夜间经济与治安问题之间的关联性联想。此外，拟态环境理论认为，人们对某一领域的判断往往受到媒体报道的影响，他们通过媒体报道形成了对夜间经济与社会治安问题关联的印象。

综上所述，民众作为夜间经济需求侧的主体，对夜间经济有着多样的印象、期待与担忧。他们期望夜间经济推动城市经济增长、满足多样化的消费需求，并与文化旅游产业相互融合。然而，他们也担忧夜间经济给身心健康、公共卫生和社会风气带来负面影响。这些认知和情感反映了民众对夜间经济存在一定程度的固有印象并且亟待破除，将在政府制定夜间经济政策和规划时起到重要的参考作用，以确保夜间经济的可持续发展和对公众利益的综合考量。

四 研究总结与展望

（一）研究发现：夜间经济政策导向和民众需求不匹配

从上述研究发现可以看出，当前我国夜间经济政策导向与民众需求存在一定的不匹配现象。具体来说，主要体现在以下三个方面。

第一，政府对夜间经济发展持续给予支持与鼓励，民众对此且忧且喜。从政策导向看，政府积极支持夜间经济发展，出台各类政策措施促进夜间经济繁荣，并关注提升夜间经济发展质量，这与民众的丰富夜生活、提高生活质量、消费便利等需求较为匹配。但是民众也有一定顾虑，如担心夜间治安问题、关注夜间噪声污染等负面影响。这就需要政府在支持夜间经济发展的同时，加强对负面影响的治理。

第二，政府强调规范夜间经济秩序，民众对经营场所无序扩张持否定态度。从政策导向看，政府强调要规范夜间经济发展秩序，遏制不正之风、加强监管。这与民众的需求较为一致，民众也希望规范夜间经济秩序，但对经营场所的无序扩张持否定态度。民众担心酒吧、夜店、夜总会等经营场所过度扩张会带来治安隐患、噪声污染等问题。这需要政府在规范发展的同时关注民众反映强烈的问题。

第三，政府关注提升夜间经济发展质量，而民众更看重获得便利。政策导向强调要提升夜间经济发展质量，如提升服务水平、完善配套设施等。而民众对夜间经济的需求更多体现在获得生活便利上，如夜间出行选择、商场营业时间、外卖送餐等。这需要政府在提升夜间经济发展质量的同时，更多考虑如何提升民众参与夜间经济活动的便利性。

总体来看，政府对夜间经济发展的支持与民众需求还是基本匹配的。但在具体方面，如治理负面影响、规范经营秩序、提升便利性等方面还存在一定差异，这需要政府在制定夜间经济政策时做到与民众需求挂钩，充分考量民众关切的焦点和需求，采取针对性强的政策举措，以更好地满足民众对夜间经济发展的需求。

（二）结语

通过对政府侧和民众侧对夜间经济的观点进行对比分析，可以得出一些思辨性的研究结论。首先，政府侧更多关注夜间经济的经济增长潜力和城市发展推动力，而民众更注重将夜间经济视为生活方式和消费选择的需求。这表明在夜间经济的发展中，需要平衡经济增长和民众需求的关系，使其相互促进，实现可持续发展。其次，民众对夜间经济存在一定的担忧和负面印象，主要集中在身心健康、公共卫生和社会风气方面。这表明夜间经济在发展过程中需要重视民众的关切和担忧，采取措施解决潜在问题，确保夜间经济的良性发展。

其中政府、媒体和商界在夜间经济及其议题传播中扮演重要角色，以下是从各个主体角度提出的一些建议。媒体应准确报道夜间经济的发展和管理情况，避免过度强调负面事件，传递积极健康的夜间经济形象。媒体可以加强对夜间经济的正面案例和成功经验的报道，促进公众对夜间经济形成正面认知。商界可以主动参与夜间经济的发展和管理，提供高品质的夜间消费体验。商界可以关注民众的健康需求，提供健康餐饮和娱乐选择，通过创新和确保高品质来树立夜间经济的良好形象。政府应加强对夜间经济的管理，改善公共卫生和治安状况，打破民众对夜间经济卫生差、治安差的刻板印象。政府可以加强夜间经济相关法规的制定和执行，加强监管，提升夜间经济场所的卫生和安全水平。

此外，政府可以通过主导一些有关夜间经济的大型主题活动，形成媒介事件，从而提升夜间经济的曝光度。例如，杭州市举办了"2023文旅市集·杭州奇妙夜"，12个旅游城市、10家博物馆与杭州13个区、县（市）及100家文旅企业联动，推出19个展示单元、50余项文旅体验，邀请市民游客在端午假期走进宋代文人的艺术世界，体验"宋韵"的缤纷活力，领略杭城"迎亚运"的浓厚氛围，共游"双YUN"融合的奇妙空间。① 这些活动结合了文化、艺术、体育等元素，吸引了大量民众参与，推动了夜间经济的多样化发展。

综上所述，夜间经济作为城市发展的重要组成部分，需要政府、媒体和商界共同努力，平衡经济增长和民众需求，关注民众的关切和担忧，打破刻板印象，塑造积极健康的夜间经济形象，以推动城市的可持续发展。

（三）研究展望

在夜间经济领域，传播学、社会治理等人文社科研究可以关注以下几个方向，以推动政府和民众在对该事务的理解上的沟通交流与磨合，进而

---

① 张雅丽：《"2023文旅市集·杭州奇妙夜"开幕》，杭州网，2023年6月22日，https://hznews.hangzhou.com.cn/chengshi/content/2023-06/22/content_8562503.htm，访问时间：2023年7月15日。

助推夜间经济发展。首先，研究可以探讨夜间经济发展与城市社会空间的关系。这包括夜间经济对城市空间格局的影响、夜间经济活动对城市社交与文化生活的塑造以及夜间经济与城市社会结构的互动等方面。通过深入研究夜间经济的空间属性和社会影响，可以为政府制定相关政策和规划提供参考。

其次，研究可以聚焦夜间经济的参与主体与社会认同。这涉及不同群体在夜间经济中的角色定位、参与动机以及与夜间经济相关的社会认同构建等方面。通过探究不同群体对夜间经济的态度和期望，可以为政府和商界提供借鉴，以更好地满足不同人群的需求，促进政府和民众的理解和沟通。

最后，研究可以关注夜间经济的可持续性与社会影响。这包括夜间经济对城市环境、资源利用、社会安全等方面的影响，以及在夜间经济发展过程中如何平衡经济效益与社会和环境可持续性的关系。通过深入研究夜间经济的社会影响和可持续发展策略，可以为政府和商界提供指导，推动夜间经济的健康发展。

对于城市发展过程中新消费的重要意义，未来研究可以探讨以下几个方面。首先，研究可以关注新消费模式对城市经济增长和增加就业的推动作用。这包括新兴产业与服务业的融合、新消费领域的创新与发展以及新消费需求对就业机会的影响等方面。通过深入研究新消费的经济效应，可以为政府和商界提供决策依据，推动城市经济的转型升级。

其次，研究可以关注新消费对城市文化和社会变迁的影响。这涉及新消费模式对城市文化创意产业的催生、新消费理念对文化认同和社会价值观的塑造以及新消费行为对城市社会结构和社交关系的影响等方面。通过深入研究新消费的文化意义和社会影响，可以为城市规划和文化发展提供指导，促进城市的文化繁荣和社会进步。

最后，研究可以关注新消费概念的传播与推广。这涉及新消费理念的传播渠道和策略、新消费品牌的建立与推广以及新消费文化在媒体和社交平台上的传播方式等方面。通过深入研究新消费概念的传播机制和推广策略，可以为政府和商界提供借鉴，提高新消费理念在城市中的认知度和影响力，推动城市的创新与发展。

融合与超越：国内政务短视频研究
现状、热点及趋势[*]

——基于 CiteSpace 知识图谱分析

王　浩　林崩蕾^{**}

摘　要　媒介融合造就全新的研究议题，同时也呼唤研究方法的创新。为切实了解政务短视频领域的研究现状、热点议题，揭示其趋势，本文使用数据可视化分析软件 CiteSpace，运用文献计量法对中国知网国内政务短视频领域的文献进行分析。首先从时空维度总结政务短视频研究现状；其次通过共现图谱、关键词聚类图谱了解研究热点；最后通过关键词时区图谱归纳发展趋势，通过突现图谱探索研究前沿。本文发现，近年来政务短视频领域发文量递增，但学术泡沫不可忽视；作者、机构多内部合作，未形成学术共同体；研究热点受技术、政策等因素影响。当前，政务短视频的概念边界随着多元议题的涌入不断拓展，正超越其既定范畴进行跨机构跨学科跨领域的深度融合，未来或可从其体系、内容和模式上寻求更多研究突破。

关键词　政务短视频；媒介融合；CiteSpace

引　言

移动终端的不断普及、5G 技术的不断发展，不但带来网速的提升，还改变了生活方式。在此背景下，具有"短平快"、碎片化、个性化及趣味性

---

* 本文系浙江省哲学社会科学规划课题"网络技术背景下基层社会治理智能化的互联困境及应对"（项目编号：21NDJC114YB）的阶段性成果。

** 王浩，浙江传媒学院新闻与传播学院硕士研究生；林崩蕾，浙江传媒学院新闻与传播学院硕士研究生。

等特点的短视频因符合用户视听习惯，获得各大平台、广大用户以及政务机构的青睐。政务短视频作为政府传播的重要手段之一，可以帮助政府更好地传递信息、提高公众对政策的理解度和认同度。社交媒体的流行方便了政务短视频的传播，进一步增强了其传播效果。

近年来，政务短视频愈加风靡，甚至有超越政务微博、政务微信成为传播力、影响力最强的政务新媒体的趋势。对于政务机构而言，开设政务短视频账号是适应不断变化的社会政治环境，把握舆论风向标，在话语权层面重构传播体系必不可少的举措。人民网舆论与公共政策研究中心在《政务短视频发展研究报告》中指出，政务短视频目前仍处于发展的初级阶段，各级政务机构在认识、制作、传播短视频以及短视频账号的运营方面仍处于探索阶段，政务短视频发展迅速，难免会出现问题和偏差。①

当前学界切入政务短视频的研究角度有哪些？政务短视频研究的热点议题是哪些？未来政务短视频发展的趋势是什么？本文借助可视化分析软件CiteSpace，通过文献计量法对中国知网的相关文献进行数据分析，并结合文献内容深入探究政务短视频研究现状、热点及趋势，以期回答上述问题。

一　研究方法

数据的收集、处理是数据分析的基础，采用合适的工具能有效提升效率。本文以中国知网为数据库，将获取的数据处理后通过可视化分析软件CiteSpace进行分析操作，得到能够显示规律的可视化知识图谱。

（一）研究方法

本文选择的数据处理工具是 CiteSpace Version 6.1.R3（2022 年 11 月版本），可以呈现出研究领域的演进历程，并可以将图谱上作为知识基础的引文节点和共引聚类所表征的前沿自动标识出来。② 其主要功能包括共被引、合作分析、共引分析和关键词共现分析，可以显示知识单元之间的结构、

---

① 张子帆、李怀苍、王勇：《我国政务短视频的特征、功能及发展研究综述》，《昆明理工大学学报》（社会科学版）2021 年第 4 期，第 113～122 页。
② 吴希平：《我国政务微博研究现状及研究热点——基于文献计量和 citespace 的可视化分析》，《新媒体研究》2019 年第 17 期，第 17～19 页。

互动、交集和演变，生成聚类图谱和时区图谱，帮助了解某一领域的研究热点和趋势、分析潜在的知识关联。[①]

（二）数据处理

中国知网作为国内数据量最大的知识信息库，其收录的文献具有较高的可靠性和规范性，选择中国知网作为数据库来源，对于研究具有更高的参考价值。[②] 在中国知网中检索主题词"政务短视频"，不设置时间范围，共得到919篇文献。随后对文献进行处理，首先，将与政务短视频相关但在类型上属于报纸、专利类的文献排除。其次，通过查看题目、摘要、关键词，剔除与政务短视频关联度低的文献。再次，对一文多发的重复文献进行去重处理。最后，将处理后的902篇文献用RefWorks格式导出。最后检索日期为2022年11月6日。

（三）具体操作

将RefWorks文件导入CiteSpace，将时间跨度设置为"2015年1月—2022年11月"，时间切片（Year Per Slice）设置为1年，其余均为默认选项。根据需要的结果选择"作者（Author）""机构（Institution）""关键词（Keyword）"等不同的节点类型（Node Types），将运行得到的图谱按照清晰、美观的标准进行大小、颜色、位置调整。

二 研究现状：政务短视频研究的时空特征

本文通过对中国知网数据的梳理总结时间维度上的文献特征，运用CiteSpace分析作者、机构的空间分布来概括政务短视频研究现状。

（一）时间维度：发文量逐年递增，要警惕学术泡沫

对某一研究主题的发文量及其年度分布的情况进行统计分析，可以在

① 陈悦、陈超美、胡志刚、王贤文等：《引文空间分析原理与应用：CiteSpace实用指南》，科学出版社，2014，第73页。
② 聂应高：《国内图书情报领域"云"研究现状剖析——基于CNKI核心期刊的文献计量与内容分析》，《图书馆学研究》2015年第16期，第9~15、20页。

一定程度上测定该研究主题的吸引力和热度。① 中国知网有关政务短视频的发文量和年度分布如图 1 所示，发展历程可大致分为三个阶段。

第一阶段蛰伏期（2015~2017 年），第一篇与政务短视频相关的文献出现在 2015 年，到 2017 年也仅有三篇相关文献。第二阶段爆发期（2018~2020 年），自 2018 年第一批政务抖音号开设，政务短视频就获得了学界的关注，文献呈爆发式增长。第三阶段平稳期（2021~2022 年），近两年增速有所下降，政务短视频的"话题度"下降。截至 2022 年 11 月 6 日，中国知网政务短视频文献预测值为 424 篇。

作为短视频领域的热门分支研究领域，政务短视频相关文献数量尚未达到峰值，发文量与年度分布呈正相关。从时间维度来看，政务短视频的学界研究些许滞后于业界发展，面对蓬勃发展的技术和不断变化的受众需求，学界的敏锐性和前瞻性不足。2019 年之后，政务短视频前沿理论研究步调放缓，截至 2022 年 11 月，中国知网中与政务短视频有关的 118 篇 CSSCI 文献大多发表于 2018~2019 年。

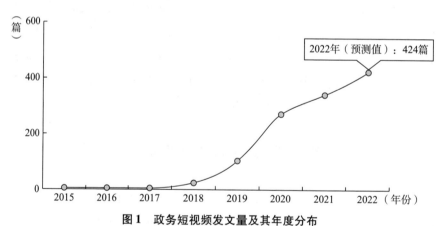

图 1 政务短视频发文量及其年度分布

资料来源：笔者根据知网数据绘制。

（二）空间分布：作者机构各有千秋，合作交流有待加强

在科学研究中，作者、机构之间相互合作可以在学科背景、技术方法、

---

① 吴希平：《我国政务微博研究现状及研究热点——基于文献计量和 citespace 的可视化分析》，《新媒体研究》2019 年第 17 期，第 17~19 页。

资源等方面互通有无、取长补短。通过分析作者、机构共现图谱，能够了解研究领域整体状况及其合作程度，并以此揭示其合作规律。

1. 成果丰富多维，作者群簇初步显现

通过 CiteSpace 进行作者分析（见图 2），作者节点数 $N = 171$，意味着作者人数为 171 位；连线 $E = 39$，说明当前作者中存在 39 条合作关系；网络密度 $Density = 0.0027$，表示网络密度处于较低值，表明作者之间的合作较少，研究方式多为独立研究，还未形成群簇态势。

在合作上存在谢幽兰、郭炳欢、窦俊辉、杨胜蓝、李梦蓉组成的五人合作网络，黄楚新、王丹、唐绪军以及韩照全、金晨路、何婧组成的三人合作网络，以及谢泽杭和于晶、吴笛和周锦、王勇和张子帆组成的二人合作网络。总体来看，作者之间还存在很大的合作空间。对某个领域的核心作者进行统计可以根据普莱斯定律，即高产作者群中最低产作者的发文数量为最高产作者发文数量平方根的 0.749 倍。[1]

据统计，发文量并列第一的作者是中国社会科学院新闻与传播研究所数字媒体研究室黄楚新主任和中国人民大学公共管理学院马亮教授，根据普莱斯定律，核心作者撰写的论文数量应为该领域全部论文数量的 50% 左右。[2] 政务短视频领域共有 51 位作者发布了至少 2 篇文章，总共发表了 113 篇文章，仅占所有文章数量的 12.5%。这表明我国政务短视频领域尚未形成一个明确的核心作者群。部分作者成果丰硕，但新进作者和老资格作者之间存在较大差距，马太效应可能会导致不平衡进一步扩大。

2. 机构间多独立研究，学术共同体还未形成

为探析机构缺少合作的原因，本文沿用"985""211"的高校分类，并结合 2022 年第二轮"双一流"建设高校名单对机构性质进行统计（见表1）。发文量作为科学研究成果产出的重要衡量标准，能够反映机构在科学领域的活跃度和持续投入度。从发文量可以看出，内蒙古大学（16 篇）居首位，南昌大学和湖南大学以 12 篇并列第二。

---

① 苏楠、张璇、杨红岗等：《基于知识图谱的国内网络舆情研究可视化分析》，《情报杂志》2012 年第 10 期，第 42~47、58 页。

② 喻国明、兰美娜、李玮：《智能化：未来传播模式创新的核心逻辑：兼论"人工智能＋媒体"的基本运作范式》，《新闻与写作》2017 年第 3 期，第 41~45 页。

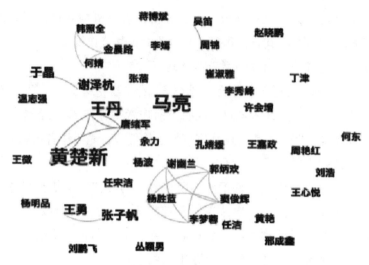

图2 政务短视频研究作者合作图谱

资料来源：笔者基于 CiteSpace 资料绘制。

　　根据机构性质分析，排名前20的研究机构中，仅中国社会科学院属于中共中央直接领导和国务院直属的事业单位。另外19所机构是高等教育机构，其中只有河北大学不属于"双一流"高校。18所"双一流"高校中，7所同时也是"985"高校，15所同时也是"211"高校，2所是普通高校，还有1所是公安部直属高校。这表明高校是我国政务短视频研究的主要力量，尤其是知名的"双一流"、"985"和"211"高校具有较强的研究实力。但在学术背景较强的科研基础上，各高校却处于"孤军奋战"的状态，尚未形成学术共同体，研究成果的共享和流动程度有待提升。

表1 政务短视频主要发文机构

单位：篇

机构	发文量	首发年份	机构性质
内蒙古大学	16	2019	"双一流""211"高校
南昌大学	12	2019	"双一流""211"高校
湖南大学	12	2019	"双一流""211""985"高校
河北大学	10	2019	普通高校
华中科技大学	9	2019	"双一流""211""985"高校
中国人民公安大学	8	2020	"双一流"、公安部直属高校

续表

机构	发文量	首发年份	机构性质
吉林大学	8	2020	"双一流""211""985"高校
暨南大学	8	2020	"双一流""211"高校
安徽大学	7	2020	"双一流""211"高校
中国人民大学	7	2019	"双一流""211""985"高校
华东师范大学	6	2020	"双一流""211""985"高校
兰州大学	6	2019	"双一流""211""985"高校
中国社会科学院	6	2017	中共中央直接领导、国务院直属事业单位
华中师范大学	6	2019	"双一流""211"高校
宁波大学	5	2020	"双一流"、普通高校
郑州大学	5	2019	"双一流""211"高校
辽宁大学	5	2021	"双一流""211"高校
大连理工大学	5	2020	"双一流""211""985"高校
湖南师范大学	5	2019	"双一流""211"高校
河南大学	5	2020	"双一流"、普通高校

资料来源：笔者基于网络数据绘制。

（三）成果较多集中于新闻传播学科，跨学科的交叉研究相对较少

与作者合作一样，研究机构之间的相互合作也是拓展研究的广度与深度的有效途径。研究机构间的相互合作，可以实现机构间研究资料、成果、项目的资源共享，能够促进技术、理论、方法的优化，最终实现研究资源的价值最大化。本文使用 CiteSpace 的机构（Institution）功能绘制可视化图谱（见图3），其中字体大小表示研究机构发表的论文数量多少，连线表示机构之间的合作关系。图谱参数 $N = 180$，$E = 28$ 和 $Density = 0.0017$，表示目前在政务短视频领域共有 180 个研究机构，它们之间产生了 28 次关联，网络密度相对较低。

整体来看，机构之间的合作相对稀缺，只有中国社会科学院内部的机构之间形成了合作网络，表现出单一机构内部的聚集效应，而高校、科研机构以及业界集团之间则没有展开合作。虽然一些机构在发表论文方面数量可观，但这些研究机构之间却没有建立联系。尽管当前倡导学科交叉和

跨机构合作，但实际上跨机构的合作还相对较少，发文机构过于单一地集中于新闻传播院系，不利于政务短视频领域的深度融合。

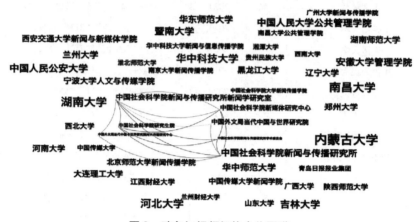

图3 政务短视频机构合作图谱

资料来源：笔者基于 CiteSpace 数据绘制。

三 研究热点：不断变迁的政务短视频议题

根据现有研究成果，笔者通过 CiteSpace 关键词分析有效且精准地呈现当前研究的热点议题，并结合已有文献分析议题的影响因素，揭示政务短视频成为研究热门的实质。

（一）关键词可视化图谱展示研究热点

关键词是对文章内容的高度概括和精练描述，高频关键词常常被用来分析某学科领域中的研究热点。通过对关键词频数的梳理和分析（见表2），可以大体上掌握某一研究领域的研究侧重点。运用 CiteSpace 对关键词（Keyword）进行分析，图谱参数 $N = 276$，$E = 642$，$Density = 0.0169$，表示共有 276 个关键词，关键词产生关联 642 次，图谱浓度为 0.0169。中心性（Centrality）用来测量节点在网络中的重要性，一般认为中心性大于等于 0.1 的节点在网络结构中的位置比较重要，通过该节点展开的研究较多。[1]

---

[1] 侯洁、张茂聪：《中国特殊教育研究发展现状与问题：基于 CNKI 学术期刊 2007—2016 年特殊教育主题文献的可视化解读》，《中国特殊教育》2017 年第 4 期，第 34～40 页。

表2呈现了排名前十的高频关键词（见表2）。

表 2　政务短视频研究高频关键词 Top10

单位：次

关键词	频数	首次出现年份	中心性
短视频	312	2015	1.05
抖音	118	2018	0.21
新媒体	53	2017	0.14
政务抖音	50	2018	0.23
传播效果	49	2018	0.10
主流媒体	31	2018	0.06
城市形象	30	2019	0.03
传播策略	30	2019	0.02
媒介融合	29	2019	0.04
影响因素	25	2020	0.03

资料来源：笔者基于 CiteSpace 数据自制。

中心性大于等于0.1的关键词包括"短视频""抖音""新媒体""政务抖音"和"传播效果"，当前政务短视频研究大多围绕着短视频、抖音展开。而"传播策略""城市形象""影响因素"等关键词虽然出现频数靠前，但中心性不高，说明这些关键词较少起到连接的作用。这些关键词首次出现的年份较晚，未来可能会成为政务短视频的研究重点。

从高频关键词分析，目前正处于媒介融合大背景下的政务短视频，正借助新媒体构建主流媒体和城市形象，学者们也对政务短视频的传播效果、传播策略以及影响因素展开了讨论。为突出该研究领域的特点，笔者在 CiteSpace 中运用聚类（Cluster）功能，并选用对数似然率算法（Log-Likeli-hood Ratio，LLR）得到了编号从0到9的10组聚类（见图4）。

根据聚类分析，聚类 Q 值（模块值）大于0.3意味着聚类结构显著；聚类 S 值（轮廓值）大于0.5意味着聚类是合理的。[①] 政务短视频关键词聚类 Q 值为0.4863（>0.3），S 值为0.8495（>0.5），证明聚类结果显著且

---

① 孙玉明、马硕键：《从感性接触到沉浸体验：媒介进化视域下艺术接受范式的演变》，《西南交通大学学报》（社会科学版），2019年第4期，第71～80、101页。

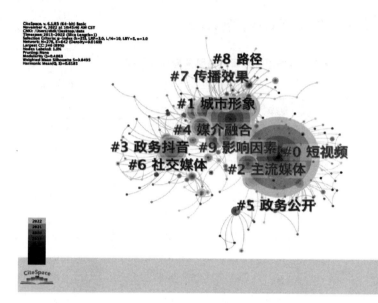

图4 政务短视频关键词聚类图谱

资料来源：笔者基于 CiteSpace 数据绘制。

合理，可以对其进行进一步分析；聚类之间并不存在明显的重复关系，可以继续采用聚类探索（Cluster Explorer）功能，进一步挖掘每个聚类的关键词（见表3）。

表3 政务短视频知识群与高频词

聚类名称	节点数	轮廓值	平均年份	高频关键词（括号内数字代表关键词频数）
#0 短视频	47	0.777	2019	短视频（42）；政务短视频（12）；政务抖音（10）；传播（10）；用户规模（9）
#1 城市形象	38	0.833	2019	城市形象（48）；抖音（46）；传播（30）；新媒体（25）；政务号（18）
#2 主流媒体	35	0.813	2019	主流媒体（51）；媒体融合（30）；央视新闻（17）；人民日报（13）；政务服务（13）
#3 政务抖音	29	0.901	2020	政务抖音（46）；政府形象（20）；短视频（18）；互动传播（15）；政治传播（11）
#4 媒介融合	22	0.88	2020	媒介融合（31）；融媒体（31）；乡村振兴（16）；传统媒体（16）；大学生（11）
#5 政务公开	19	0.92	2018	政务公开（25）；政务微博（15）；今日头条（15）；政务微信（9）；网信办（6）

聚类名称	节点数	轮廓值	平均年份	高频关键词（括号内数字代表关键词频数）
#6 社交媒体	16	0.903	2019	社交媒体（28）；内容分析（16）；政法新媒体（7）；内容策略（7）；病毒式传播（7）
#7 传播效果	15	0.906	2020	传播效果（46）；抖音平台（14）；传播内容（12）；分析（12）；共青团（12）
#8 路径	15	0.876	2020	路径（24）；价值（21）；视频化（21）；媒体深度融合（14）；政务（10）
#9 影响因素	10	0.818	2020	影响因素（49）；公众参与（33）；信息生态（19）；网络舆情（13）；动态演化（9）

资料来源：笔者基于 CiteSpace 数据绘制。

从聚类分析可以看出，围绕政务短视频的讨论已经被纳入#1 城市形象、#2 主流媒体的框架中。2016～2017 年短视频行业竞争激烈，此时政务机构尚未进入短视频领域，直到 2018 年 4 月 25 日，中共中央政法委员会官方新闻网站"中国长安网"成为第一个入驻短视频平台的政务号，[①] 政务短视频才受到学界重视。#3 政务抖音、#5 政务公开呈现出议题探讨的政策依附色彩。学界对政务短视频是否存在政策依附色彩的争议也并不少见，一部分观点认为政府部门应该更加注重传达全面、客观的信息，避免过分强调政策的正面效果，以确保公众准确理解；另一部分观点认为政府在政策宣传中不可避免地会带有一定倾向性，但这并不意味着政务短视频就失去了其传播和参与的价值。

作为短视频研究的热门分支，政务短视频使得政务信息更具吸引力和互动性，其结合了人工智能、虚拟现实、大数据、算法等新技术，为政府传播政务信息带来了新的机遇和挑战，同时也引发了人们的技术迷思。政务短视频通过多种渠道传播和媒介融合，能够更广泛地覆盖受众群体，提供更便捷的政务信息获取渠道。

综合而言，学界对政务短视频的思考主要围绕媒介融合、融媒体、传统媒体转型、乡村振兴等方面。有的学者探讨政务短视频与其他传统媒体

---

① 巫霞、马亮：《政务短视频的传播力及其影响因素：基于政务抖音号的实证研究》，《电子政务》2019 年第 7 期，第 22～30 页。

形式（如报纸、电视）之间的互动关系和融合模式；有的分析政务短视频在多个媒体平台上的表现形式和内容适应性；有的考察政务短视频与公众互动的新方法，例如在线问答、即时评论等；有的研究政务短视频对传统媒体的冲击，探讨传统媒体如何通过转型来适应政务短视频的发展趋势；有的分析政务短视频在促进乡村振兴中的作用，例如宣传乡村旅游、推广农产品等。

现阶段研究展现了学界对政务短视频传播效果、路径、影响因素等方面的思考。重新评估政务短视频的传播效果，包括观看量、分享率、评论互动等指标，研究政务短视频对公众知识水平和态度的影响，以及是否能够有效地传递政府的政策信息，考察政务短视频在提高政府形象和信任度方面的作用。探索政务短视频的传播路径，例如通过社交媒体平台、官方网站、手机应用程序等途径进行传播，比较不同传播路径的优劣，找出最适合政务短视频传播的方式，分析政务短视频在不同平台上的受众特征和行为，以确定最有效的传播渠道。考察政务短视频制作质量对其传播效果的影响，包括视频内容、制作风格和表现手法等方面，分析政务短视频的目标受众特征，了解不同群体对政务短视频的接受程度和反馈方式，研究社会和文化背景因素以及政府机构的形象和声誉对政务短视频传播效果的影响。

（二）政务短视频研究热点影响因素分析

通过分析政务短视频文献，笔者从技术赋能、社会支持和政策推动三个方面对政务短视频研究热点影响因素进行总结。

1. 技术赋能：媒介融合持续释放民众参与热情

经历了早期简单相加、低端同质化竞争的粗糙生长阶段后，现在媒介融合已步入内涵式增长差异化的纵深发展阶段。① 中国互联网络信息中心（CNNIC）第50次《中国互联网络发展状况统计报告》显示，短视频用户

---

① 潘展虹：《媒体融合的下半场：既要快得起来，也要慢得下来》，腾讯网，2021年11月8日，https://new.qq.com/rain/a/20211108A04CKR00。

数量已经达到 9.62 亿人，① 这一数字的逐年攀升表明短视频已成为人们获取各种信息、享受娱乐和进行即时通信的重要工具。疫情进一步增强了抖音的社交属性，使得短视频的使用更加广泛，政务短视频也呈现出长足的发展势头，成为政务宣传、舆情回应、知识科普、现场还原、政策解读、城市宣传等方面的重要方式。② 浏览短视频正逐渐取代浏览图文成为人们新的习惯，抖音、微信、微博等平台也在积极开发短视频的更多功能。政务短视频在传播正能量方面也发挥着极其重要的作用，增强了公众的政治意识，提高了公众参与度。

2. 社会支持：自媒体提供丰富的实践主体和广阔的实践平台

如今越来越多的用户开始创作并分享自己的独特视角，使得自媒体逐渐成为人们发表观点和展现态度的热门渠道。③ 2016 年是短视频元年，抖音、快手、秒拍、微博等平台相继进军短视频领域；2017 年，抖音在短视频行业激烈的竞争中脱颖而出，在规模、集成度和影响力等方面均领先于其他短视频平台。短视频在网络媒体中的地位和影响力不断提升，与微博、微信等传统媒介不同，短视频采用音画同步的视频传播方式，能够更直接地冲击受众的多重感官，实现直接、生动、丰富的表达，④ 使人们更容易产生情感上的共鸣。随着人们对短视频媒介的理解愈加深入，短视频将进一步拓宽其应用范围，成为更多人表达自己观点和态度的窗口。

3. 政策推动：政务新媒体 3.0 模式助力政务短视频发展与研究

随着 5G 时代的到来，短视频平台将会更加普及，影响力将更大，政务机构应该积极探索和应用短视频，更好地服务公众，推动政务公开和治理创新。融媒体发展日新月异，受众的注意力成为稀缺资源，微博和微信的流量红利趋近透支，固守"两微一端"阵地显然已不是政务新媒体发展的

---

① 《第 50 次〈中国互联网络发展状况统计报告〉》，中国互联网络信息中心，2022 年 8 月 31 日，https://www3.cnnic.cn/n4/2022/0914/c88 – 10226.html。
② 《人民网舆情中心发布短视频正能量报告，抖音助推政务媒体新传播》，国际在线，2018 年 9 月 3 日，https://city.cri.cn/20180903/b0fb922b – 48a3 – 8dd4 – 96df – dd9b3e9bba5c.html。
③ 陈欣、朱庆华、赵宇翔：《基于 YouTube 的视频网站用户生成内容的特性分析》，《图书馆杂志》2009 年第 9 期，第 51~56 页。
④ 刘娟：《短视频①BAT 决战短视频，主流媒体入局之后该干啥？》，"传媒茶话会"公众号，2018 年 7 月 3 日，https://mp.weixin.qq.com/s/rbxnk25ydCRRSPh4pkbF6Q。

最好选择，政务新媒体应向短视频平台进军。① 政府部门和机构近年来高度重视新媒体平台的作用，认为这是宣传政务信息、传播正能量的有效途径。短视频平台由于其生动直观、易于传播的特点，成为政务机构的重要宣传阵地。政务机构进入短视频行业是必然趋势，通过政务短视频，政府部门可以更加形象地向公众展现其工作成果和改革成效，提升公众对政策的理解度和支持度。同时，政务短视频也可以提高政府部门的透明度和公信力，提升社会信任度和服务满意度。

四　研究趋势：政务与短视频的深度融合

在政务短视频领域，随着新技术的涌现和社会需求的不断变化，相关研究也在不断更新和完善。本文通过关键词时区图谱归纳研究趋势，通过突现图谱预测研究前沿，揭示政务短视频研究的关联性。

（一）政务短视频研究趋势

在时区图谱中，关键词和聚类之间的连线越来越密集，节点也越来越大，政务短视频研究领域的知识体系正在逐步建立和完善（见图5）。从图中可以看出，2018 年前政务短视频研究集中在概念化的理论研究上，"短视频"出现的频次很高，但相关研究主题领域较少，研究角度还不丰富。2018 年后，抖音政务号的开设让"抖音""主流媒体""政务抖音"等议题研究突出。从连线共现关系中可以看到节点多且密集，相关研究主题变多，内容更丰富。2020 年后，有关政务短视频的研究开始在更深层次的"路径""影响因素""传播效果"上发力，政务短视频的研究层次越来越深入、研究议题趋于多元化。近年来，使用政务短视频已经成为政府宣传和舆论引导的重要手段，研究议题也逐渐向着更具有实践性的方向发展，政务短视频的制作、传播与评价等受到学界关注。人工智能技术的应用也为政务短视频的研究带来了新的思路和方法。

---

① 冯帆：《政务短视频：政务 3.0 时代的创新与突围——以抖音平台政务短视频为中心的考察》，《新闻战线》2018 年第 10 期，第 21～23 页。

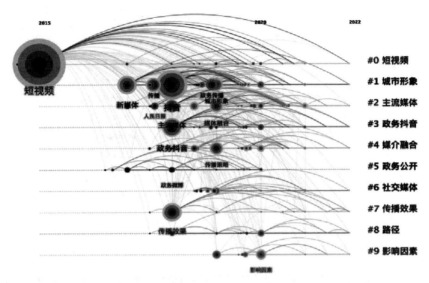

图 5　政务短视频关键词时区图谱

资料来源：笔者基于 CiteSpace 数据绘制。

（二）政务短视频研究前沿

CiteSpace 通过统计短时间内增长速度突然加快或使用频率突然提高的关键词，来反映某一阶段研究的侧重点，用于辅助预判未来一段时间内的研究趋势。① 在 CiteSpace 中设置好相应参数，得到 2015～2022 年政务短视频关键词突现图谱（见图 6）。通过突现图谱的关键词的突现强度和持续时间，结合图 5 关键词时区图谱，可以将研究分为三个阶段。

第一阶段是 2017～2018 年前期理论概念阶段，政务短视频的研究主要集中于探索基本概念和趋势方向。关键词包括"今日头条"、"人工智能"和"新媒体"。这一时期，突现词持续时间较长，直到 2018 年第一批政务抖音号开设并出现更多议题维度后，政务短视频领域才开始有针对性地进行实践研究。第二阶段是 2018 年后期～2019 年中期政策导向阶段，政策导向开始成为政务短视频研究的重要考虑因素。关键词包括"政务"、"政务号"和"政务微博"。在国家政策的推动下，政务短视频的理论研究逐渐侧

① 贾文婧、文莅莅：《基于 CiteSpace 的县级融媒体研究知识图谱分析》，《新媒体研究》2022 年第 10 期，第 7～11、15 页。

Keywords	Year	Strength	Begin	End	2015-2022
今日头条	2017	1.67	2017	2019	
人工智能	2017	1.45	2017	2019	
新媒体	2017	1.26	2017	2018	
政务微博	2018	2.92	2018	2020	
政务	2018	1.56	2018	2019	
政务号	2018	0.79	2018	2020	
用户规模	2019	1.39	2019	2020	
传播模式	2019	1.11	2019	2020	
价值	2019	0.83	2019	2020	
传播形态	2019	0.56	2019	2020	

图6 政务短视频关键词突现图谱

资料来源：笔者基于 CiteSpace 数据绘制。

重于解读政策领域的专业术语和进行进一步概念化探索，而实践研究则强调业界融合案例。此外，社交媒体、主流媒体以及城市形象等也逐渐成了政务短视频研究的内容。第三阶段是 2019 年后期～2022 年多元议题研究阶段，政务短视频的研究议题和内容更加多元化。关键词包括"用户规模""传播模式""价值""传播形态"。在理论概念探讨和政策导向规范后，研究者开始关注媒介融合、传播模式等方面的问题，并从不同的视角对其进行深入探究。同时，政务短视频的实践案例也越来越丰富，涉及的议题领域也趋于广泛。

政务短视频作为一种新兴的传播方式，在不断的发展和创新中吸引了越来越多学者和专家的关注。政务短视频研究正逐步趋向成熟和完善，为政府机构提供了更好的宣传和服务手段，同时也为公众提供了更加高效便捷的政务信息获取途径。

五 研究总结：政务短视频的融合与超越

媒介深度融合是当前乃至未来长时间内经济社会发展的主要特征。在政务短视频成为电子政务"流量密码"的背景下，政务机构也经历了从最开始抢滩短视频行业，到充分运用短视频媒介抢夺民众注意力的发展历程。注意力争夺的本质是新媒体舆论环境话语权的争夺，由此也决定了政务短视频必须突破原有范畴，朝向多层次多元化的方向发展。

（一）融合：中介化、媒介化的政务短视频

从学界研究来看，政务短视频研究还需进行跨机构、跨学科、跨领域的深度融合。

1. 进一步推动政务短视频研究的作者与机构合作

政务短视频研究在2018～2019年积累了大部分建设性文献，2019年后总体来看仍处在上升阶段，但硕士学位论文和普通期刊论文的占比太高导致文献质量不高。影响力较大的作者之间合作较少，合作关系主要为师生，缺乏具有影响力的核心作者群簇，尚未产生学术共同体。高校与高校之间、高校与科研机构之间的合作也亟须加强。目前，大量的研究成果仍停留在校园内部，没有得到有效的传播和应用。政务短视频研究需要建立紧密的机构合作关系，形成有利于学术交流和合作的共同体，更好地推动该领域的发展。政务短视频研究的发展还需要更多有影响力的作者参与，也需要建立更为紧密的机构合作关系。

2. 进一步提升政务短视频研究的学科多样性

从关键词共现和聚类分析来看，政务短视频研究重点与"政务"密不可分。政务随政策变化，这种"闻风而动"式的研究状态具有促进发展的作用，但同时也存在阻碍该领域与交叉学科联动和接续的可能性，从而对该学科的多元建设产生影响。在当今学科交叉融合背景下，政务短视频研究领域涉及的学科会越来越多，面临的问题也会越来越复杂，不同学科融合交流能在攻克学科难题、实现优势互补、提高科研效率上发挥重要作用。例如，政治学、计算机科学和语言学等学科都可以为政务短视频研究提供有益的视角和工具。政治学可以帮助研究人员了解政府如何使用短视频来影响公众意见，计算机科学和语言学可以为政务短视频的自动化生成、分析和识别提供支持。

3. 进一步提高政务短视频研究的主题区分度

学界侧重对政务短视频进行实践案例方面的分析，有关基础理论的搭建相对不足，虽然政务短视频属于短视频研究领域下的热门分支，但作为政务与短视频的融合研究，政务短视频研究缺少基础的学科认知，研究主

题相比科普短视频、音乐短视频等其他分支来说较为狭窄。学者对技术平台的建设保持了高度关注，更应对理论内容进行更加深入的探讨。为了推动政务短视频领域的发展，一方面，学界应当打破当前议题封闭性，把注意力转移到政务短视频的基础理论上，开辟新的研究方向；另一方面，需要加强政务短视频的基础理论研究，为政务短视频技术平台的建设提供更可靠的理论支持。

（二）超越：多元议题架构政务短视频新研究

结合政务短视频研究现状，政务短视频研究可以从研究体系、内容和模式上进行突破。

1. 搭建多层次的政务短视频研究体系

有关政务短视频的研究目前存在着一些问题，例如学者和机构之间缺乏合作交流，加之研究方向不够明确，导致政务短视频并未形成自己的独特研究体系。为进一步拓展政务短视频的研究，应继续扩充理论概念，同时充分进行实践应用，多层次融合开展政务短视频研究，积极地进行跨学科的交流合作，形成政务短视频系统性、层次性的研究体系。

2. 扩展多元化的政务短视频研究内容

当前政务短视频的实践常态往往是"政令先于实践，实践先于研究"，由此导致当前对该主题的研究多是对已有实践的总结和修补，对政务短视频内容探讨并不深入。笔者认为，随着政务短视频研究的持续发展，研究议题会不断更新扩充。除了对政务短视频的制作技巧、传播渠道等方面进行探讨外，还需深入挖掘政务短视频与主流媒体、社交媒体、城市形象等方面的联系，探讨政务短视频在媒介融合背景下的传播模式、传播形态及影响因素等内容，这具有一定的社会意义和现实价值。

3. 创新多样化的政务短视频研究模式

相较于政务微博、政务微信，目前学界对政务短视频的研究还不够成熟。在理论框架、研究方法等方面都需要进一步深化。已有研究成果主要集中在宏观问题上，采用理论思辨的方法进行分析，比如探讨政务短视频的特点、传播路径、受众反应等。但对具体问题的深入调查相对较少，实证研究方法的运用也不够充分，较少有学者通过实地考察、问卷调查、深入访谈等方式对政务短视频的影响进行系统、全面的探究。政务短视频的产生和发展对政府部门、公众以及社会治理、政治经济、社会生活等的影响，都值得进一步研究探讨。

结　语

媒介融合时代的学术创新与研究依赖于研究方法的与时俱进。本文力求客观、准确反映政务短视频领域的研究现状、热点和趋势。但囿于研究条件，知识图谱虽较好避免了传统文献分析中依赖个人经验和主观偏好等弊端，但本文仅使用中国知网的文献资料，存在研究样本的局限，进而导致无法呈现学界政务短视频研究的全貌。笔者将进一步完善研究方法，持续关注该领域发展动态。

社会治理传播方法论研究：政策叙事研究及叙事式政策框架[*]

黄　敏　戴修齐^{**}

摘　要　政策叙事分析是叙事分析中的一个重要分支，适用于政策议题不确定、复杂和两极分化等情境，在社会治理传播中发挥着重要作用。政策叙事分析认为，通常用于描述和分析政策议题的故事本身就是一种力量，在评估政策选项时，必须明确地考虑故事，这一分析方法在叙事式政策框架中处于核心位置。本文围绕政策叙事研究方法，主要对其内涵、具体叙事式政策框架所包含的主要内容以及使用叙事式政策框架进行政策叙事分析时的关键步骤与流程，包括其中所需要注意的问题进行了梳理与介绍，以更好地阐释这一方法并应用于日后的研究中。

关键词　政策叙事；叙事式政策框架；社会治理

政策不仅是政府施政的核心依据，也是政府与民众沟通的重要桥梁，公众所接收到的政策相关信息会影响其对政府施政的看法。"叙事"作为一种沟通策略，其差异化描述会向公众传达出不同的政策信号与政策意涵。因此，对政策叙事的优化表述可以使政策更好地被公众接受并获得更大范围的支持，从而降低政策本身的风险。就此而言，政策叙事可视为促进社会有效治理的重要沟通工具。政策叙事研究始于20世纪初的西方，源于叙事研究与社会科学领域交叉融合，是政策研究叙事转向（narrative turn）的

---

*　本文系国家社会科学基金项目"全球治理视域下中国式扶贫话语的建构与传播研究"（项目编号：19BXW045）的研究成果。

**　黄敏，浙江传媒学院浙江省社会治理与传播创新研究院执行院长、首席专家；戴修齐，浙江传媒学院浙江省社会治理与传播创新研究院硕士研究生。

重要标志之一，至今已取得丰硕的成果。① 与西方相比，国内政策叙事研究起步较晚，总体上仍处于引进介绍阶段，而且相关介绍颇为零散，② 不利于该研究取向在我国社会治理传播研究中的推广与应用。有鉴于此，本文根据国内外权威文献，通过"点""面"结合的方式，既着眼于政策叙事研究的全貌，同时又聚焦于其中的代表性研究路径——叙事式政策框架，对具体的研究步骤详加说明，力图对政策叙事研究进行较为全面的介绍，以期推动社会治理传播研究的发展。

一 政策叙事的内涵体系

在文学理论经过一系列修辞转向、认知转向而进入后经典叙事阶段后，随着研究视域的不断扩展，社会领域也被纳入叙事分析考量。社会科学研究中逐步出现叙事转向，如女性主义叙事③、殖民主义叙事④等。在后现代主义范式的不断深入中，公共政策的叙事研究也得以发展，其聚焦于政策过程中包含的叙事元素、政策中不同的叙事如何塑造不同认知、政策中的叙事又受到何种因素影响等具体的议题。

（一）政策叙事的概念

从语言表层逻辑上理解，政策叙事与文学领域中"讲故事"行为的叙事类似，是政策过程中对故事的讲述行为。由于个体叙事在一定程度上根源于社会意义上的叙事实践，所以除了在个体层面发挥促进个体自我认知、

---

① Mcbeth M. K., Shanahan E. A., and Jones M. D., "The Science of Storytelling: Measuring Policy Beliefs in Greater Yellowstone," *Society & Natural Resources*, 2005, 18 (5), pp. 413 – 429; Shanahan E. A., Mcbeth M. K., Hathaway P. L., and Arnell R. J. "Conduit or Contributor? The Role of Media in Policy Change Theory," *Policy Sciences*, 2008, 41 (2), pp. 115 – 138.

② 李文钊：《叙事式政策框架：探究政策过程中的叙事效应》，《公共行政评论》2017 年第 3 期，第 141 ~ 163、216 ~ 217 页；田弘、林冈、吴维旭：《政策倡议团体在 Facebook 上的叙事行为——基于叙事式政策框架对台湾地区核能政策议题的研究》，《台湾研究集刊》2020 年第 1 期，第 90 ~ 100 页。

③ 申丹：《"话语"结构与性别政治——女性主义叙事学"话语"研究评介》，《国外文学》2004 年第 2 期，第 3 ~ 12 页。

④ 王丽亚：《后殖民叙事学：从叙事学角度观察后殖民小说研究》，《外国文学》2014 年第 4 期，第 96 ~ 105、158 ~ 159 页。

感知外界与交流沟通的作用外，个体叙事也常常与社会、国家叙事连接。叙事不仅是一种人们认知、交往的方式，同时更是一个意义的产生与传递的过程，也可以说，叙事的目的就是生产意义。[1]

特定的符号、声音、小说、影像等都属于叙事的形式。而除了"个人"这一个体外，诸如国家、地方政府、企事业单位等政策的相关主体也可以充当叙事主体。不同的叙事主体可以通过特定的表述方式和形式来影响社会对政策的认知和接纳程度，如对政策相关问题进行负面曝光、正面宣介等，从而使政策主张和政策过程具有叙事性特征。

由此可见，叙事在政策过程中扮演了重要的角色，是在影响公众社会认知等方面发挥重要作用的一个路径。美国公共政策学者 Roe 将政策叙事定义为"在充满了复杂性、不确定性的政策环境中，确保和维持政策得以顺畅实施的一系列故事或阐述行为"。[2] 基于此，政策叙事事实上可以理解为包含政策各相关主体的不同意图的特定的、被左右着的叙事形式，它通过对特定政策内容的多次挑选与再次组织来进行政策问题的界定，并提出政策方案。在这一过程中，政策叙事是政策主体的行为，目的在于传递意义和价值并努力确保政策得以顺利实施。

（二）政策叙事的特征

首先，政策叙事具有意向性。政策叙事往往在一些无法达成共识的情况下发生，在各执一词的情境下，不同的政策主体往往需要采用不同的政策叙事来维持或改良自己的主张，以维护自身特定的目标和价值。例如，美国枪支控制协会细致描绘了枪支暴力的实况与受害者，特别是其中的儿童受害者，目的在于激发人们的同情心理，深化对于枪支暴力的认知，[3] 这就是一种意向性的体现。

其次，政策叙事具有语境性，语境性是政策叙事的核心特征。任何作为个体的人的行为都需要被置于某一特定的社会背景或历史进程中进行考

---

[1] 赵毅衡：《广义叙述学》，四川大学出版社，2013，第341页。

[2] Roe Emery, *Narrative Policy Analysis: Theory and Practice*, Duke University Press, 1994, p. 199.

[3] Melissa K. Merry, "Narrative Strategies in the Gun Policy Debate: Exploring Proximity and Social Construction," *Policy Studies Journal* 2018, 46 (4).

量，因为只有结合当下的具体语境与整体环境情况，人们的叙事才能够被完全地理解。政策叙事也是如此，Dryzek 指出，政策分析一定要考虑到其成果能够在政策环境中实施应用，否则政策分析就是无效的。①

最后，政策叙事具有隐蔽性。政策叙事的意义生产不同于价值判断，并非以一种"说教"的姿态向人们传达，其意义生产方式在一定程度上是相对隐蔽的。Roe 指出，政策叙事与意识形态的区别在于其一般不具有劝告与规范的意味，而是通过讲述故事或描述现象等较为软性的方式展现出来，将道理嵌入故事之中。②

（三）政策叙事的形式

政策相关主体需要借助不同的具体叙事形式来实现有效的意义宣传，并且与其他叙事展开竞争，实现叙事意图。对不同政策叙事形式的认知有利于掌握政策叙事在政策过程每一个环节中的运作，以及便于我们在未来的研究中能够明确文本采集的来源选择。

整个政策过程的起点在于政策问题的建构，政策问题决定了后续目标、方案等的方向。在广泛的公共领域中，引发社会秩序失衡或社会关系紧张的问题往往会成为政策问题，其原因在于这类社会问题更易引发广泛的共识以及社会的关注，相关权力主体对此会格外重视。美国第一夫人发起的"运动起来"的运动就将事关民众健康的肥胖问题建构成了政策问题。③

随之而来的是社会媒体对于政策叙事的宣传，这一方式能够将叙事效果强化，尤其在互联网时代，其扩散范围更广、重复性也更高。政策叙事由于其"故事性"更易被理解与接受，在推动媒体宣传方面具有天然优势。媒体平台的政策叙事也是研究所关注的最为重点的文本。

除此之外，为了给政策方案的制定与出台提供依据，政策论证也是政

---

① John Dryzek, "Policy Analysis as a Hermeneutic Activity," *Policy Sciences*, 1982, 14 (4), pp. 309 – 329.

② Roe Emery, *Narrative Policy Analysis*: *Theory and Practice*, Duke University Press, 1994, p. 199.

③ Randy S. Clemons, Mark K. McBeth, and Elizabeth Kusko, "Understanding the Role of Policy Narratives and the Public Policy Arena: Obesity as a Lesson in Public Policy Development," *World Medical & Health Policy*, 2012, 4.

策过程中的必要环节。政策论证通常是多个政策相关主体间进行利益博弈和意义竞争的过程，政策叙事的作用在于为政策论证提供相关证据并将证据通过情节构造整合成逻辑因果清晰的故事，发挥意义宣称与竞争的主导作用。在美国有关枪击惨案的调查研究中可以发现，禁枪组织和持枪协会针对事件在辩论过程中各自传达了不同的关于因果关系的认知和归因故事，试图主导对社会问题的分析。① 论证会等相关会议记录也是政策叙事研究中样本采集应当关注到的部分。

政策事实上被认为是"在执行中建构、在建构中执行"的问题，因此，政策的执行活动以及政策评估过程中也会存在政策叙事的介入，从而实现对政策实施良好与否的了解，避免出现表面文章。

二 叙事式政策框架

叙事式政策框架是在政策叙事研究方向上衍生出的一个便于研究者应用分析的具体分析路径，虽然其仍处在发展与完善的初期，但在学界对三位创立者的观点进一步的阐述中可知，政策叙事是叙事式政策框架的核心概念，对政策叙事的测量包含形式与内容两个方面，曹志立、曹海军从公共政策角度将其分为微观静态结构与宏观动态过程。② 叙事式政策框架往往在微观、中观、宏观三个层面运作，这是政策叙事分析过程中的重要考量。

（一）理论来源

叙事式政策框架起源于学界对政策研究中实证主义和后实证主义的思考。在发展最初，即20世纪60年代中期，定量方法是政策研究者对不同因素对政策过程及决策的影响进行评估的常用研究统计手段，其中萨巴蒂尔在20世纪80年代末期提出的倡议联盟框架是以实证假说为主要特征的代表

---

① Aaron Smith-Walter, Holly L. Peterson, Michael D. Jones, and Ashley Nicole Reynolds Marshall, "Gun Stories: How Evidence Shapes Firearm Policy in the United States," *Politics & Policy*, 2016, 44 (6), pp. 1053 – 1088.

② 曹志立、曹海军：《西方公共政策叙事研究：述评与展望》，《北京行政学院学报》2021年第5期，第72~83页。

性理论。这一框架为政策研究带来了很大的便利与深刻的影响，同时也是叙事式政策框架的理论来源之一。叙事式政策框架提出后，其与倡议联盟框架之间的关系是最先被系统地讨论的内容，沙纳汉、琼斯和麦克贝斯提出叙事式政策框架，进一步将叙事纳入倡议联盟框架中，从而使框架更加完善。同时，倡议联盟框架的核心概念能够丰富叙事式政策框架中观层面的假说，二者间存在互补性。

发展至20世纪90年代，部分政策研究者意识到单纯严密的统计方法不足以解释政策现象，兴起于文学领域的"叙事"概念走向政策研究领域，开启了政策研究的后实证主义视角，即政策科学研究范式开始发生后实证主义的转向。这便是叙事式政策框架的另一理论来源，其被归纳为公共政策中的叙事视角。在提出叙事式政策框架时，琼斯等将叙事视角进行了拆分，划分为后结构主义叙事视角和结构主义叙事视角。其中，后结构主义叙事视角强调归纳与定性设计，而结构主义叙事视角聚焦于定量研究方法，强调可操作化与假设检验。

2010年，沙纳汉、琼斯和麦克贝斯在借鉴与吸纳公共政策领域叙事视角与倡议联盟框架关于群体叙事内容的基础上，于 *Policy Studies Journal* 发表了题为 A Narrative Policy Framework：Clear Enough to Be Wrong? 的论文，开创性地提出了叙事式政策框架（Narrative Policy Framework，NPF），以探究公共政策过程内部暗含的叙事逻辑以及内容关系。[①] 文中阐明了叙事式政策框架的叙事形式、叙事内容以及运作层次，并提出七个供未来研究检验的假说。

（二）主要内容

1. 叙事形式

沙纳汉、琼斯和麦克贝斯于2013年提出六个构成要素，包括问题陈述、人物、背景、情节、因果机制和寓意，这六个要素组成了叙事的微观结构，即叙事形式。经过一系列的讨论与调整，因果机制被划分至叙事策略之下，问题陈述也与背景进一步相结合，最后归结为四个构成要素，即背景、情

---

① Shanahan E. A., Jones M. D., and Mcbeth M. K., "A Narrative Policy Framework：Clear Enough to Be Wrong?," *Policy Studies Journal*, 2010, 38, pp. 329 – 353.

节、人物和寓意。①

其中，背景（setting）指一个具体的政策问题发生时所处的、由一系列政策现象构成的环境，如特定的法律条件、一定的经济水平、具体的地理区域、特殊的社会群体等。

情节（plot）可被理解为政策叙事中所描述的故事类型，它同样以开头、中间、结尾这一顺序展开，将人物置于时空关系中，并串联背景、人物、事件等关键要素。情节具有叙事组织、问题构建与逻辑归因三大功能，斯通（Stone D. A.）将情节大致划分为四个类型，包含无计可施的故事（story of helpless）、胜券在握的故事（story of control）、衰退的故事（story of decline）与进步的故事（story of rising）。②

人物（characters）又被称为角色，是构成政策叙事的必要条件之一，总体上可以分为三类，即受害者（victims）、英雄（heroes）、恶棍（villains）。针对具体的政策问题，不同角色在政策叙事中代表问题的不同方面，如"受害者"是政策问题具体的危害对象，"恶棍"是政策问题产生的根源，而"英雄"则代表一种问题的解决方案。人物除了现实中具体的人与群体外，也可以是高度概括的对象，如规则、观念等。

寓意（moral）指的是针对特定政策问题的解决方案，它是政策叙事的落脚点。寓意不仅仅局限于支持、提出或反对某项政策主张，它可以赋予过去意义、解决当下问题甚至为未来提出可能的预测与有效的准备措施。值得注意的是，寓意并不一定会明确地出现在政策叙事中。

2. 叙事内容

叙事内容也可以被称为政策叙事的动态过程，不同的政策主体在政策过程中围绕具体的政策问题进行核心主张的阐释与组织的巩固动员，从而影响公众的认知与决策。叙事内容可以从政策信仰和叙事策略两个维度加以界定。

---

① Shanahan E. A., Jones M. D., and Mcbeth M. K., "An Angel on the Wind: How Heroic Policy Narratives Shape Policy Realities," *Policy Studies Journal*, 2013, 41（3），pp. 453 – 483.

② Stone D. A, *Policy Paradox: The Art of Political Decision Making（Revised Edition）*, New York: W. W. Norton and Company, 2002, p. 158.

（1）政策信仰

政策信仰可以看作为联盟提供指导的价值观，它决定着叙事的整体结构与策略。政策信仰与倡议联盟框架的核心信念类似，倡议联盟框架指出，核心信念具有三层结构特征，包含深层核心信念、政策核心信念以及为了实现政策核心信念进行的工具性决策和必要的信息搜索，对政策变迁过程有着重要的影响。[①] 叙事式政策框架中对于政策信仰的解读是建立在倡议联盟框架的基础之上的，其指出不同政策叙事的内容表述背后存在着内在一致性，因此，不同联盟的叙事要素的使用体现了背后的政策信仰，同时政策信仰能够增强一个联盟的内部凝聚力，巩固联盟稳定性。

（2）叙事策略

叙事策略是政策行动者聚焦不同的政策偏好，为达到影响政策决策的目的以不同形式操作叙事元素的手段。麦克贝斯等四位学者于 2007 年提出五种叙事策略，包含定义胜者和败者（Identifying Winner and Loser）、收益与成本的建构（Construction of Benefit and Cost）、缩略符号的使用（The Use of Condensation Symbol）、政策替罪羊（Policy Surrogate）、科学确定性和不一致性（Scientific Certainty and Disagreement）。[②] 目前对于叙事策略分析的研究主要关注冲突范围、因果机制和魔鬼/天使转移三种策略。

不同联盟在政策过程中对自身是"胜者"或"败者"的认知与定位会影响它们对不同策略的选择。当联盟认为自己是"胜者"时，则会倾向于维持现状的策略，控制冲突范围；反之，如果联盟认为自己是"败者"，则会试图扩大冲突范围，制造更大矛盾。

因果机制表明问题的来源所在，进行问题责任的归咎。斯通根据目的性与结果将因果机制划分为四类，即故意的（intentional）、机械的（mechanical）、无意的（inadvertent）和意外的（accidental）。故意的因果机制描述了行为以狭隘的利益为出发点而故意造成伤害，意味着明知不可为而为之；机械的因果机制指的是一种行为本身不受指导，但后果是有意的安

---

① 明翠琴：《政策科学中的叙事政策框架及其研究前沿》，《陕西行政学院学报》2019 年第 2 期，第 11~20 页。

② Mark K. McBeth, Elizabeth A. Shanahan, Ruth J. Arnell, and Paul L. Hathaway, "The Intersection of Narrative Policy Analysis and Policy Change Theory," *Policy Studies Journal*, 2007, 35 (1), pp. 87–108.

排，可参考一个会产生不良后果的自然运作机制，如贩卖食品产生肥胖或营养不良的公民；无意的因果机制表明一种行为的出发点或行为本身是有益的，但产生了不可预见的负面效应；意外的因果机制则体现了一种不幸的情况，行为没有参照任何指导或安排，出现了突发的负面结果，例如金融市场上的意外风险、自然灾害等不可控的因素等。

魔鬼转移来自倡议联盟框架，它的前提是政策行动者将其对手的力量进行夸大并认定其为"邪恶的"魔鬼，同时将自己描述得更加弱小。[①] 叙事式政策框架将其与"人物"这一要素连接，考察魔鬼转移作为一种叙事策略在不同联盟中的使用。相应地，天使转移常常用于联盟将自身描述为解决问题的英雄的政策叙事中。

3. 运作层次

叙事式政策框架能够在微观、中观、宏观三个层面进行运作分析。

在微观层面，叙事式政策框架常常以个体为分析单位，着重关注与分析叙事对个体产生的影响，包括不同叙事要素对个人观点和偏好的影响，并围绕合规与违背、叙事感染、一致与不一致、叙事者信任和人物影响力等方面提出五个关于叙事作用机制的假说。[②] 其主要应用实验法，侧重分析不同背景下不同的政策叙事对个人偏好、观点以及风险态度的影响如何影响政策过程。探索微观层面的叙事所蕴含的个体的内在选择逻辑和行为逻辑是有效提升政策叙事说服能力的关键。[③] 微观层面的样本来自公众意见调查、媒体采访或研究者对利益相关者的采访。

在中观层面，叙事式政策框架则常常以联盟或团体为分析单位，考察叙事在整个空间中的作用。叙事式政策框架中观层面的叙事被视为施加影响的"策略"与"工具"，用以在相互竞争的团体中动员潜在支持者以及影响政策的动态过程，重点关注"政策叙事的策略性建构"，旨在探讨不同的政策行动者、政策联盟团体如何通过建构体现自身政策信仰的叙事来对最

---

① Sabatier Paul, Hunter Susan, and McLaughlin Susan, "The Devil Shift: Perceptions and Misperceptions of Opponents," *The Western Political Quarterly*, 1987, 40 (3), pp. 449 – 476.

② 朱春奎、李玮:《叙事政策框架研究进展与展望》,《行政论坛》2020 年第 2 期, 第 67 ~ 74 页。

③ 王英伟:《媒体话语对政策过程影响机制的叙事式框架分析——以城市专车监管政策为例》,《公共管理与政策评论》2019 年第 4 期, 第 18 ~ 32 页。

终的政策过程或结果产生影响。其借鉴了倡议联盟框架，并在此基础上提出了一个由叙事、政策子系统、政策信仰和政策行动者等核心概念组成的概念模型。模型的设想是：在政策子系统中，不同的政策行动者会提出不同甚至相互对立的叙事，试图通过操纵受众的政策信仰或政策偏好达到间接影响政策结果的目的。中观层面的样本来自利益相关集团网站的新闻简报、社论、社交媒体、演讲、立法记录等多种渠道，在应用时需要关注其目的性以及时间跨度。

在宏观层面，叙事式政策框架关注宏大叙事对于政策结果的影响，往往以文化和制度为分析单位。宏大叙事由叙事元素、信仰和策略组成，它建构了以制度、社会和文化规范为表现形式的社会现实，同样也会随着时空变化而发生改变，表现为明显的制度变革和文化变迁。[①] 在宏观层面需要注意区分的概念有二：一是宏观层面与中观层面所表述的个体，宏观层面的个体主要指决策者，而中观层面的个体指的是普通公民；二是宏观层面与中观层面的政策叙事，前者是受到制度影响的元叙事。[②] 宏观层面的叙事样本可以在历史事件、历史性辩论、文化理论等中找寻。但由于宏观层面所含概念过于宽泛模糊，在实践中难以进行操作化，加之缺少合适的视角进行研究切入，当前宏观层面政策叙事研究的发展是相对滞后的。

现有研究大多集中于中观层面。如麦克贝斯等以黄石国家公园环境政策为例，探讨相互竞争的团体内部所感知的输赢与其应用的叙事策略之间的关系。[③] 沙纳汉等对科德角风电厂项目的支持联盟和反对联盟采用叙事研究发现，联盟内部各群体在叙事成分的使用上呈现出一致性，且获胜联盟的内部凝聚力更强。[④] 古普塔等在分析印度核电站选址的相关辩论时发现，

① Weible, C. M. and Sabatier, P. A. (eds.), *Theories of the Policy Process*, New York: Routledge, 2018, pp. 173 – 213.

② Holly L. Peterson, "Political Information Has Bright Colors: Narrative Attention Theory," *Policy Studies Journal*, 2018, 46 (4), pp. 828 – 842.

③ Mark K. McBeth, Elizabeth A. Shanahan, Ruth J. Arnell, and Paul L. Hathaway, "The Intersection of Narrative Policy Analysis and Policy Change Theory," *Policy Studies Journal*, 2007, 35 (1), pp. 413 – 429.

④ Shanahan E. A., Jones M. D., and Mcbeth M. K., et al., "An Angel on the Wind: How Heroic Policy Narratives Shape Policy Realities," *Policy Studies Journal*, 2013, 41 (3), pp. 453 – 483.

输家赢家双方采用了不同的策略。① 史劳夫对保守联盟与改革联盟双方针对瑞士学校政策争论的研究一方面证实了有关叙事策略的假说；另一方面还超越了叙事与事实之间的二元对立，指出未来研究应更多关注证据与叙事的结合。② 但同样存在部分研究结论与常见假设有出入的问题，因此有研究者提出了质疑和挑战。例如，赫基拉等对水力压裂技术支持联盟和反对联盟的网站内容进行研究，其所得结果对通过胜败二分法预测叙事策略的假说提出挑战。③ 戈特利布等具体探讨了联盟的胜败感知与其采取的不同叙事策略之间的关系，在分析了研究样本后，指出相较于联盟的立场，胜败二分法更适合用来预测叙事策略的使用。④ 在国内，虽然对叙事式政策框架的应用研究较少，但同样大多从中观层面进行研究。

三　叙事式政策框架的应用分析步骤

在实际研究过程中，如何进行良好的、科学的叙事式政策框架的研究分析是研究者十分关注并需要真正实践的部分。沙纳汉等在于 2017 年发表的文章 How to Conduct a Narrative Policy Framework Study 中对叙事式政策框架的使用进行了详细的说明。⑤ 需要注意的是，叙事式政策框架研究虽然存在一定的线性步骤，但是在实际操作过程中更需要反复验证，因此有些步骤可以同时进行或多次进行，无须被任何顺序约束。

---

① Kuhika Gupta, Joseph Ripberger, and Wesley Wehde, "Advocacy Group Messaging on Social Media: Using the Narrative Policy Framework to Study Twitter Messages about Nuclear Energy Policy in the United States," *Policy Studies Journal*, 2018, 46 (1), pp. 119 – 136.

② Caroline Schlaufer, "The Narrative Uses of Evidence," *Policy Studies Journal*, 2018, 46 (1), pp. 90 – 118.

③ Heikkila T. et al., "Understanding a period of policy change: The case of hydraulic fracturing disclosure policy in Colorado," *Review of Policy Research*, 2014, 31 (2), pp. 65 – 87.

④ Madeline Gottlieb, Ernst Bertone Oehninger, and Gwen Arnold, "'No Fracking Way' vs. 'Drill Baby Drill': A Restructuring of Who Is Pitted Against Whom in the Narrative Policy Framework," *Policy Studies Journal*, 2018, 46 (4), pp. 798 – 827.

⑤ Elizabeth A. Shanahan, Michael D. Jones, and Mark K. McBeth, "How to Conduct a Narrative Policy Framework Study," *The Social Science Journal*, 2017, 55 (3), pp. 332 – 345.

（一）步骤一：明确研究适合使用叙事式政策框架

沙纳汉等总结了五个在使用叙事式政策框架前需要考虑的核心假设。

1. 社会建构

政策事实有意义的部分必须是社会建构的。

2. 有限相对性

这些社会建构的意义对于不同的政策现实是不断变化的，但这种变化是有界限的（如信仰体系、意识形态等），它们不是随机的，而是随着时间的推移具有一定的稳定性。

3. 可总结概括的结构要素

叙事有特殊的、可识别的结构。

4. 三个相互作用的分析层次

叙事在微观（个人）、中观（群体）和宏观（文化和机构）三个相互作用的层面上进行运作。

5. 个人的叙事模式

叙事被认为在人们的认知与交流中起着核心作用，人们更喜欢以故事的形式思考和表达。

如果与这五个核心假设中的任何一个存在重大出入，就意味着叙事式政策框架并不适合这一研究。因此在决定使用叙事式政策框架进行研究之前，要与此进行比对，确保研究与叙事式政策框架的假设一致。

（二）步骤二：确定叙事式政策框架的研究问题

叙事式政策框架的研究问题都涉及叙事在政策过程中的作用，具体的研究问题通常会沿着以下两条路径的其一发展：一是以政策为中心，研究其叙事元素和叙事策略，从而对一个政策问题的政策过程进行研究；二是以理论为中心，探索叙事在政策过程中的作用。

（三）步骤三：决定分析的运作层次

决定分析的运作层次的重要性在于其决定了研究的规模，有助于帮助研究者确定研究所关注的社会群体（个人、团体、机构）。在决定分析的运作层次前，首先要明确不同分析运作层次的区别，在前文已有介绍，在此通过表格再度整理。

表1 叙事式政策框架研究问题中的分析运作层次

分析运作层次	一般性研究问题	举例
微观	叙事对个人的偏好和认知有什么影响？对个人决策有什么影响？	当出现支持或反对的叙事时，不同类型的因果机制对个人的政策意见有什么影响？
中观	群体是如何构建政策叙事的？政策叙事在政策过程中的作用是什么？	在印度核电站相关辩论中，赢家和输家联盟是否采用了不同的叙事策略？
宏观	叙事是在什么条件下发展和变化的？	二战后教育政策如何变化，宏观叙事如何影响政策学习？

但是需要注意的是，叙事式政策框架的分析层次并不是独立运作的，而是存在动态的相互关联。微观层面的研究结果可能与中观层面相关，反之亦然，宏观层面的叙事也会影响中观层面的信息。例如，Jones 于 2014 年所做的微观层面政策叙事中关于英雄主要情感动机的重要性的研究结果，[①]为中观层面以英雄为重点的政策叙事对于实现政策目标的重要性的研究提供了借鉴。

（四）步骤四：阐明叙事式政策框架问题的假设与期望

沙纳汉 2017 年的文章中提出了叙事式政策框架微观与中观层面有关理解政策过程复杂性并推进叙事式政策框架发展的几个假设，[②]大多数的叙事式政策框架都是由假设驱动的，但当定性研究者使用这一框架的时候，他们往往可能选择通过阐明"期望"或指定理论命题的方式来进行研究。

（五）步骤五：对叙事式政策框架的相关变量进行分析（概念操作化）

这一步骤与前文提到的叙事式政策框架的主要构成要素息息相关，在

---

① Michael D. Jones, "Cultural Characters and Climate Change: How Heroes Shape Our Perception of Climate Science," *Social Science Quarterly*, 2014, 95 (1), pp. 1 – 39.

② Elizabeth A. Shanahan, Michael D. Jones, and Mark K. McBeth, "How to Conduct a Narrative Policy Framework Study," *The Social Science Journal*, 2017, 55 (3), pp. 332 – 345.

此不再赘述。

　　在研究设计和研究方法中，叙事式政策框架主要分为两类，即实验性/准实验性或非实验性。基于结构主义与实证主义范式提出的叙事式政策框架早期研究更倾向于应用实证主义的定量研究方法，但随着理论进一步发展与更新，定性研究方法也进入学者视野。当前最常见的三种叙事式政策框架的研究方法为调查法、访谈/焦点小组法以及内容分析法，其中前两者常用于微观层面的分析，内容分析法常用于中观层面的分析。

　　1. 调查法

　　调查法经常与实验设计的变化相关。在实验设计中，最为典型的操作方法是在调查中提出一个叙事性的实验（如人物、因果机制、政策信念），然后测量感兴趣的因变量（如风险认知或政策意见）的叙述效果。在此，研究问题和假设驱动着调查内容。

　　2. 访谈/焦点小组法

　　在访谈/焦点小组方法中，研究者需要对提出的问题进行谨慎的考虑以获得最好的叙事文本，针对特定的叙事元素进行问题的架构是一个好方法。虽然这样的提问方式因回答结果的"工具性"被诟病，但是非结构化的复杂的描述性访谈可能会使叙事元素非常分散地出现并存在不可靠的风险。

　　3. 内容分析法

　　内容分析法是叙事式政策框架的起源，目前大部分中观层面的分析均采用内容分析法。在进行内容分析前，需要考虑以下几个方面。

　　（1）准备编码表。当前已经存在较为稳定的编码表可以使用，研究者可以根据研究问题和假设选择，同样也可以选择自己开发新的编码框架。

　　（2）选择普查或抽样。在进行文本收集后，需要根据文本数量、研究时间等各方面因素来考量是否对所有文本进行分析。当无法对所有文本进行分析时，选择随机抽样的方式进行进一步的分析研究更具有可行性。

　　（3）确定编码分析的单位。基于对研究问题的考量，确定对所采集的文本进行分析的单位，如标题、句子、段落、文件或文件集。对较小的单位进行的编码可以概括汇总至更高的单位中。

　　（4）人工编码与自动编码。对于叙事式政策框架而言，因为编码人员可以根据上下文或相关词语进行有效编码，所以大部分编码都出自人工，而自动编码很少使用。当面对较为大型的叙事数据集时，自动编码可以编制一个粗略框架，但整体而言依然需要人工编码操作。

（5）使用独立编码员。编码是一个反复的过程，加之其方法存在一定的主观性，为解决其可靠性问题，往往需要2~3个编码员对一小部分数据（5~10个）同时进行独立编码，再将他们的编码结果进行比对和调整，最终确定一个编码的决定性规则。这一过程是反复的，直到编码员对编码规则完全理解。

（6）时间。编码所需的时间较长，在每对25~50个叙事数据编码后对独立编码结果进行比对调和，以保持思维的活跃度。

（7）可靠性测试。编码与核对完成后需要对编码可靠性进行评估。许多研究者使用百分比协议进行测试，但常常被批评没有考虑到偶然性结果。更加严格的可靠性测试，诸如Scott's pi、Krippendorff's alpha、Cohen's Kappa系数等正被广泛使用。

（8）视觉叙事样本的编码。采集样本中若存在视频内容，考虑到对视觉样本的解释存在较大差异，在对视频等视觉样本进行编码时要明确且谨慎地制定编码规则并且进行多次调整。

四 总结与思考

叙事式政策框架为政策叙事研究方法提供了一个更为明确的界定规范与操作模式。当前学术界的研究对框架发展有一定的推动作用，其发展迅速，但绝大部分研究集中在中观与微观层面，在中观和宏观层面的研究则仍然更多地停留在解释层面，对不同联盟和主体在政策叙事方面的策略性差异更多关注，而对政策叙事对政策过程中其他环节的影响缺乏讨论。同时，针对叙事式政策框架中微观、中观、宏观不同层面之间的联系性研究较少。在宏观层面，框架的解释力依然有待提升。

对于国内研究而言，当前国内有关政策叙事与叙事式政策框架的研究较少，大部分研究内容是基于西方研究的总结整理，对政策案例等的研究较少，存在一定的研究空白。同时，叙事式政策框架在中国情景下进行本土化探索也是值得关注的问题。

2004 年，一个有关环境质量的参与过程证明，政策叙事分析可以在分析和呈现公众偏好的过程中纳入文化和社会多样性。汉普顿认为，拉波夫的评价模型是描述叙事分析如何在参与过程中识别和展示公众偏好的基础。① 在社会治理传播过程中，政策叙事分析对政策过程中的话语探讨与多方意见建议的纳入能够有效地实现政策决策进程中协商民主作用最大化，从而建构集体记忆，助推社会动员，凝聚政策认同，同时提升政府自身的合法性。同时，对于政策过程的研究有利于更加了解民众诉求，这对于社会治理而言有重要意义。

因此，在未来对社会治理传播的研究中，政策叙事分析将会是一个可选性十分高的研究方法。无论是对社会层面的社区治理、邻避问题等的政策争论，还是对国家层面政策制定的探讨，政策叙事分析均能有机会将话语叙事真正落地实践，调整政策决策可能存在的引起争议的问题，真正实现社会治理效能最大化。

---

① Greg Hampton, "Enhancing Public Participation through Narrative Analysis," *Policy Sciences*, 2004, 37 (3 - 4), pp. 261 - 276.

Table of Contents & Abstracts

Abstract: Since the 1990s, with the large-scale urbanization construction, cities have seized a lot of cultural capital and cultural space in the countryside, which has not only caused an imbalance between urban and rural cultures, but also stagnated their own development and brought about new social problems. How to establish a harmonious and symbiotic urban-rural relationship system and realize the diversified construction of rural culture? Firstly, we should change the existing urban-rural dichotomy and promote the effective restoration of the elements of cultural capital. Secondly, we should break the top-down perspective that takes the city as the main body of value, and organically restore the cultural space of the countryside from the three dimensions of publicity, cultural order, and spatial integration, so as to establish the self-dimensionality of the cultural space of the countryside; and finally, we should set up a "return to the countryside" of the rural culture from the three dimensions of spatial empowerment, ecological practice, and value transcendence. The third is to establish the "road back home" of rural culture from the dimensions of spatial empowerment, ecological practice and value transcendence, to release the derivative value of rural culture and realize the diversified construction of rural Culture.

Keywords: Capital; Space; Values; Rural Culture

Restrictions on the "Right to Erasure" by the Public Interest Principle in Digital Communication

Li Bing, Han Shuman / 13

Abstract: This paper takes eight representative judgments on the "right to erasure" since 2020 as the text, and explores the role of the public interest principle in digital communication in restricting and regulating the "right to erasure". The study finds that four factors, including the identity of the data subject, the type of information belonging to the data subject, the accuracy of the information, and the purpose and behavior of the data processing, will affect the court's weighing of individual interests and public interests to different degrees. Therefore, the implementation of the "right to erasure" is not absolute, but may be limited by public interests such as the public's right to know, freedom of expression, freedom of information, and the value of public debates, etc. However, there is no fixed or absolute standard for the restriction of the "right to erasure" in the public interest principle, and the interests of individuality and uniformity need to be weighed in judicial practice according to the specific circumstances of the case and situational factors.

Keywords: Digital Communication; "Right to Erasure"; Public Interest; Personal Information

The Hierarchical-order Choice among Different Kinds of Mobile Apps: A Qualitative Study based on Adult Single-Children's Experience when Taking their Parents for out-of-town Medical Service

Chen Dongjin, Wang Yibing, Zhang Xueyang / 32

Abstract: With the wider use of mobile phones, different kinds of Internet platform apps (i. e. medical platform apps) have provided functions satisfying individual needs. In addition, these mobile apps have a far-reaching impact upon social interactions. Can mobile apps provide users with the interpersonal relations in the acquaintance society as a substitute for social relations when living in a stranger society? Through semi-structured interviews with

16 adult single-children who had the experience of taking their parents to seek medical treat-ment in other places, it is found that in the process of seeking medical treatment in a stranger society, mobile platforms can help single-child families with basic needs, emotional support and even medical services. However, the impact of these three kinds of mobile decreased in the afore mentioned order, while the impact of social relations based on the acquaintance so-ciety increased in satisfying three kinds of needs, which is characterized by a "hierarchical order" model. Although the influence of mobile apps are limited at present, their emergence has provided single-child families and other vulnerable groups with tools to help them enter a stranger society, and with the improvement of technology, it will continue to change the so-cial relationship between people and form a new pattern of social interaction.

Keywords: Mobile Communication; out-of-town Medical Care; Society of Acquaint-ances; Single Child; Social Relations

Critical Discourse Analysis based on Network Conflict Incidents

—Take the "Duck Neck" Incident as an Example

Wang Guoqin, Yu Xinhang / 51

Abstract: As a new field of governance, the Internet provides space for different dis-course expressions of multi-subjects, promotes equal communication, and also provides a new vision for exploring the power relations behind rational and irrational concepts. In the process of generating public opinion in the "Jiangxi Duck Neck Incident", the public, the media and the government showed different discourse modes, resulting in a mixed scene of conflict and dialogue. In this process, the content of official reports was strongly correlated with the voice of public opinion. Based on this, this paper selected news reports and social media content texts of relevant online public events as the corpus to build a corpus. And from the three levels of text, practice and society, critical discourse analysis is carried out to find out the real demands of the public behind the conflict. By analyzing the discourse expression of multiple subjects in this Internet incident, this study finds that official subjects in general present the risk of credibility crisis and official credibility decline, which leads to the emer-gence of the Tacitus trap, and how to change the public's attitude toward the official image in the incident undoubtedly puts higher requirements on local governments.

Keywords: Critical Discourse Analysis; Internet Public Events; Discourse Conflict

Text Expression, Discourse Innovation, and Technological Empowerment: A Study on the "Going Abroad" of Chinese Culture-Data Analysis of Variety Programs Based on the YouTube Platform

Ye Xin, Shang Huixin, Mao Chenyu / 66

Abstract: How to reduce cultural discounts and spread Chinese stories well is a major issue in the external dissemination of Chinese culture. As a form of visual culture, variety shows have scalable characteristics and can carry rich cultural information, completing the dissemination of original national values in a way that is more easily accepted by local audiences. They have become an indispensable force in the external dissemination of Chinese culture. It is of positive significance to tell Chinese stories in the form of variety shows and promote cultural exchange and mutual learning among different countries. This article mainly adopts the method of case analysis to explore the phenomenon and logic of Chinese culture using variety shows such as "Our Song", "Sisters Riding the Winds and Waves", and "This! Street Dance" to "go abroad" successfully broadcasted on the YouTube platform, in order to provide useful reference for innovating Chinese culture's "going abroad".

Keywords: Chinese Culture; "Going out to sea"; External Dissemination; Variety Programs; Chinese Stories

Analysis and Dissemination of Social Governance Experience

Interactive Research of Environmental NGOs in Environmental Protection Agenda from Perspective of Multiple-Streams Framework

—A Case Study of Green Zhejiang

Cui Bo, Pan Qiuyan / 85

Abstract: Social governance in China is undergoing a transition from a weak to a strong society, and non-governmental organizations (NGOs) have played a larger role in this transition process. Among many NGOs in China, environmental protection organizations have developed relatively well, actively promoting environmental governance and green development concepts. As one of the largest environmental NGOs in Zhejiang, Green Zhejiang has promoted water resource management in Zhejiang Province, expanding river management from a public issue to a media agenda, and finally to a policy issue, forming a top-to-bottom network of interactions with the public, enterprises, media, and government, and bringing the concept of environmental protection to thousands of households. The study finds that integrating these three forces is an important factor in determining whether environmental NGOs can take root and develop rapidly. From the perspective of multiple-streams framework combined with the successful presentation of Green Zhejiang, the paper proposes an ecological agenda setting model for NGOs.

Keywords: NGO; Environmental Governance; Agenda Setting

Analysis of the LDA Theme Model of Digital Government Reporting in Provincial Media under the Perspective of Framing Theory

—Zhejiang Online as an Example

Xu Zhihong, Yu Yulin, Jin Hengyan / 96

Abstract: Zhejiang Province is a pioneer in the construction of digital government, and the news framework of mainstream media is consciously building social cognition, transmitting policies, and shaping images. From the perspective of framework theory, this paper captures massive news text data in Zhejiang Online with "digital government" as the keyword, and analyzes it longitudinally by using the LDA theme model. The results show that the relevant reports of digital government can be roughly divided into three themes: data policy, data governance, and citizen service, but the results also lack diversity and overly macroscopic issues.

Keywords: Digital Government; Digital Reform; Latent Dirichlet Allocation; Theme Model

Conflict and Communication: Spatial Policy Discourse and Power Struggle in the West Lake Field

Yao Wang, Wu Kaixiang / 113

Abstract: "With the development of urbanization and the emergence of consumer culture, spatial policy planning related to urbanized scenic areas often tends to squeeze the public nature of the scenic space itself, thereby leading to discourse conflicts among stakeholders. To explore how subjects with different stances engage in power games in policy discourse, this study is based on the perspective of urban space governance, taking the policy planning of West Lake in Hangzhou as a case, with the framework of spatial cultural sociology guided by critical discourse analysis, to analyze language representation, spatial language, and spatial practices, so as to explore how to awaken the power rationality of the subject in policy discourse. The results show that existing competing policy discourse narratives will lead to different policy solutions. The construction of a negotiation platform will be conducive to the quality of democratic discussions and the implementation of policy resolutions. "

Keywords: Space Governance; Policy Discourse; Spatial Cultural Sociology; Discourse Conflict; Negotiated Governance

Out of the "one-way Dilemma": The Dilemma and Solutions of News Talk Shows in the Reporting of Major Current Political Issues

Dai Bingjie, Wang Ruyue, Lu Zhuo / 131

Abstract: In recent years, mainstream media have applied news talk shows to innovate the concept and practice of reporting the "Two Sessions", realizing the "soft communication" of serious topics. However, this practice also faces the question of "inappropriate" and "unattractive" reflected by the public, falling into the dilemma of "not being able to spread widely among the public" and "not being able to make the key thoughts heard by the public". Therefore, this study takes content analysis and discourse analysis as the research method, and selects seven short video programs of news talk shows publicly released by domestic mainstream media during the "Two Sessions" held in 2017 – 2023 to explore their macro structure, micro subject and content, and dissemination effect. The results of the study show that the practice of news talk shows in the coverage of the Two Sessions is characterized by the "one-way" dilemma in the following three aspects, namely, "prior arrangement" in structure, "one-way preaching" in discourse, and "official effect" in feedback. Given this, the study puts forward exploratory suggestions such as innovating "recognized" topics and formats, practicing "proximity" interactions, and flexibly utilizing news frames, to provide ideas for the future development of news talk shows in the reporting of major current affairs topics.

Keywords: News Talk Show; Current Affairs; Major Theme Reports; Short Video

Exploring the Narrative Path of Rejuvenation in Mainstream Media under the Background of Grand Narrative
—Take the Works of CMG's New Media Account "Yuyuan Tantian" on the
Bilibili as an Example

Shen Jingyang, Fan Wenyun / 147

Abstract: At present, the world's unprecedented big change is accelerating, and the instability and uncertainty of the international situation is further intensifying. Against the backdrop of a strong Western public opinion war, the mainstream media should pay attention to and strengthen the narration of national grand issues, and firmly grasp the public opinion position of "Generation Z", the aborigines of the Internet. Therefore, this paper takes the case study method as the research method and selects the Bilibilipopular videos of "Yuyuan-Tantian", a new media account under the CMG, and considers its content at the narrative level, in order to explore the feasible paths for the mainstream media to talk about grand issues for the young people in the context of grand narratives and to form an identity. This paper finds that mainstream media can adapt to the viewing habits of young people through four dimensions: individualization of narrative subjects, multi-dimensional switching of narrative perspectives, rejuvenation of narrative elements, and realization of narrative space, in order to achieve the communication of the content and value of grand issues.

Keywords: Grand Narrative; Major Theme Reporting; Rejuvenation; National Narrative

Media and Platform Governance

Management, Governance, Good Governance: Role Positioning and Function Development of Government

Zhang Aijun / 160

Abstract: In the different development stages of network politics, the government's network politics role positioning, function promotion, and operation logic development procedures and methods are different. Management, governance, and good governance are three different ways for the government to solve political problems on the Internet. In the government's network politics management stage, the government is a single subject and has unlimited responsibility for managing network politics. In the government's network governance stage, the government is the dominant subject of multiple subjects and has limited responsibilities. In the government's network of good governance stage, the government is a pluralistic leading subject and bears ethical responsibilities. Due to the complexity of network politics, the government's solution to network politics has the triple attributes of simultaneously managing, governing, and good governance in order to resolve the political and social risks brought about by network politics in a timely manner.

Keywords: Network; Government; Management; Governance; Good Governance

Study on the Intervention of Network Public Space in Rural Publicity Reproduction Practice

—Based on the Investigation of Rural Wechat Group of K Village in Southwest of Hubei Province

Wang Wulin, Xiang Bin, Tan Ruye / 175

Abstract: The process of rural media is accelerating, and the network public media represented by wechat group is deeply embedded, which changes the media field and communication ecology of traditional rural society "media by people". This paper takes the rural wechat group of K village in southwest Hubei as the object of investigation, analyzes how the villagers use the wechat group to serve the rural management and communication, build the network public space suitable for the rural area, and reproduce the rural publicity. It is found that the information exchange space and common platform based on rural wechat groups have obvious effects in the common presence of multiple subjects, nested topics and collective actions, providing the "presence" conditions for the "out-of-domain" villagers to participate in the rural public reproduction through the network public space organization.

Keywords: Network Public Space; Rural Publicity; Rural Wechat Group; Rural Governance

Nighttime Economy: An Analysis of Government Intentions and Public Sentiments
—From the Perspective of Supply and Demand-A Thematic Analysis of Online Texts

He Fang, Wang Yan / 191

Abstract: The nighttime economy is a new hot topic in urban economic and cultural development, with increasing attention from both the government and the public. Through thematic analysis of government documents, news reports, and online discussions, this paper reveals the government's planning and vision for the nighttime economy, as well as the public's impressions, expectations, and concerns. This paper finds that while the government supports the development of the nighttime economy, the public has some reservations. The government emphasizes regulated operations, while the public opposes disorderly venue expansion. The government focuses on development quality, while the public values convenience. The results show discrepancies between policy guidance and public demand, suggesting the government should heed public opinion, provide convenience, balance development, and ultimately achieve shared prosperity.

Keywords: Nighttime Economy; Thematic Analysis; Government Intentions; Public Sentiments

Integration and Transcendence: The Current Situation, Hot Spots and Trend of Domestic Government Short Video
—Based on CiteSpace Knowledge Graph Analysis

Wang Hao, Lin Benglei / 209

Abstract: Media convergence creates new research topics and calls for innovation in research methods. In order to effectively understand the research status and hot topics in the field of government short video, and reveal its trends, this paper uses the data visualization analysis software CiteSpace to analyze CNKI's literature in the field of domestic government short video by bibliometric method. Firstly, the current status of government short video research is summarized from the spatiotemporal dimension. Then the research hotspots were understood through the keyword co-occurrence map and cluster map. Finally, the development trend is summarized from the time zone map, and the research frontier is explored from the emergent map. The study finds that in recent years, the number of articles published in the field of government affairs short videos has increased, but the academic bubble cannot be ignored. Authors and institutions cooperate within themselves, and do not form an academic community; Research hotspots are affected by technology, policy and other factors. The influx of diverse issues has expanded the conceptual boundaries of government affairs short videos, and is deeply integrated across institutions and interdisciplinary fields beyond its established scope, and more research breakthroughs may be sought from its system, content and mode in the future.

Keywords: Government Short Video; Media Convergence; CiteSpace

A Methodological Study of Social Governance Communication: A Policy Narrative Research Methodology and a Narrative Policy Framework

Huang Min, Dai Xiuqi / 228

Abstract: Policy narrative analysis is a major branch of narrative analysis, applicable in contexts where policy issues are uncertain, complex and polarized, and plays an important rolein social governance communication. Policy narrative analysis argues that the stories commonly used to describe and analyze policy issues are a force in their own right, and that stories must be explicitly taken into account when evaluating policy options, an analytical approach that is at the heart of the narrative policy framework. This paper focuses on the policy narrative research method, mainly on its connotation, the main content of the specific narrative policy framework, as well as the key steps and processes when using the narrative policy framework to analyze policy narratives, including the issues that need to be paid attention to, in order to better understand this method and apply it to future research. For social governance communication, policy narrative analysis is a widely used and effective research method, and learning policy narrative analysis is of great significance for future research.

Keywords: Policy Narrative; Narrative Policy Framework; Social Governance

约稿函

　　《社会治理与传播研究》由浙江传媒学院、浙江省社会治理与传播创新研究院（省级新型重点培育智库）主办，是探讨社会治理传播现象与规律、刊发社会治理与传播创新研究成果的综合性学术集刊。该集刊致力于成为具有鲜明研究特色的跨学科人文社会科学期刊，现阶段每年将推出 2 卷，并由社会科学文献出版社出版。

　　浙江省社会治理与传播创新研究院成立于 2019 年，由中共浙江省委宣传部与浙江传媒学院共建，并于 2022 年入选浙江省新型重点培育智库。本研究院以浙江省一流学科（A 类）新闻传播学为主要依托，并结合社会学、政治学、语言学和公共管理学等相关学科资源，立足社会治理，聚焦传播创新，以社会治理话语传播与体系建构、社会治理舆情研判与引导、媒介与互联网平台治理等为主要研究方向，以"理论研究阵地、咨政建言重镇、人才培养基地、合作交流平台、咨询服务中心"为职能定位，致力于建成国内有重要影响力、国际有一定知名度的中国特色高端智库，为推动中国社会治理现代化提供智力服务。

　　本集刊致力于探索以传播理论与研究路径为主要范式的社会治理研究，设有"社会治理传播现象与问题""社会治理经验分析与传播""媒介与平台治理"以及特稿、书评、访谈、会议综述等栏目，我们热忱期待国内外不同学科领域的专家、学者从各自学科角度对社会治理传播现象与问题进行分析并踊跃向本集刊投稿，交流观点。您的支持和关注是我们办好集刊的最大动力。

在惠赐大作之前，请您垂注以下几点：

1. 投稿专用邮箱：sgc@ cuz. edu. cn。

2. 本集刊不收取版面费。

3. 来稿请遵行本集刊体例格式要求。

4. 本集刊联系地址：浙江省杭州市钱塘区学源街 998 号（邮编：310018）浙江传媒学院《社会治理与传播研究》编辑部。联系电话：0571 - 86832604。

《社会治理与传播研究》编辑部将严格按照学术规范流程进行稿件审核，择优录用，稿费从优。作者投稿时请将稿件电子版发送至 sgc@ cuz. edu. cn，并在邮件主题中注明"投稿"字样。

一　稿件基本要求

1. 来稿正文字数控制在 12000 ~ 15000 字，特殊情况不超过 20000 字。

2. 来稿应包含以下信息：中英文标题、中英文内容摘要、中英文关键词；作者简介（列于关键词下方，另起一行）、正文、脚注；英文部分置于参考文献后。

3. 来稿应注重学术规范，严禁剽窃、抄袭，反对一稿多投。

4. 如有基金项目，请在作者简介后面注明基金项目名称、编号。

二　论文编排格式

（一）摘要、关键词、作者简介

1. 摘要：五号仿宋字体（1.5 倍行距）。

2. 关键词：3 ~ 5 个（无论中英文关键词，都用分号隔开）。

3. 作者简介：包含姓名、职务、工作单位、通讯地址；如为外籍学者需注明国别。

（二）各级标题

1. 篇名：三号黑体居中。

2. 一级标题：编号采用一、二、三 ……，字体采用小三宋体加粗（居中）。

3. 二级标题：编号采用（一）（二）（三）……，字体采用四号宋体加粗（左对齐空两格）。

4. 三级标题：编号采用 1、2、3 ……，字体采用小四号宋体加粗（左对齐空两格）。

5. 标题层次一般不超过三级。

（三）正文格式

1. 中文用五号宋体（1.5倍行距），英文用五号 Times New Roman。

2. 用字规范、标点清晰、标题层次分明。

3. 对于译文中关键的专有名词，在其首次出现时，应在括号内加注外文。

4. 图表要求

（1）图表要有编号、图（表）名（五号加粗宋体）、单位。表的编号和表名要居表上方正中，单位在表右上方；图的编号和图名要居图下方正中；如为原创，请标注"笔者自制"。

（2）表中要注明"项目"（例如，数据的名称、时间），表数据用五号宋体字（或 Times New Roman 字体）。

（3）图表资料来源要标明"作者、资料名称、时间"，用小五号宋体，置于图表下方；如果是图，则在图名下另起一行标注资料来源。

（4）图表与上、下正文之间应各空一行。

（四）注释体例

1. 本集刊采用脚注形式，用"①"等符号标注，每页重新编号，中文用小五号宋体，英文用小五号 Times New Roman 字体。

2. 期刊：作者，篇名，期刊名，年份，期数，页码。如：

喻国明、滕文强、苏芳：《"以人为本"：深度媒介化视域下社会治理的逻辑再造》，《新闻与写作》2022年第11期，第51~60页。

Suh Kil Soo et al., "Online Comment Moderation Policies for Deliberative Discussion-Seed Comments and Identifiability," *Journal of the Association for Information Systems*, 2018, 19 (3), pp. 182 – 208.

3. 专著：作者，书名，（译者），出版社，年份，页码。如：

邹振东：《台湾舆论议题与政治文化变迁》，九州出版社，2014，第29页。

Stig Jarle Hansen, *Al-Shabaab in Somalia—The History and Ideology of a Militant Islamist Group, 2005 – 2012*, London：Hurst & Company, 2013, p. 9.

查尔斯·蒂利:《身份、边界与社会联系》,谢岳译,世纪出版集团、上海人民出版社,2008,第86页。

4. 纸质报纸:作者,文章名称,报纸名称,时间,所在版面。如:

张璁:《中央网信办开展春节网络环境整治专项行动　集中整治网络暴力、散播谣言等问题》,《人民日报》2022年1月26日,第12版。

Jonathan Offenberg,"A New Tay Dawns on *Midnights*',"*Washington Post*, November 8,2022.

5. 文集析出文献:作者,文章名,文集编者,文集名,出版社,出版时间,页码。如:

杜威·佛克马:《走向新世界主义》,载王宁、薛晓源主编《全球化与后殖民批评》,中央编译出版社,1998,第247~266页。

R. S. Schfield,"The Impact of Scarcity and Plenty on Population Change in England,"in R. I. Rotberg and T. K. Rabb(eds.),*Hunger and History:The Impact of Changing Food Production and Consumption Pattern on Society*,Cambridge,Mass:Cambridge University Press,1983,p.79.

6. 学位论文:作者,论文名称,硕士或博士学位论文,所在院校,年份,页码。如:

方明东:《罗隆基政治思想研究(1913—1949)》,博士学位论文,北京师范大学,2000,第67页。

Lidwien Kapteijns,"African Historiography Written by Africans,1955-1973:The Nigerian Case,"Ph. D. diss.,University of Amsterdam,1977,p.35.

7. 研究报告:作者,报告名称,出版社,出版日期,页码。如:

世界银行:《2012年世界发展报告:性别平等与发展》,清华大学出版社,2012,第25页。

Rob Wise,"Al-Shabaab,"Center for Strategic International Studies,July 2011,p.3,https://csis. org/files/publication/110715_Wise_AlShabaab_AQAM%20Futures%20Case%20Study_WEB. pdf.

8. 网络资源:作者,文章名,网络名称,时间,网址,访问时间。如:

《CNNIC发布第47次〈中国互联网络发展状况统计报告〉》,中国政府网站,2021年2月3日,http://www. gov. cn/xinwen/2021-02/03/content_

5584518. htm，访问时间：2021 年 3 月 20 日。

Tomi Oladipo，"Al-Shabab Wants IS to Back off in East Africa，" BBC News，November 24，2015，http：//www. bbc. co. uk/news/world-africa – 34868114. Accessed 2015 – 12 – 25.

《社会治理与传播研究》编辑部

图书在版编目（CIP）数据

社会治理与传播研究. 2023 年卷：总第 1 期 / 杨立平，黄敏主编. -- 北京：社会科学文献出版社，2023.12

ISBN 978 - 7 - 5228 - 3059 - 9

Ⅰ.①社… Ⅱ.①杨… ②黄… Ⅲ.①社会管理 - 研究 ②传播学 - 研究 Ⅳ.①C916 ②G206

中国国家版本馆 CIP 数据核字（2023）第 243935 号

社会治理与传播研究 2023 年卷（总第 1 期）

主　　编 / 杨立平　黄　敏

出 版 人 / 冀祥德
责任编辑 / 周　琼
文稿编辑 / 杨　莉
责任印制 / 王京美

出　　版 / 社会科学文献出版社·政法传媒分社 （010）59367126
　　　　　 地址：北京市北三环中路甲 29 号院华龙大厦　邮编：100029
　　　　　 网址：www. ssap. com. cn
发　　行 / 社会科学文献出版社 （010）59367028
印　　装 / 三河市东方印刷有限公司

规　　格 / 开　本：787mm × 1092mm　1/16
　　　　　 印　张：16.5　字　数：262 千字
版　　次 / 2023 年 12 月第 1 版　2023 年 12 月第 1 次印刷
书　　号 / ISBN 978 - 7 - 5228 - 3059 - 9
定　　价 / 89.00 元

读者服务电话：4008918866

▲ 版权所有 翻印必究